MONEY

The True Story of a Made-Up Thing

JACOB GOLDSTEIN

マネーの世界史

我々を翻弄し続ける「お金」エンタテインメント

ジェイコブ・ゴールドスタイン

松藤留美子 訳

KADOKAWA

Y MON
ONEY M
MONEY
NEY MO
ONEY M
Y MONE

マネーの世界史

ジェイコブ・ゴールドスタイン

松藤留美子訳

アレクサンドラ、ジュリア、オリヴィアへ

はじめに――マネーはフィクション

二〇〇八年の秋、ぼくはジャネットおばさんと食事に出かけた。おばさんはまず詩人として世に出て（六〇年代だ）、その後いろいろ経験してＭＢＡを取得した人（八〇年代）だから、マネーの話をするにはちょうどいい相手だった。その数週間前、何兆ドルもの富が突然この世から消え失《う》せた。そいつがどこへ消えたのか、おばさんに尋ねてみた。

「マネーなんてフィクション」とおばさんは言った。「そもそも最初から存在なんかしていないんだから」。その瞬間だった。マネーが思っていたよりも奇妙でおもしろいものだと、ぼくが気づいたのは。

当時、ぼくは『ウォール・ストリート・ジャーナル』紙の記者として働いていたが、専門は医療だったから、金融とか経済についてはよく知らなかった。金融界が崩壊したとき、いったい何が起きているのか納得のいく説明がほしくて探し回っていた。ぼくは『プラネット・マネー』というポッドキャストを発見した。そこでホストたちが使うことばはまったく無味乾燥でもなければ、いかにも新聞記事っぽいことばでも、えらそうなニュースキャスターの口ぶりでもなかった。頭が切れて話がおもしろい人たちが、世界で今、何が起きているのか解き明かし、ストーリーを使って説明していた。あまりに番組が気に入ったせいで、とうとうそこで働くことになった。

ぼくが『プラネット・マネー』に参加した頃には、金融崩壊のどん底の時期は過ぎていたので、ぼくらはそれほど緊急性は高くないものの、もっと根本的な問題に目を向けるようになっていた。二〇一一年、ぼくらはラジオ番組『ジス・アメリカン・ライフ』に出演して、ぼくがおばさんと食事をして以来、頭を悩ませてきた質問をすることになった。それは「マネーとは何か?」という質問だ。

ホストのアイラ・グラスに言わせれば、番組が始まって以来「いちばん突飛な質問」だそうだ。

そうかもね! でも、そうなら、いいタイプの突飛な質問じゃないだろうか。しゃきっとした朝の光にさらされて口にするのにおもしろい質問だという気もする。マネーとは何か、という問題にぼくは何度も立ち戻ってきた。小さな記事をひとつずつ読んで考えたり、エピソードをひとつずつじっくり聴いて考えたりした。どれも興味深いものだったけど、読めば読むほど聴けば聴くほど、もっと深くてもっと豊かな物語が、語るべき物語が、あるような気がした。こうして、ぼくはこの本を書きはじめた。

時がたつにつれて、おばさんがマネーはフィクションだと言った意味がわかってきた。一見、マネーは冷たい数字に過ぎず、ふわっとした人間関係の世界の外にあるもののような気がする。でも違う。マネーは作り物で、みんなが共同で心に抱いているフィクションだ。マネーは基本的に、いつでも社会的なものだ。マネーの社会的な部分――「みんなが共同で心に抱いている」ってところ――こそが、マネーをマネーたらしめている。そうでなければ、マネーはただの金属のかたまりか、ペラペラの紙きれか、今ならたいていの場合、銀行のコンピューター上に保存された数字の列でしかない。

フィクションと同じように、マネーは時を経て大きく変化してきた。それも、少しずつ着実に、とか、穏やかに、といった感じではない。過去を振り返れば、比較的長く安定した時期もあれば、世界のどこかで突然、マネーは激しい狂乱状態に陥ったりする。とんでもない天才が新しいアイデアを思いついたりすることもあれば、世界が新しい種類のマネーを必要とするような根本的な変化を遂げることもあり、また金融崩壊によって実存的危機の金融版が生じたりする。その結果、マネーというものに対する基本的な考えが大きく変化する――マネーとは何か、誰がマネーを創り出すのか、マネーとはいったいどういうものと思われているのか。

マネー扱いされるもの（そして、マネー扱いされないもの）は、ぼくたちの選択の結果であり、こうした選択は、誰がたくさんマネーを得るのか、誰が少ししかマネーを得られないのか、そして、誰が絶妙なタイミングでリスクを冒すのか、誰が最悪のタイミングで大損するのか、といった問題に深い影響を与える。マネーにかかわるぼくたちの選択によって、今ぼくたちが生きている世界が出来上がっている。パンデミックに襲われた二〇二〇年春、経済崩壊を防ぐために各国の中央銀行は何兆ものドルやユーロや円を無から創造することができた。今後も、ぼくたちはさまざまな選択をするだろうし、そうなったらそうなったで、マネーはまた変化するだろう。

本書で紹介するマネーの始まりの物語をたどることは、ぼくの知る限り、マネーの本質やマネーの力を知るためにも、またマネーをめぐる戦いに挑むときに戦う相手が何なのかを知るためにも、ベストな方法だ。本書は、マネーがどうやって今の形になったのか、さまざまな時代の瞬間をたどっていく物語だ。そこには、驚きと喜び、驚嘆と狂気が満ちている。

目次

I

マネーの発明

マネーの起源は予想外のものだ。めちゃくちゃで血なまぐさくて、なかなかおもしろい物語といえる。結婚と殺人も登場する。文字の発明も関わってくる。マネーとマーケットはともに手を携えて成長し、人間の自由を広げてくれるけれど、時には人間をいっそう脆弱な存在にもする。

第1章　マネーの起源

一八六〇年頃、マドモワゼル・ゼリーという名のフランス人歌手が弟と二人の歌手とともに世界ツアーに出かけた。南太平洋《たいへいよう》の小さな島［訳註：現在のクック諸島で、当時ラロトンガ王国の支配下にあった］に立ち寄ったところ、そこではほとんどの住民がお金を使う習慣がなかったので、彼女は島民が提供できる品物と交換でチケットを売ることにした。

ショーは大成功。国王も聴きに来た。全部で八一六枚のチケットが売れた。ゼリーは当時人気のオペラから五曲を選んで歌った。おばにあてた手紙で、ゼリーはショーの代金として受け取ったもののリストを挙げている。「三匹の豚、二三羽の七面鳥、四四羽のニワトリ、五〇〇〇個のココナッツ、一二〇〇個のパイナップル、一二〇房のバナナ、一二〇個のカボチャ、一五〇〇個のオレンジ」。だが、すばらしい成果を得たものの問題が残った。

「この収益をどうしたらいいの？」

パリの市場で売りさばけば四〇〇〇フランの大儲《おおもう》けになるはずだ、とゼリーはおばに書いた。「でもこの島にいる限り、売ることも現金化することもできません。実際、わたしたちのショーを楽しむために、カボチャやココナッツでチケット代を支払うような人たちからお金を手に入れるのは、かなり難しいことです……」

「明日、近くの島から……転売屋が来るから、その人に換金してもらえると聞いています。それまでは、豚を生かしておくためにカボチャを餌としてやらなくちゃならないし、七面鳥とニワトリにはバナナとオレンジをやらなくちゃなりません」

一八六四年、ゼリーの手紙はマネーの歴史について書かれたフランスの本の脚注として掲載された。英国の経済学者ウィリアム・ジェヴォンズはこの脚注が気に入り、一〇年ほど後、著書『貨幣と交換機構（*Money and the Mechanism of Exchange*）』の冒頭で使っている。ジェヴォンズにとって、この話の教訓は、物々交換は役に立たないということだった。

物々交換の厄介なところは、欲求が「二重の偶然」で出会う必要がある点だ、とジェヴォンズは言う。島民がマドモワゼル・ゼリーの提供するもの（コンサート）をほしいと思っているだけでなく、ゼリーもまた島民が提供するもの（豚、ニワトリ、ココナッツ）をほしいと思っていなくてはならない。この問題を解決するために、人間社会では、価値のトークンとして、比較的長持ちし、比較的希少なものを使うことに決めたのだ、とジェヴォンズは説明する。ぼくらはマネーを発明することで物々交換の問題を解決した、というわけだ。

アダム・スミスは同じことをその一〇〇年ほど前に言っているし、アリストテレスもそれより二〇〇〇年以上前に似たようなことを言っている。マネーが物々交換から生まれたという、このエレガントでパワフルかつ直感的にわかりやすい説には、ひとつだけ重大な欠点がある。どこにも証拠がないのだ。「純然たる物々交換経済の事例はどこにも記録はなく、ましてや物々交換経済からマネーが生まれたという記録もない」と一九八五年に人類学者キャロライン・ハンフリーは書いている。それまで何十年も人類学者と歴史学者が指摘してきたことを要約した一節だ。

物々交換の物語はマネーを冷たく単純で客観的なものにしてしまう。つまり、非人間的な交換手段だということ。でも実は、マネーはもっと深くて複雑なものだ。

マネーが生まれる前の社会はおおよそ自給自足だった。人間は食料を得るためにと畜したり栽培したり採取したりするとともに、自分の手で道具を作っていた。交易もあるにはあったが、たいていの場合、やり取りするにあたって厳しい規則の縛りがある正式な儀式の一部として行われていた。マネーは、少なくとも物々交換と同じ程度に、こうした正式な儀式を通じて生まれた。

マドモワゼル・ゼリーの場合、現地の習慣に従えば、豚や七面鳥やココナッツやバナナを受け取ったら、みんなのために宴会を催すことになっただろう。こうすることでステータスを上げるのだ。今ならさしずめ、病院の新棟や大学図書館を寄贈することによってステータスを上げるのと同じような話。逆に宴会に招かれた者たちは、お礼として、ゼリーに宴会を開く義務を負う。経済全体がこうした互酬性《ごしゆうせい》の上に作り上げられてきた。

たとえば北米の北西海岸地域では、ポトラッチと呼ばれる行事でネイティブ・アメリカンは数日にわたってともに楽しく過ごし、スピーチをしたり踊ったり贈り物をやり取りしたりする。贈り物の交換は権力を誇示する行為で、レストランで全員の代金を自分が払うと言い張るようなものだ。ヨーロッパ人がやって来る以前には、高位の者は毛皮やカヌーを与えていた。二〇世紀になる頃には、贈り物はミシンやオートバイに変わった。この太っ腹な気前良さを見たカナダ人たちがびっくり仰天したおかげで、政府はポトラッチを違法行為にした。そういうわけで、贈り物をやり取りすれば、刑務所送りになった。

さまざまな文化で、結婚相手の親や、殺した相手の配偶者に何を贈るべきか、厳密なルールが決められていた。牛を贈る地域も多かったし、コヤスガイを贈る地域も多かった。フィジーではマッコウクジラの歯だったし、北欧のゲルマン部族では金や銀や銅の指輪だったりした（こうした部族では、殺人の賠償金を意味する言葉――ウェルギルド“wergild”〈贖罪金《しよくざい》〉――まである）。儀式のいけにえのルールも同じようにきっちり決まっていることが多かった。南太平洋のバヌアツ諸島では、とりわけ大きな牙《きば》を持つ、ある種の豚だけがいけにえに使われた。

もうすぐ結婚するので一連のコヤスガイが必要な人がいるとか、儀式に出席するために長い牙の豚が入用な人がいると耳にしたら、コヤスガイや長い牙の豚を蓄えておくインセンティブが生まれる。たとえ自分には今は特に必要のないものだったとしても、誰かにとってもうすぐ必要なものになるからだ。こうしたモノは、時を超えて価値を保存する手段になる。もちろん今ぼくたちが知っているマネーと同じというわけではないが、マネーの原型というか、マネーのようなものだとはいえるだろう。バヌアツでは、長い牙の豚の貸し借りの複雑なネットワークが発展した。利子は牙の育ち具合にもとづいて決まった。とある人類学者の報告によると、「争いや殺人のうち、かなりの割合が豚の負債の支払いの有無にまつわるもの［だった］」そうだ。

マネーは、単に交換や貯蔵を便利にするための会計手段であるだけではない。もっと血や欲望と結びついた社会組織に深く関わる一部でもある。どうりでマネーのせいで誰もが感情的になるわけだ。

わたしはあなたに羊を六頭借りています

贈答と互酬性は、家族関係を中心とした小さな村ではうまく機能したけれど、都市を運営するとなると、これではなかなか難しくなる。メソポタミアで記録に残る最初の都市が生まれたおよそ五〇〇〇年前、人々は内側が空洞の粘土製ボールの中に、負債額を示す粘土製の小さなトークン［訳注：おはじきのようなもの］を入れて密封するようになった。一つの小さな三角錐《すい》が一定量の大麦という意味になり、一つの円盤が一頭の羊を意味する。誰かに六つの円盤が入ったボールを渡せば、自分が相手に六頭の羊を借りているということになる。やがて、人々はトークンを封入する前にボールの外側に型押ししてから中に入れるようになった。外から中身がわかるようにするためだ。ふとある時、誰かが気づく。そもそもボールの中にトークンを入れなくてもいいんじゃないの？　こうして、負債額を示すしるしはボールの外側に残すだけになった。

メソポタミアの都市が発展するにつれて、都市の神殿に権力が集中し、仕事の専門化が進んだ。誰が誰に何の債務をどれくらい負っているのか記録する作業は複雑化していった。神殿（いわば役所の原型）で働く階級の人々は、粘土にトークンを型押しして跡を残せば記録になると気づいた。やがて、彼らは葦《あし》の茎のペンを使って、小さな粘土板にしるしを刻みつけ、数を表す抽象的な記号を使い始めた。最初に文字を書いたのは詩人ではない。会計係だ。

長い間、文字といえばこれしかなかった。ラブレターもなければ、追悼文もなく、物語も書き残されていなかった。あったのは「わたしはあなたに羊を六頭借りている」みたいな借用書だけだ。あるいは、シュメールの古代都市ウルク――今のイラク――の有名な丘で発掘された粘土板にはこう書いてあった。「神殿の責任者ル・ナンナはアバサガ［という名の男」を通じて王から一頭の牛と二頭の子牛を受け取った」。

銀――以前は宝飾品や儀式のために使われていた――は人気もあれば希少でもあったし、簡単に保存や分割ができる素材だったので、メソポタミアではマネーっぽい存在になっていたが、多くの人にとって――もしかしたらほとんどの人にとって――マネーはまだモノではなかった。人々は食べ物や家畜を自分の手で育て、それを食べていた。時には司祭や女王やファラオの代理人として徴税人がやって来て、大麦や羊のいくばくかを徴収していく。都市によっては、寺院や宮殿で働く者たちも、布や器や宝飾品を作る職人たちに何をどれくらい作るか指示し、時に応じてそれらを分配した。

中央の権力者が、誰が何を作って誰が何を受け取るか決定すればするほど、社会にとってマネーの必要性は低下する。南北アメリカではメソポタミア人の数千年後にインカ人が、マネーを全くもたない巨大で複雑な文明を築き上げた。皇帝（そして皇帝のために働く役人たち）は民に何を育て何を狩り、何を作るか指示した。そして、政府は生産物を集めて再分配した。インカの会計係は精密に縄の結び目を作ることで大量の情報を記録し、詳細な帳簿をつけた。インカ帝国では川からは金が、山からは銀が豊富に採取できたので、金と銀を使って工芸品を製作したり宗教儀式に使ったりしていた。けれど、マネーを発明することはなかった。そんなフィクションは必要なかったからだ。

マネーはすべてを変える

長いこと古代ギリシャの諸王国は、おおよそこの種の貢物と再分配によって運営され、会計係が専用の文字［訳注：線文字B］で記録していた。だが、この文明は紀元前一一〇〇年頃に崩壊した。その理由は誰にもわからない。地震のせいかもしれないし、干ばつのせいかもしれないし、海賊の侵略のせいかもしれない。王は姿を消し、王宮は崩落し、人口は減り、官僚が会計に使っていた文字も忘れ去られた。

数世紀後、ギリシャの人口はふたたび増え始めた。村は町に変わり、職人の階級が生まれた。交易が活発になり、専門の職人が生まれた。アテネでは装飾的な土器が作られ、サモスでは金属細工が作られ、コリントでは屋根瓦《がわら》が作られた。紀元前七七六年、ギリシャ人たちはオリンピアと呼ばれる都市に初めて集合し、一か月にわたってスポーツ・イベントを行った。オリンピックの誕生は、ギリシャの都市同士の関係が深まったしるしだったし、一か月も休みを取れるほどギリシャが豊かになったしるしでもあった。

ギリシャのあちこちで都市が公共の建築物を建て、公共の水道設備を建設し始めた。貢物と再分配のシステムの中で発展する経済にとっては、王か司祭によって支配される典型的な状況だったし、この時点で東方の文明ならこういう支配が一般的なやり方だった。でも、トップダウン式のミニ王国をつくる代わりに、ギリシャ人は新しいやり方を生み出し、それを〈ポリス〉と呼んだ。今ではふつう〈都市国家〉と訳されることばだ。退屈でおもしろみのないことばだから、ポリスが西欧では政治や経済にかかわる暮らしのかなりの部分の起源になっていることを見逃しかねない。偶然ではないが、ポリスは今ぼくらがマネーと認める最初のものがほんとうの意味で始まった場所でもある。

ギリシャ世界では何百ものポリスが発展し、それぞれが市民集会を開いた。アテネなどでは、ポリスは民主主義社会（もっとも、今の基準ならクソみたいな民主政治だ。女性も奴隷もたいていの移民も排除していたのだから）にまで発展した。また、別のポリスでは、市民集会で議論はできるけど、最終的には少数のエリートが決定を行っていた。

でも、どの場合でも、市民――ポリスの成員《ポリテース》――は誰が誰に何を与えるか発言権をほしがった。トップダウンで細かく管理してくる支配者もいなければ、ボトムアップで干渉してくる家族や親戚《しんせき》もいない状態で、公的な生活や日常的なやり取りを組織的に行う方法が必要だった。彼らはマネーを必要としていた！

紀元前六〇〇年頃、ギリシャの隣国リディア――現在のトルコにあった王国――ではエレクトラムと呼ばれる金と銀の合金［訳注：天然の合金］が大量に採掘されていた。これによって、リディア人は先進国問題の古代版みたいなものに直面する。なぜなら、かたまり一個一個の価値を確認するために、金と銀の含有率を査定する必要に迫られたからだ。すると、リディアに住む誰かがうまい解決策を思いついた。エレクトラムを金と銀の含有率が一定のものと見なし、標準化した大きさで分割し、それぞれ表面にライオンの姿を刻印したのだ。これで、同じ大きさのかたまりがそれぞれ同一の価値を持っていることになる。リディア人はコインを発明したのだ。その後まもなく次の段階に移行した。純銀と純金のコインの鋳造だ。

コインが存在しなかったとしても、ギリシャは繁栄したかもしれない。ギリシャが存在しなかったとしても、おそらくコインは広まっていただろう（中国のコインについては、次章を参照）。だが、コインとギリシャは完璧《かんぺき》な組み合わせで、ギリシャ人はコインに熱狂した。

標準化された金属のかたまりは、都市国家がこんなふうに新しいタイプの社会――家族的な互酬性で運営するには大きすぎるが、貢物にもとづいて運営するには平等主義的すぎる社会――を作り上げるためにまさに必要なものだったから、すぐに、銀貨を鋳造するさまざまな貨幣鋳造所が一〇〇軒もギリシャじゅうに設立された。数十年のうちに、価値を計測したり品物（鉄製の料理用串や銀のかたまり）を交換したりするのにギリシャ人が使うマネーっぽいものは、もはやただのマネーっぽいものではなくなった。マネーはコインであり、コインがマネーとなったのだ。

コインはギリシャの日常生活を変えた。ギリシャの都市国家にはアゴラと呼ばれる公共の広場があって、市民が集ってはスピーチを聞いたり、ニュースについて話し合ったり、時には市民による正式な集会も開かれた。コインが登場した頃には、人々は売るべきものを携えてアゴラに集まり始めていた。やがてアゴラは市場になった。ふつうの人々が布やいちじくや壺《つぼ》などあらゆるものを売り買いしに行く新たな場所だ。またアゴラは公共の議論の場所として進化していったが、結局は公的な議論の場というよりも売り買いの場という形が勝利した。現代のギリシャ語で〈アゴラ〉という語は〈市場《マーケット》〉を意味する名詞で、動詞としては〈買う〉を意味している。

　コインが登場する以前、貧しいギリシャ人は裕福な地主の農場で働くのがふつうだったが、今ぼくたちが知っているような賃金のようなものはまったく受け取っていなかった。ワン・シーズンとか一年といった期間に働くと合意すれば、地主から食べ物や衣服や寝場所を提供された。コインが登場して数十年後、状況に変化が起きた。貧しい人々は日雇い労働者になり、朝、農場にやってきてはその日の終わりに支払いを受け取った。一度に一年続けて働くと契約するような習慣は消えた。貧しい労働者が一年間農場で暮らすようなことはもはやなくなった。酷《ひど》い扱いを受けたり、もっと条件のいい働き先が見つかったりしたら、いつでも出ていけるようになった。でも、労働者に食べ物や衣服や寝場所を提供する責任のある者はもう誰もいなくなった。労働者は自分で生きなければならなくなった。

　人々が賃金ベースの経済にどっと押し寄せた。女たちはリボンを売り、ぶどうを収穫した——市民の妻がカネのために働きに出るのは絶望のしるしだと思われていたが。紀元前五世紀にアテネ人が新しい神殿をアクロポリスに建設したとき、奴隷がかなりの作業を手掛けたけれど、賃金労働者が担当したのは、神殿入り口にある柱の溝彫りなど細かな仕上げ作業の一部だった。たまたま会計用の粘土板が発掘されたおかげでわかったことだが、奴隷がほぼ毎日働いたのに対して、賃金労働者はその三分の二以下の時間しか働いていなかった。賃金労働者は他のことに時間をさきたいから少ない時間分しか働かなかったのだろうか？　それとも、生きていくために必要な労働を許されなかったのだろうか？　研究者のデイヴィッド・シャップスが「余暇の恩恵か、それとも失業の呪いか？」と疑問を呈したように。

コインの普及――マネーの隆盛――によって人々はより自由になり、生まれついた境遇より多くのチャンスを手にすることになった。それはまた、孤立と脆弱《ぜいじゃく》性を高めることにも繋《つな》がった。

ギリシャに対してコインが与えた影響をみんながみんな喜んだわけではない。アリストテレスは、富が「単にコインの量」だと考えるようになったギリシャ人に文句をつけ、小売業で豊かになることを「不自然だ」と言っていた。こうした不満はマネーにずっとつきまとったが、結局はたいした問題にはならなかった。ギリシャに根付いたコインは、その後、世界を征服したのだから。

第２章　紙幣を発明したとき、経済革命が起きたが、その後、何もかも忘れることにした

　一二七一年、マルコ・ポーロがアジアに足を踏み入れた。二五年後、故郷のヴェネツィアに戻ると、ジェノヴァとの戦争のために船を購入して参戦したが、捕虜となって投獄された。そのとき、同房の囚人仲間に旅の話を聞かせて書き取らせたものが一冊の本〔訳注：『東方見聞録』のこと。イタリア方言なまりの古フランス語で書かれた〕となった。その囚人仲間はピサ出身の男で、イタリア人による初めての『アーサー王物語』〔訳注：当時のヨーロッパの話し言葉の共通語である古フランス語で書かれた〕などさまざまな本を書いた人気作家だった。マルコ・ポーロの本が重要なのにはいくつか理由があるが、ここでは第二四章に注目したい。少々長いタイトルだけど、それだけの意味はある。〈大カーンは木の皮を使って紙のようなものを作らせ、それをお金として国じゅうに通用させる〉。

　マルコ・ポーロはこの章の冒頭で、とんでもない話だから信じてもらえないだろうと語っている（「なぜなら、どんなふうに話しても、わたしが真実と理性を保っていると満足してもらえ

ないだろうからだ」)。それは正しかった。マネーとして通用する紙の話は荒唐無稽《むけい》過ぎてヨーロッパの人々には作り話としか聞こえなかったようなので（公平を期しておくと、マルコ・ポーロはかなり作り話をしていると考えられていたし、実際、その一部は作り話だ。それでも、お金について語っている部分は真実であることがわかっている）。彼が中国で見たのは、一瞬だけこの世に現れたものの、すぐに姿を消して、そののち数百年間どこにも姿を見せなかった過激なマネーの実験だった。マルコ・ポーロが見たものから明らかになったのは、貧しさから抜け出そうとするひとつの社会をまるごと動かした、根本的な経済上の奇跡。そして、その奇跡がはかなく終わった顛末《てんまつ》だった。

マルコ・ポーロの時代以前の長い間（実際、それ以前すべて）にわたって、中国とヨーロッパの交流はきわめて限られていた。中国人はリディアとほぼ同じ頃にコインを発明していたし、ひょっとしたら先だったかもしれないが、一般に知られている限り、これはただの偶然だった。

初期の中国［訳注：紀元前八世紀から紀元前三世紀にかけての春秋・戦国時代］のコインの中には青銅製の小さな刀や小さな鋤《すき》の形をしたものがあるが、これはマネーに近いものとして使われていた実際の刀や鋤のなごりかもしれない。やがて、コインは真ん中に穴の空いた小さな青銅のかけらになる。穴のおかげで、複数のコインに紐《ひも》を通して束ねて持ち運びできるようになった。これが便利なのは、コインの価値が含有する金属の価値にもとづくのに、青銅はあまり高価な金属ではないため、何かを買おうとすると大量のコインが必要になったからだ。一束一〇〇〇個のコインが基本単位となったが、一単位で七ポンド［訳注：三・一キログラム］以上の重さになった。

紀元前三世紀になると、中国は統一された官僚体制の帝国になった［訳注：秦の始皇帝の時代］。能力によって選ばれて官職を得た者たちは、絹や木簡や竹簡の上に広範かつ詳細な記録を残すために職務をまっとうした。合意書は同じものが三通作成された。

記録が増えるにつれて、絹の高価さや、木簡や竹簡のかさばり具合が問題となってきた。中国の官僚たちには、こうした書類作成に最適の何かよいものが必要だった。そう、紙だ。公的な記録によると、紀元一〇五年、「道具や武器の管理を担当していた、皇帝直属の役人」である蔡倫《さいりん》という宦官《かんがん》によって紙は生まれた。その方法はこうだ。まず樹皮や麻クズや破れた漁網をすりつぶしてドロドロの液体にする。次に、その中に、網を張った枠［訳注：簀《す》の子《こ》のこと］を入れて漉《す》く。そして、網の上に残ったドロドロの繊維を乾かす。こうしてできた紙は人気を博し、蔡倫は財を成して有名になった（ただし、しばらくの間の話。最終的に、蔡倫は皇帝の祖母の自殺原因となる誹謗《ひぼう》中傷に関わったと咎《とが》められた末、風呂《ふろ》に入って身を清め、いちばん上等な服を身につけ、毒を飲んで死んだ）。

印刷が登場するのはその数百年後で、ひとつには経典の複製を重要視する仏教の普及による。何度も同じ文章を筆写するのに疲れ果てた僧侶《そうりょ》のすばらしいアイデアのおかげだ。文章を木版に写し取り、文字部分だけを残して彫り落としたら、木版に墨を塗って紙に押し当てるのだ。残存する最古の木版印刷物は紀元七一〇年頃に中国で印刷された仏教経典の巻き紙だ〔訳注：最古のものとしては日本の『百万塔陀羅尼《だらに》』、韓国の『無垢浄光大陀羅尼経《むくじょうこう》』など諸説がある〕。

これで、中国に紙と印刷術とコインがそろった。最後の段階にたどり着くのは二〇〇年後の四川《しせん》地方だ。たいていの中国のコインは青銅製だが、四川では青銅があまり産出されなかったので、代わりに鉄を使っていた。コインの価値は素材となる金属の価値でたいてい決まっていたから、マネーとして使うには鉄はとんでもない材料だった。なにしろ、塩を一ポンド〔訳注：約四五三グラム〕買うのに一ポンド半〔訳注：約六八〇グラム〕の鉄のコインが必要だったから。たとえて言うなら、ありとあらゆる買い物をするのに、一セント銅貨しか使えないようなものだ。

紀元九九五年頃になると、四川の首都、成都《せいと》の商人があることを思いついた。人々から鉄製のコインを預かり始めたのだ。コインを預かる代わりに、意匠を凝らした規格化された紙の領収書を渡した。まるで劇場でコートを預けたときに渡される預り証のようなものだ。預り証を渡せば、誰でもコインを受け取れた。そして、その預り証は譲渡することができた。ほどなくして、人々は買い物をするたびにわざわざコインを持ち歩く代わりに、預り証を使って買い物をするようになった。紙自体がマネーに変化したのだ（商人が突然、無からマネーを発明したわけじゃない。すでに地方政府が青銅のコインと交換で交易商人に紙の預り証を手渡していたのだが、交易商人は長旅にコインを持ち歩くのを避けるために紙の預り証を使っていただけだったので、紙の預り証がマネーとして機能することはなかった）。

他の商人たちも独自の紙の預り証を発行し始めた。当然ながら、ずる賢い商人が思いつく。借用書だけ印刷すればいいのだ。借用書を手に町に行けば買い物することができる。いったんこうしたことが起きると、誰かが手元に鉄のコインを預かっていなくても大丈夫だ、と。借用書を手に町に行けば買い物することができる。いったんこうしたことが起きると、誰かがその借用書を鉄のコインに交換しようとした末に叶《かな》わず、手元にあるのがただの紙切れだと気づく事態に陥るのは時間の問題だった。誰だって怒り狂う。訴訟が頻発する。こうして数年後、政府が乗り出して紙幣の発行業務を引き受けることになった。

文字が読めない者のために、たいていの紙幣には交換すべき数のコインの絵がわかりやすく描かれている。ふつうは、風景や街の景観のようなものがある。紙幣は複数の色で印刷されている。文字は黒、風景は青、公印は赤というように。ほぼ常に、紙幣上のかなりの部分はこんな漢字の警告文で占められている。紀元一一〇〇年頃の紙幣の文言を紹介しよう。

勅令により、［本紙幣を］偽造する犯罪者は斬首《ざんしゅ》の刑に処す。［通報者には］報奨として一〇〇〇元を付与する……偽造者の共犯者、あるいは偽造者をかくまう者は誰でも、首謀者を当局に進んで通報すれば、刑事責任を免除し、上記の報奨を付与するものとする。

この警告はまったく効果がなかった。現存する最古の紙幣用の印刷版が偽造紙幣用のものだったことを見ればわかるだろう。それでも、偽造とはいえ、紙幣は大人気だった。

大量の重たいコインの運搬のせいで交易が困難だったり不可能になったとき、紙幣は突破口になった。中国全土に紙幣が広まるにつれて、交易は盛んになり、人々の交流が盛んになり、技術革新が進んだ。紙幣は働き方まで変えた。数百年の間、税は布地や穀物の形で徴収され、政府の要求に応じて機織りや栽培が行われてきた。それが今では、政府はコインや紙幣による徴税に切り替えた。突然、誰もが自由に（あるいは、さらに自由に）何をすべきか自分で選べるようになった。

＊＊＊

何人もの研究者がこのとき中国で起きた〈経済革命〉を描き出している。ヨーロッパの産業革命より数百年は早い。組み換え可能な活字や磁気コンパスも発明された。農民は新たな農業技術を使うと、同じ作付面積でもはるかに多い量の米が収穫できることを知った。印刷された本のおかげで、こうしたブレークスルーの情報が国じゅうに広まった。貢物にもとづく封建的な経済から脱する人がどんどん増え、マネーによって動く市場経済へと移行していった。今や人々は自分自身や自分の土地に最適の作物を選んで栽培することができた。桑の木を植える者も現れ、その葉は蚕の餌となって絹が生産され、桑の樹皮はすりつぶされて紙の原料になった。また、ある種の作物を栽培して、その種子から「料理や明かりや防水や髪や薬」のための油を搾る者もいた。また、魚の養殖を始める者もいれば、稚魚を何百マイルも離れた養殖池――そこで成魚になるまで育てる――へ運ぶ特別な器を製作する者もいた。

以前の皇帝たちは市場を限定して、物価を厳密に制御できる小規模の政府直轄地にだけ許可していた。市場の外で商品を売ろうとした商人は、一度に数百人単位で生き埋めの刑に処せられた。それが今では、市場の規則はゆるくなり、誰でも好きなものを好きな場所で売ることができるようになった。

市場とマネーによって都市が生まれた。ロンドンやパリの人口が一〇万人に満たなかった時代に、中国にはそれぞれ一〇〇万人以上の人口が暮らす都市が二つ存在した。中国南部の首都、杭州《こうしゅう》では、レストラン街が登場した。カネを出せば食べられる、安い麺《めん》類の店、辛い四川料理の店、杏《あんず》を使ったガチョウ料理や豚肉の饅頭《まんじゅう》などの名物料理で有名な高級レストランが現れた。当時の記録によると、最先端を気取る都会人の客たちは今と同じようにわがままだったらしい。

席を選ぶとすぐに、客は注文内容を聞かれる。なかなか気難しい客……だらけだ。あちこちから数百の注文が飛び交う。熱くしてくれという客もいれば、冷たいのがいいという客もいて、かと思うとぬるめがいいという客もいるし、しっかり冷やしてくれという客もいる。あるいは、煮たのがいいだの、生がいいだの、直火で焼け、とか、網焼きにしろとか、てんでバラバラだ……

人類の歴史の大部分で標準的な人間活動の状態は、経済的な静止状態だ。つまり、平均的な人間が時間の経過とともに豊かになっていく、なんてことがない状態だ。中国では、紙幣が登場した頃それが変わった。マネーに突き動かされた市場の成長は技術的革新と連動して起こった。その結果、一日の労働で得た収入で買えるものは以前よりも多くなった。一部の人間だけではなく、多くの人間が豊かになっていった。これは根本的な経済上の奇跡であり、長期にわたって持続的に生活水準を向上させる唯一の方法だ（同じ時期ではないが、コインが発明された頃、古代ギリシャでも集約的な成長が起きたのかもしれないが、あったとしても長くは続かなかった）。一二〇〇年までには、中国は世界で最も豊かで、確実に最も技術的に進んだ文明になっていた。そして、そこにやって来たのがモンゴル人だった。

何物にも裏付けられていないマネー

一二一五年、チンギス・ハーン軍が現在の北京《ペキン》を占領した。四五年後、孫のクビライが大カーンに選出され、世界最大の帝国を支配することになる。

広大なモンゴル帝国の支配領域は交易に最適だった。今や中国の物品の市場は中国全土だけでなく、アジアどころかその先まで拡大した。ちっぽけな小屋の作業場では中国の職人がヨーロッパへの輸出品として聖母子像を彫っていた。とりわけしなやかで肌触りのいい種類の中国製の絹はヨーロッパで人気を得た。アラブ人の交易商人からザイトゥン（Zaytun）と呼ばれた中国の港から船倉いっぱいの絹織物が出荷されるようになったが、この港の名前が英国人の耳には〈サテン（satin）〉と聞こえたために、中国の絹織物は〈サテン〉と呼ばれるようになった。有名なモロッコの学者・旅行家イブン・バットゥータは、四つの甲板を備え、一〇〇〇人を乗船させた中国の貿易船について書き残している。

モンゴル人は遊牧民だったので、金属製コインより持ち運びやすい紙幣を好んだ。スピードは富に通じるということを理解していたのだ。だから、大カーンに即位したとき、クビライは広大な帝国全体に流通するような、新しいタイプの紙幣を創造した。〈中統元宝交鈔《ちゅうとうげんぽうこうしょう》〉という（ただの紙じゃない。宝と交換できる引換券だ！）。クビライ・カーンは何が何でもこの新しい紙幣を使わせたかったので、銅貨を交易に使うことを違法にした。そして、数年後マルコ・ポーロがやってきたときには、大カーンの策は成功を収めていた。

この紙幣は大カーンの支配地域のすみずみまで流通している。命をかけてまで、この紙幣による支払いを拒絶する者は誰ひとりとしていない。臣民は全員ためらうことなく受け取る。商売で必要となればどこでも、真珠や宝飾品や金や銀など、必要な品物の購入の際に、この紙幣はふたたび使えるからだ。つまり、ひと言でいえば、どんな品でも手に入れることができる……帝国の兵士は全員この通貨で給料の支払いを受けるが、彼らにとって金や銀で支払われるのと同じことだ。こうした理由から、大カーンが世界のどんな君主より宝を広大に支配していることがしっかりと確認できるだろう。

文字通り紙幣を印刷できることはすごいが（カーンの地位って最高）、強大な権力があれば、どんどん紙幣を印刷したくなるものだ。クビライ・カーンもしばらくの間は自制していたが、やがては募る誘惑に負けた。なにしろ、小さな海を挟んだところに、まるで侵略してくれと言わんばかりに日本という国があるのだ。もうちょっと紙幣を刷って造船に回し、七万人の兵士と馬を乗せて日本へ遠征し、誰がこの世界の支配者なのか思い知らせてやろうじゃないか。

一二八七年、一度ならず二度も日本侵略に失敗した後、クビライ・カーンは新しいタイプの紙幣を発行した。今度も銅貨の絵が印刷されていたが、今度の紙幣はただの紙に過ぎなかった。政府は紙幣を銀や青銅に交換することを拒んだ。宝と交換する引換券を宝と交換することができなくなったのだ。なんらかのパニックが起きたことは想像できる。インフレが起きた。物価が上昇し、マネーの価値は下がった。それでも、経済は安定していた。中央は持ちこたえた。紙切れはただの紙切れで、宝の引換券のふりも、銀の借用書のふりもできなくなっていたが、それでもマネーとして通用していた。

これがマルコ・ポーロの目撃したラディカルな実験だ。マネーとは、何物にも裏付けられない、ほぼ純粋な創造物でしかない。ワイリー・コヨーテ〔訳注：米ワーナー・ブラザーズ社のアニメ『ルーニー・テューンズ』に登場するずる賢いコヨーテ。いつも、走る鳥ロード・ランナーを追いかけて失敗するキャラクター〕が崖《がけ》の縁から空中に飛び出して眼下を見下ろすと、そこには何もない――なのに、落下することはない。そんな感じだ。それはひとつには、モンゴル帝国の強大な権力の証《あかし》である。この紙切れを使わなければ殺すぞ、というわけだ。だが、ひとつには、三〇〇年にわたって紙幣を使ってきた末に、中国の人々は紙幣が銀や青銅に裏付けられているからではなく、みんながこの紙切れがマネーだと合意しているからこそ紙幣が機能すると理解していたからだ。

＊　＊　＊

ぼくらが生きている今という時代は一〇〇〇年前の中国にちょっと似ている。なぜなら、技術的な変革のおかげで多くの人がご先祖様より豊かになったからだ。始まりはおよそ二五〇〇年前のイングランド。産業革命だ。経済史で最古の疑問のひとつに〈なぜこの時、この場所で?〉という疑問がある。数千年におよぶ経済的・技術的停滞ののちに、一八〇〇年ごろのイングランドで何が変化したのだろう? 科学革命や明確に規定された財産権のような知的・法的な変化のおかげだと言う人もいる。また、さらに現実的なアプローチを取る人もいる。それによると、比較的高い給料をもらっていた英国の労働者の存在に触発されて、労働を節約する機械が創り出されたのであり、また英国ではこうした機械の動力源となるような大量の石炭がたまたま手近に入手可能だったからだ、ということになる。

だが、過去数十年、西欧の経済学者たちはヨーロッパの外へ目を向けるようになるにしたがって、技術的革新と経済成長は二〇〇年前のイングランドで始まったわけじゃない、と気づくようになった。中国ではイングランドに先立つこと八〇〇年前、独自の経済革命を経験していたのだ。もちろん中国ではヨーロッパのように経済成長の爆発はなかったけれど、当時の中国で生まれた発明——紙、印刷術、磁気コンパス——はヨーロッパの発展にとって必《ひっ》須《す》のものだった。今、研究者たちは新たな問題に取り組んでいる。中国に何が起きたのか? 一三〇〇年、中国は経済の高度化と新たな技術発展の最先端にあったのに、なぜ一九〇〇年までは後れを取ってしまったのか、という問題だ。どうしてなのだろうか?

もしかしたら、周辺地域を支配する国として、中国は経済的に隣国を打ち負かす必要に常に迫られていたわけではないから、いつも互いに戦争状態にあったヨーロッパ諸国と比べて、停滞していたのかもしれない。あるいは、中国の労働者の賃金が安くて、労働節約的な装置を常に発明しなくてはというインセンティブが小さかったからかもしれない。もうひとつの理由は特に本書にとって魅力的な説だ。中国からモンゴル人を駆逐した中国の反乱勢力のリーダーにとって、マネーや市場は気に食わないものだったという説。

のちに洪武《こうぶ》帝として知られる男は、貧しい農家の父親が死んだとき一六歳だった。飢え死にを免れるために出家したのち、モンゴルに反旗を翻す反乱軍に加わって出世していった。一三六八年、モンゴル軍が万里《ばんり》の長城《ちょうじょう》の北へ追いやられると、彼は明《みん》王朝を打ち立て、王朝はその後およそ三〇〇年にわたって続いた。

洪武帝は中国を（完全に理想化された）過去に復帰させることを望んだ。モンゴルに侵略される前の時代というだけでなく、中国の経済革命以前の時代に戻そうとした。誰もが自らの手で作物を育て、必要なものを分かち合う自給自足の農村の国を夢見たのだ。そのため、洪武帝と続く皇帝たちは、中国の経済革命をつき進めた経済変革を組織的に取り除いていった。海外交易を禁止した。マネーと市場にもとづく経済を手放し、貢物と再分配という古代のシステム――政府が農民から布地や穀物を受け取り、政府の官僚たちに与えるというやり方――へと回帰した。

一四〇〇年中頃には、中国から紙幣は完全に消え去った。人々は銀のかたまりを、時には銅貨をマネーとして使い、そもそもまったくマネーを使わないことも多かった。皇帝は中国を過去に引きずり戻すのに成功した。中国のふつうの人々は二〇〇〇年前の祖先より貧しくなった。紙幣が発明されたときの経済革命はほぼ忘れ去られた。

一〇〇〇年も前に起きたことだから、技術的なブレークスルーや紙幣や高級なレストランを生み出した中国の経済的な黄金時代は、まるで一瞬の出来事のような気がしてくる。そして、長い年月の果て、地平線の向こうに退いた一瞬の出来事は、ほんの二〇〇年前に起きた技術的・経済的な成長［訳注：ヨーロッパの産業革命］と比べると、ひどく小さなものに見えてしまう。

けれども、この一瞬の出来事に対して別の見方もある。あの出来事は、今ぼくらが行っている紙幣や技術的なブレークスルーや高級レストランの実験と同じくらいに、いやそれ以上に長く続いたのだ。

今日、ぼくたちは経済成長と科学的な発見など当然のものと考えている。もしも経済が二、三シーズン続けてほんの少しでも縮小したら、景気後退だという宣言が出て、問題追及やら改善時期の予測やら、あわただしくなるだろう。でも、中国の三〇〇年の出来事からわかるのは、経済成長と技術的な変革は永遠に続くと保証されているわけではないことだ。成長は一方通行じゃない。文明の未来には豊かさか現状維持しかないわけじゃない。時には、時代を追って貧しくなることだってある。なんなら、マネーそのものが消えることだってある。

II

人殺し、少年王、
そして資本主義の発明

一六〇〇年代のヨーロッパでは、たくさんのことが同時に起こり始めた。ひょんなことから金細工職人が銀行家になった。とある小国が株式市場と現代的な企業を発明し、とんでもなく裕福になった。そして、ギャンブラーたちがマネーと未来について根本的に新しい考え方を発見した。こうした流れが絡み合って現代の資本主義が生まれた。

この時代のヒーロー（あるいはアンチヒーロー）といえばジョン・ローだ。新しい世界が形になっていくにつれて、彼はいくつかの初期の枠組みの片隅に首を突っ込んでいく。この時代の終わりには、ローはあらゆるものの中心にいた。ある国全体の現代的な経済を創り上げ、国王を除いて世界で最も裕福な人間になり、現在の米本土のほぼ半分の支配権を手に入れた。だが、こうしたことをやる前にローは殺人犯として有罪宣告され、その後二〇年にわたって逃亡生活を過ごし、ギャンブラーとしてひと財産築いていた。ローが生まれ落ちた世界、そして彼が創り上げた世界を見れば、なぜマネーや銀行が、そしてあらゆる国が、今も成功と失敗を繰り返すのかよくわかるだろう。

第3章　いかにして金細工職人が偶然、銀行を再発明したか（そして英国を大混乱に陥れたか）

一七世紀のイングランドではマネーは混とんとしていた。

コインが発明されて以来ずっと、人々はなんとかしてコインから金属をくすね取るのに余念がなかった。直接へりから削り取るとか、何枚も袋に入れてから振り回して削れ落ちた銀や金の粉を頂戴《ちょうだい》するとか、考え出したものだ。責任の取れる政府なら、定期的に新しいコインを鋳造して（現代の政府が破れた紙幣を新しい紙幣と交換するのと同じように）、供給を一新するだろう。

一六〇〇年代のイングランドには、責任ある政府はなかったし、一七世紀後半になった頃には、銀貨に含有される銀は規定よりずっと量が減っているのがふつうだった。だから、支払いが必要になるといつも、買い手と売り手はいちいち判断しなくてはならなかった。このコインには予想通りの価値があるんだろうか？　あるいは、銀の量が不足していて価値が足りないんじゃないだろうか？

労働者と雇用者はいつも賃金をめぐって言い争っていた。市場では乱闘が起きた。「争いごとなしには何も買えなかった」と、のちに歴史家トーマス・マコーリーは書いている。「あらゆるカウンターで朝から晩まで怒鳴り合いが起きている」。契約書には支払金額だけではなく、支払い時のコインの全重量が明記されるようになった。歴史が逆転した。コインはだんだんマネーから遠ざかり、むしろ貴金属のかたまりみたいになってきた。

さらには、次のような問題のおかげで事態はさらに悪化した。国際的な価格差によって、人々は高純度の銀貨をイングランドの外に持ち出して、パリやアムステルダムの金《きん》と交換することで利益を得ることができた。その結果、英国の造幣局がたとえまともな新しい銀貨を鋳造したとしても、人々は銀貨を受け取るとほぼ同時に、流通から外して他国の金と交換しに行くのだった。

だから、英国にはいつも銀貨が不足していたし、あったとしても、誰も信頼できないひどい銀貨しかなかった。イングランドにはもっとマネーが必要だった。さらに富が必要というのではなくて、モノを売り買いするのに使えるトークンがもっと必要なだけだった。

そのとき、意図したわけではないことだったが、金細工職人がマネー不足問題を解決し始めた。これもまた意図したわけではないが、金細工職人は新しいタイプの問題を創り出してしまった。今もぼくたちにつきまとう問題だ。

裕福な者たちはときどき金や銀を地元の金細工職人の金庫に保管していた。預かった金細工職人は預り証を渡した。数百年前に四川の商人が行ったのとちょうど同じやり方だ。やがて、この預り証自体がモノの売り買いに使われるようになる。それでも、預り証は貴金属の代用品でしかない。世の中にさらにマネーを増やしたわけでもない。次のステップは大きなものだ。一七世紀の金細工職人を現代の銀行に結び付けるだけでなく、現代の銀行がなぜ必要不可欠であるとともに危険であるか、このステップで説明がつく。

金細工職人は貸し出し（融資）をしはじめた。もはや預り証をもらうのに現実の金を金細工職人に渡す必要はなくなった。借りた者は返済の約束をするだけだ。ただし利子付きで。約束と交換に、金細工職人はマネーとして流通している預り証を渡してくれる。これで、ロンドンの街へ出て預り証を使って買い物をすることができる。突然、ロンドンでは以前よりたくさんのマネーが流通することになった。金細工職人が無からマネーを創り出したのだ。金細工職人がマネー不足問題を解決していた。

ちょうど同じ頃、同じようなことがスウェーデンでも起きていた。ここでは、とりわけ紙幣を使いたいという要望が高まっていた。スウェーデンでは銅の産出量が多く、銅をコインに使っていた。銅はあまり価値が高い金属ではないため、どうしてもコインのサイズは非常に大きいものになっていた。コインなんてことばではとうてい実感できない実情があった。スウェーデンの最大の貨幣単位一〇ダーレルは長さ二フィート〔訳注：約六一センチメートル〕、重量四三ポンド〔訳注：約一九・五キログラム〕もある。運搬するのに背中にくくりつける始末だ。

そこで、スウェーデン人は銀行を創り出した。巨大な銅貨と交換で紙幣を渡してくれる銀行だ。イングランドの金細工職人と同じように、スウェーデンの銀行もまたほぼ同時に貸し出し（融資）として紙幣を提供した。とうてい抵抗できない魅力的なアイデアだ。なにしろ、すぐそこに紙幣があったのだから。

現代の銀行は四〇〇年前の英国の金細工職人とほぼ同じことをしている。マネーを預け入れれば、今度はそのマネーの一部を銀行は誰か別の人に貸し出す。そのマネー――あなたのマネーだ――は今や二つの場所に同時に存在する。あなたの銀行口座にはあなたのマネーがある。そして、それはまた借り手のマネーでもある。そのマネーの借り手は別の銀行に預け入れることもでき、そしてその銀行はまた別の借り手にそのマネーの一部を貸し出すことができる。このとき、同じマネーが三つの場所に同時に存在することになる。これがいわゆる部分準備銀行制度で、世界に存在する大部分の膨大なマネーはこうして創り出される。

なんだか不気味な話に思える。それも当然だ。金細工職人が英国の銀行業務の形を根本的に変え、マネー不足問題を解決しはじめたとき、彼らは新たな問題を創り出してもいたのだから。金細工職人は手持ちの金よりも多く金の預り証を発行していた。預り証を持った者が全員、同時にやって来て金の返還を要求したら、金細工職人（と、金の返還を求める人たち）は困ったことになる。現代では、銀行に預金がある人がいっせいに預金の引き出しを要求することを、取り付け騒ぎという。銀行と、預金の引き出しを求める人――つまり、ほとんど全員だろう――は、やはり困った状態に陥る。

ヨーロッパでは紙幣は目新しいものだったが、銀行業務と取り付け騒ぎはそうではなかった。一四世紀にヴェネツィアでは、両替商が金の預かり業務を始めていた――そして、その金を他の人に貸し出す業務も行っていた。両替商は大運河《カナル・グランデ》にかかる、人でごった返す橋の上のベンチに腰掛けていたので〈バンキエリ〉――〈ベンチに腰掛ける人〉という意味――と呼ばれていたが、これが銀行家《バンカー》（banker）と銀行《バンク》（bank）の語源だ［訳注：北イタリアの両替商が両替に使っていた長机、ベンチ〈バンコ banco〉に由来するという説もある］。取り付け騒ぎの危険を減らすために、ヴェネツィア人はベンチに腰掛ける者たちに一定の率の金を保持するように義務づけた。バルセロナではさらに積極的な監督体制が設定された。金を預けた者に払い戻しができない銀行家はパンと水だけで暮らす義務を負い、一三六〇年には、破産したバルセロナの銀行家が自宅の前で斬首《ざんしゅ》された。

ロンドンで取り付け騒ぎが起きたのは、金細工職人たちが銀行家に転身した直後だった。金細工職人たちはかなりの量の金をチャールズ国王［訳注：チャールズ二世］に貸し付けていたが、一六七二年、国王はオランダと戦争を行うにあたってマネーを必要としていたために金細工職人たちへの金の返却を拒むことにした（国王の地位って最高）。ロンドンの住人たちは金細工職人から受け取った紙切れ――預り証――を見て心配になった。誰もが金細工職人のもとへ行き、金の返却を求めたが、もちろんそこには返せるだけの金は残っていなかった。破産する金細工職人も現れた。債務のせいで投獄される者もいく人か出てきた。少なくともひとりが国外へ逃亡した。突然、金細工職人の預り証はもはやマネーのように思えなくなった。国王が請求書の支払いを停止してちょうど二週間後、海軍の会計担当者は「もうマネーではない預り証を受け取ってしまった」のではないかと不安になった。

マネーをマネーたらしめているのは信用だ。明日も、来月も、来年も、この紙切れで、この金属のかたまりで、モノが買えると信じるとき、マネーはマネーとなる。マネーについてしょっちゅう持ち上がる質問のひとつに「われわれは誰を信じることができるのか？」という質問がある。英国人は政府を信用しようとしたが、政府が鋳造したコインは役に立たなかった。そこで、彼らは金細工職人を頼ったが、やはりうまくいかなかった。やっとうまくいくものを発見するには、もうひと世代待たなければならない。純粋に私的でもなければ公的でもなくて、そのふたつを組み合わせたもの――それも、政府の利害と銀行家の利害と人々の利害のすべてがせめぎ合う形で――であるような解決策を発見することになる。

ジョン・ローの最初の行動

ジョン・ローが生まれたのは、エディンバラにある金細工職人の仕事場の二階という、これ以上ないほどにぴったりの家だった。金細工職人は父親で、生まれたのは一六七一年、ロンドンの金細工職人の銀行家たちが取り付け騒ぎを起こす少し前のことだった。

幼いジョンが育つにつれて、父親はどんどん裕福になっていった。ジョン少年が一二歳のとき、父親がエディンバラ郊外に小さな城を買った。同じころ、ジョン少年は寄宿学校に送られたが、そこでは数学と〈男らしい趣味〉に優れていた。少々残念にも思えるが〈男らしい趣味〉に優れていたとは、だいたいのところテニスが得意だったという意味だ。

学業を終えると、ロンドンへ移り住み、女を追いかけ、収入に見合わない衣服を買い求め、年がら年中ギャンブルに身をやつした。当時のことばで〈伊達男《ボウ》〉として知られていた。少々高尚な雰囲気のファッションで身を飾る男性のことだ。父親が亡くなると、ジョン・ローは遺産をギャンブルで使い果たした末、借金を返済するために城を売らなくてはならなくなった。いかにもありがちな展開だが、そんな彼を救ったのは、自らも遺産を受け継いでいた母親だった。母親はローから城を買い受けて一族の所有物として維持し、息子を債務者監獄から救い出したのだ。

翌年の春――一六九四年四月九日――ちょうど二三歳になろうという頃、ジョン・ローは（間接的にだが）マネーの歴史上最大かつ最も無謀な実験につながる出来事に遭遇する。

ジョン・ローはロンドンの端にあるブルームズベリー・スクエアに立っていた。と、日も高い真っ昼間、そこに一台の馬車が停まった。ひとりの若者が降り立ち、ローに近づき、剣を抜いた。ローもまた剣を抜き、相手の男に切りつけた。男は倒れて死んだ。

その男の名はエドワード・ウィルソン。ローと同じようにロンドンの若いボウだった。これは決闘で、争いの解決のために計画されていたものだった。争いの原因について知る者はなかったが、たいていの争いごとと同様に、十中八九、カネか女か名誉にまつわるもめ事だったのだろう。

ウィルソンは中程度だが借金まみれの貴族の五男として生まれたが、ロンドン一の金持ちのような暮らしをしていた。なぜそれほど金回りがよかったのか誰も知らなかった。国王の愛人がウィルソンと恋愛関係にあり、王家のカネを横流ししていたのではないかと噂する者もいた。三〇年後に登場した匿名のパンフレットでは別の説がほのめかされていた。「今は亡き、とある貴族男性と、かの有名なミスター・ウィルソンの間に交わされた数々のラブレター：その名を世にとどめるボウの出世と驚くべき栄光の歴史を発見」。もしかしたら、今は亡き貴族男性がウィルソンに口止め料を払っていたのかもしれない。最新かつ最も詳しいジョン・ローの伝記を手掛けたひとりである経済学者アントワン・マーフィーは、誰か——国王か貴族男性のどちらか——がウィルソンの口を封じたいと考え、何らかの方法でローにウィルソンを殺させたのではないかと示唆している。

ローは別の男性と結婚している女性と同棲《どうせい》していた。ウィルソンの姉がしばらくの間ローと同じ建物に住んでいたことがあり、同じ屋根の下で進行中のローたちの罪に腹を立てて出て行った。ウィルソンが気付いてローを問い詰めた。ある話によると、これが決闘につながったという。

決闘の原因が何であれ、罪状は明白だ。一七世紀のイングランドでは決闘は違法だったので、ローは逮捕され、投獄され、エドワード・ウィルソン殺害の罪で絞首刑を言い渡された（同時に、ほかに四人が絞首刑を言い渡されている。そのうちのふたりはコインの偽造による罪を犯し、ひとりは現在使用されている銀貨から銀を削り取った罪を犯していた。中世の中国と同様に、英国政府はマネーの健全性を守るために死刑を執行した）。

ローはまさか死刑になるとは思ってもみなかった。決闘は紳士の間では比較的よくあることだったし、そんな罪状で死刑になる者など記憶になかった。最初のうちは国王の恩赦がありそうに思われた。けれども、ウィルソンの家族が恩赦に反対した。国王はためらい、ローは牢《ろう》に入れられたままだった。

すると、一六九五年の第一週にローはキングズ・ベンチ刑務所から脱出することができた。詳細は不明だが、当時書かれた手紙を読むと、ローには力のある友人たちがいて、刑務所長に目をつぶらせる一方、看守たちを薬で眠らせ、ローの独房の鍵《かぎ》を開けたということらしい。こうしてローは逃亡者となり、船に乗ってヨーロッパ大陸に逃れた。

やがてローは、未来とマネーにかかわる考え方を変革しつつあった知的革命について知る。そして、この革命を利用して富を得ることになる。

第4章　確率を使って金持ちになる方法

その後一〇年ほど、ローがどんな人生を送ったのかは明らかではない。歴史的な文献からは気配は消えていたのだが、突然、パリ、ヴェネツィア、アムステルダムに姿を現す。霧の中から現れるたびに、ローはその地のエリートたちとギャンブルに興じていた。そして、いつも彼の勝ちだった。幸運だったからではない。いかさまを使ったわけでもなさそうだ。ローが勝てたのは、彼が生きている間に生まれつつあった知的分野――世界に対する見方――を発見したからだ。この知的分野はやがて神やマネーや死や未知の未来に対する何百万もの人の考え方を変えることになる。その知的分野とは確率論だ。確率論は現代の金融の多くの部分の基礎をなしているし、その点では、現代の思考の多くの部分の土台となっている。確率論を考案したのはギャンブラーたちだった。

人間は昔からずっとギャンブルに明け暮れてきた。サイコロとして使われた四面体の距骨《きょこつ》は世界各地の古代遺跡の発掘現場から発見されている。だが、現代のぼくらの感覚では信じがたいことだけれど、昔からギャンブラーは本当の意味で計算などしていなかった。ある種の結果が他の結果よりも現れる可能性が高いことを知っていただけだ。でも、知っているといっても、ぼんやりとした形で、量的というより質的な意味で知っていた。それがこの頃にはギャンブラーたちは、勝ち負けの可能性を正確に計算できるようになってきた。いまだに結果は運や神の摂理だと多くの人が考えていた時代に、賭博《とばく》台で計算するなんて、まるで超能力のようなものに見えた。

　ギャンブラーであり数学者でもある者の中で最重要人物のひとりは、風変わりな天才ブレーズ・パスカルだ。デカルト（近代幾何学の一分野を打ち立てようとしていた）に強い印象を与えるほど優れた幾何学論文を、パスカルは一〇代で書いていた。機械式計算機を発明し、自分の名前にちなんでパスカリーヌと名付けたが、実用化はできなかった。製造にかかる費用が高すぎたためだろう。二〇代になってしばらくの間、パスカルは宗教的危機に陥り、ギャンブルを止めた。「わたしをここに置いたのは誰なのか？」と彼は書いている。「誰の命令や指示によって、この場所とこの時間がわたしに定められたのか？　この無限の空間の永遠の沈黙がわたしに恐怖を感じさせる」。二七歳の時、パスカルはこうした真摯《しんし》な疑問のせいで頭痛、嚥下《えんげ》障害などの体調不良に陥り、やがて存在論的深淵《しんえん》に背を向け、賭博台へと戻っていった。

　一六五四年、シュヴァリエ・ド・メレという名のフランスの数学者であるギャンブラーがパスカルにふたつの質問をした。ひとつは、一定の回数、二つのサイコロを転がした場合に両方とも六の目が出る確率についての質問。もうひとつは、もっと深く、より複雑なもので、ギャンブラーたちが一〇〇年以上頭を悩ませてきた問題だった。

これは〈分配問題〉として知られているが、こんな感じだ。二人のプレーヤーがカネを出し合い、一定の回数プレーして、勝ったほうがすべてのカネを取る。偶然がかかわるゲームなら、サイコロでもコイン投げでも何でもいい。プレーヤーはゲームを開始したら、事前に決めておいた回数をこなす前にやめなければならない。停止時点での点数にもとづいてカネを分配するのに公平な方法とは、どんなものだろうか？

この疑問にインスピレーションを受けたパスカルは、法律家の職務のかたわら数学研究を続けていた数学の天才ピエール・ド・フェルマーに手紙を書いた。ふたりは数か月にわたって文通を続け、この二つの問題を研究した。二つのサイコロを転がしたときにそろって六の目が出る確率の問題は簡単だった。分配問題については少々時間がかかった。パスカルとフェルマーが到達した解決策は、マネーと人類の思考の歴史に深い衝撃を与えた。

簡単な例で説明しよう。あなたとぼくが五〇ポンドずつ出し合い、三回コインを投げて、勝ったほうが全額一〇〇ポンドをもらえる、とする。あなたは表、ぼくは裏に賭《か》けたとしよう。あなたが一回コインを投げ、表が出たとする。このとき、もう一回投げる前にゲームを終わらせなければならないとしよう。あなたは一対〇で勝っている。ここで賭け金一〇〇ポンドを分配するとしたら、どう分ければいいのだろうか？

パスカルとフェルマーは考えた。ゲームの結果のあらゆる可能性をひとつひとつ検討し、それぞれのプレーヤーが勝つ確率を計算して、それによって賭け金を分配することにした。ふたりは詳細に計算しているが、ここではわかりやすく単純化して説明しよう。

あなたが表、ぼくが裏に賭け、一回コインを投げたところで三本勝負を中断するとしたら、残り二回分のありうる結果はこうだ。

1. 表、表（あなたの勝ち）
2. 裏、表（あなたの勝ち）
3. 表、裏（あなたの勝ち）
4. 裏、裏（ぼくの勝ち）

あなたが勝つ確率は七五パーセント（四分の三）、ぼくが勝つ確率は二五パーセント。賭け金合計一〇〇ポンドのうち、あなたが七五ポンドを、ぼくが二五ポンドを取ることになる。

この解決策でいちばん驚くことはもしかしたら、ぼくらが結果にあまり驚きを感じないことのような気がする。わかりきった話だもの！　すごいのは――ここがこの話のキモだ――ぼくらが知るかぎり数千年におよぶギャンブルの歴史で、パスカルとフェルマー以前には誰も計算してみたことがなかったことだ。なぜなら、不確実な未来が計算できるなんて誰も思いつかなかったからだ。未来というものは偶然か、神々か、唯一の神によって決められるものだった。計算して決定できるものなんかじゃなかった。だからこそ、これが思考の歴史上、そしてマネーの歴史上、画期的な瞬間だったのだ。だからこそ、最近、スタンフォード大学の数学者〔訳注：キース・デブリンのこと。出典・情報源を参照〕がこの問題に対するパスカルとフェルマーの考えた解決策について一冊の本を書いたのだった。「それは、人類が未来を予測できる方法を初めて示した」と数学者は書いている。

フェルマーとの文通から数年後、パスカルはふたたび存在論的な深淵のぎりぎりのところまで戻ってしまう。けれども、今回は新しい思考法を手にしていた。「神は存在するか、それとも存在しないか」とパスカルは書いている。「だが、われわれはどちらに心を向けているのか？　ここでは理性では何も決まらない……ゲームは、表か裏が出るこの無限の距離の果てでプレーされている。あなたはどちらに賭けるか？」

あなたが「神は存在する」（パスカルにとってはキリスト教の神のこと）ほうに賭け、そして賭けに勝つならば、あなたが手にするのは「永遠の命と幸福」だ。もしも「神は存在しない」ほうに賭けて賭けに勝つならば、あなたは正しさを手に入れる。これは、一方の側の見返りのほうがはるかに大きい賭けだ——永遠の命と幸福か、それとも正しさか。どちらを選択するかは明らかだった。「それなら、神が存在するほうに、迷うことなく賭けなさい」

パスカルはそちらに賭けた。自分の数学的思考能力によってインスピレーションを受けたのち数学から離れ、所有物をほぼすべて売り払い、修道院に入った。確率論的な思考は壁を越え、今やそれはサイコロとマネーに限定されない。あらゆるものに及ぶのだ。

野に放たれた確率

パスカルとフェルマーのアイデアはまたたく間にヨーロッパじゅうの知識人たちに広まった。数十年後にはジョン・ローのもとまで届いた（おそらく、一族の城をギャンブルで失いかけた後のことだ）。「彼ほど計算や数字を理解している者はひとりもいなかった」と、ローの友人のひとりが書いている。「彼はイングランドで初めて苦労の末に……サイコロのその他すべての勝算を発見した」。

ローはプレーヤーに六面体のサイコロを渡して、六回連続で六の目が出るのに一〇〇〇〇対一のオッズで賭けないかと持ちかけた。ローはオッズがおよそ五〇〇〇〇対一（六の六乗対一）になることを知っていた。一八世紀初めにパリで逃亡生活を送っていた彼は、金貨でいっぱいの袋をいくつも携えて賭博台にやって来た。オッズが賭博場に多少有利なゲームの場合、しばしば賭博場の主人や銀行家のようにふるまった。彼は勝ちつづけた。賭け金はどんどんつり上がっていったので、とうとう自前の金のチップを鋳造したほどだった。

　ローが確率を利用してますます裕福になっていったのと同じ頃、確率を利用して死（とマネー）にまつわる考え方を変えようとする者たちがいた。この頃になるまで、死とはサイコロにちょっと似たものと考えられていた。一部の者（赤ん坊や高齢者）は他の者（ティーンエイジャー）よりもサイコロに近く感じられた。でも、数学的に知っていたわけではない。ちょうど確率論以前のギャンブラーみたいな感じで知っていたといえる。計算なんかしなかったわけだから。

　これこそがヨーロッパ諸国の政府にとって大問題だった。当時、政府はふつうの所得税を徴収するのではなく、（よりによって）年金を売って資金を調達していた。年金を買うには、政府に一括払いでまとまった額（たとえば一〇〇〇ポンド）を払うのだが、その代わりに政府は一年に一度、一定の金額（たとえば七〇ポンド）を一生にわたって支払ってくれる、という仕組みだった。

　年金は、不器用な形ではあるものの、買い手の寿命に対する賭けだ。もしも今日ぼくが年金を契約して明日死んだら、政府はぼくの払ったカネを全額もらえるのに、ぼくのほうは何ももらえない。ぼくの負けで、政府の勝ちだ。もしもぼくが一〇〇歳まで生きたら、政府は何十年にもわたって毎年ぼくにたっぷり年金を支払ってくれる。政府の負けで、ぼくの勝ちだ。ジョン・ローの時代、政府と市民はこういう感じで賭けをしていたのだけれど、誰も寿命がどのくらいになりそうなのか、わからなかった。サイコロでギャンブルをしているのに、オッズがどのくらいかわからない状態ということだ。

当時のイングランドでは、年金は契約者が何歳でも同じ額だった。だから、みんな一〇代の子どものために年金を買い始めた。子どもなら長生きして、かなりの儲《もう》けになりそうだったからだ。子どもはラッキー、政府はアンラッキーだ。

英国の数学者エドモンド・ハレーはパスカルとフェルマーの研究のことを知っていたので、年金の問題は計算可能だろうと考えた。三三歳になった頃、ハレーはすでに世界の半分を旅して星図を記録し、友人のアイザック・ニュートンによる力学を論じる著書『自然哲学の数学的諸原理（プリンキピア）』の出版に尽力していた（このときまだ名前すらない未知の彗星《すいせい》が回帰することをハレーが予言したのは、この十数年後だ）。ちょうどこの頃、ハレーは、当時まだ目新しかった科学雑誌の編集長に就任し、歴史上あらゆる雑誌のあらゆる編集長が経験してきた難問に直面する。空いたページを埋める原稿を探さなくてはならなくなったのだ。だから、珍しいほど詳細に市民の出生と死亡の記録が作成されたブレスラウという東ヨーロッパの町の話を耳にして、ハレーは「これだ！」と思いついた。

一六九三年一月、ハレーは「ブレスラウ市における興味深い出生と死亡の表から引き出された、人間の死亡の度合いの推計——生命保険料を確定する試み」と題する論文を発表した。まず冒頭の一文目でハレーはテーマのど真ん中に食らいついた。当時らしい少々乱れ気味な大文字使いで。「人間の死亡への考察は、教訓だけでなく、身体的かつ政治的な利用法がある……」。そう、わかっている。死は人間であることすべてに深く結びついているが、現世では身体的なものでもあるし、国民全体にとってどんな意味があるか理解しなくてはならないのだ。ハレーは、つい先ごろロンドンとダブリンの市民の死亡率を分析しようとした数人の者たちを褒め称《たた》えたが、彼らの誰ひとりとして必要な情報すべてを手に入れることができなかったと指摘した。なぜなら、ロンドンにもダブリンにもきちんと詳しい出生と死亡の記録をつけている者がひとりもいなかったからだ。ところがここで、ブレスラウの記録が登場する。

ハレーはあれこれ計算を始める。そして、「ものすごく面倒くさい計算」についてぶつくさ愚痴ったあと、さまざまな年齢の人が死ぬ可能性について厳密に解き明かしていく。二〇歳になったばかりの人が次の誕生日までに死ぬ可能性は一パーセント。五〇歳なら、五一歳になる前に死ぬ可能性は三パーセント。「三〇歳の男性ならば、合理的に考えてさらに二七年から二八年生きることが予想できる」とハレーは書いている。こうした話がさらに続く。

ハレーは考える。もしも平均的な寿命まで生きた契約者が、支払額とぴったり同額を受け取るとすると、年金の価格は適正だったと言えるのではないか。それよりも前に死んだら、受取額は払込額より少なくなる。平均より長生きしたら、受取額は払込額より多くなる。ここではっきり見えてきたのは、イングランドの年金の売り値が安すぎるということだった。

六〇歳未満の人間なら誰でも払込額より多く受け取る可能性が高かった。

これは、ランダムに集めた死亡例の事実でもなければ、便利な会計データの寄せ集めでもない。これはメソッドだ。ある特定の地域の住民に関する出生数と死亡数のデータがあれば、住民がどの年齢でどれだけ死亡する可能性があるか計算できるということ。ハレーは寿命について、分配問題を解決した。

数十年後、アレクサンダー・ウェブスターとロバート・ウォレスという名のふたりの大酒飲みのスコットランド人の牧師が、東ヨーロッパの町のデータにもとづいたハレーの生命表が、今自分たちが抱えている問題の解決に役立つのではないかと考えた。若くして死んだスコットランドの牧師の残された妻子にいくら払えばいいのか、という問題だ。

生命保険はすでに存在していたが、ハレーが登場する以前の年金と同じように、誰もオッズがわからなかった。年金と同様に、生命保険も契約者がどれだけ生きるかという賭けだが、勝敗の立場は逆だ。ぼくが買い手だとして、保険を契約してすぐ死んでしまったとしたら、ぼくの勝ちだから、ぼくの支払額がほんの少しだったとしても家族は大金をもらえる。でももちろん、生命保険会社側が支払うカネを持っていれば、の話だ。保険会社が生命保険を安く売りすぎたせいで、支払うカネが残ってなかったら、ぼくの家族は何ももらえない。

スコットランド牧師寡婦基金をスタートするために、ウォレスとウェブスターはハレーの生命表と確率論という新しい科学を利用し、友人の数学者の助けを得て、牧師たちがそれぞれいくら出し合えばいいかを見積もった。ウォレスとウェブスターは基金開始から一〇年後に四万七四〇一ポンドになると予測した。驚くほど正確な予測だった。一〇年たってみたら、基金の金額は四万七三一三ポンドだったのだから。誤差は一パーセント以下だった。これが可能になったのも知的革命のおかげだった。人々は新しい方法で思考するようになっていた。生と死をマネーに結びつける、以前より冷たく数字だらけの考え方だ。

生命保険と年金は、小さな、マネー以前の社会に存在した互酬性《ごしゅうせい》の一部（全部ではない）を取り戻すひとつの方法だった。たくさんの牧師が生命保険の保険料を支払って長生きしたおかげで、若くして死んだ牧師の寡婦や遺児を扶養するマネーが集まったのだ。今日では、地球上にある、ほとんどあらゆる豊かな社会には、何らかの形の社会保険がある。アメリカの社会保険制度はその一例だ。何百万人もの労働者が給料から少額のカネを出し合っているおかげで、高齢になって働けなくなった何百万人もの人々が少額のカネを引き出すことができるのだ。

今では確率論的な考え方がすっかり当たり前になったおかげで、誰もほとんど気づかないほどだ。もちろん保険は今も確率にもとづいて設計されている。でも、金融もビジネスもスポーツも政治も医学もそうだ。未来を予測できるという革命的なアイデアをぼくらはすっかり当たり前のものとして受け入れている。

第5章　タイム・トラベルとしての金融
――株式市場を発明する

現代の資本主義は一六〇〇年代初めの数年間にアムステルダムで発明されたと言ったら言いすぎだろう。でも言いすぎだとしても、ほんのちょっとだけだ。

当時、ヨーロッパ人は夢中で世界じゅうを帆船で巡り、はるか彼方《かなた》の地で貿易やら略奪やらで大儲《おおもう》けしていた。オランダ人は南回りで航海に乗り出し、アフリカ大陸経由で現在のインドネシアまでたどり着き、ナツメグやメースといった香辛料《スパイス》をそこから持ち帰った（一六〇〇年代にはナツメグやメースはものすごく貴重なもので、金持ちは自宅のスパイス用の引き出しにストックするためにとんでもない金額を支払ったものだ）。

だが、何年もかかる危険な航海に船を送り出したオランダの商人たちは、やがておなじみの問題に直面する。ものすごい額のマネーを稼ぐ計画を立てても、計画を実行に移すには、ものすごい額のマネーを使う必要が出てくる。船を建造するにも購入するにもカネがかかるし、船長や船員を雇用するにもカネがかかるし、船長と乗組員を乗せた船を世界のあちこちに送り込んで帰国させるにもカネがかかるのだ。この手の〈カネを稼ぐのにカネがいる〉問題には無限のバリエーションがある。車が買いたい。もっとカネが稼げる新しい仕事に必要だから。でも、車を買うには今カネが必要なのに、そのカネは新しい仕事に就かないと稼げない。なのに、新しい仕事に就くには車が必要だ。

幸いなことに、ちょうどこのタイミングで、自分では必要のないカネを持っている人たちがいる。しかも、後でもっと多くのカネを手に入れるチャンスが得られるなら、今、使うのをあきらめてもいいという人たちが。こうして、ぼくは車のローンが組めるようになる。同じように、オランダ人もアジアへ船を送り込むためのカネを手に入れた。そして、これこそが金融《ファイナンス》が役立つ点だろう。将来もっと多くのカネが得られる可能性があるなら、今カネを使うことをあきらめてもいいという人と、今カネが必要で、後で多くカネを返してもいいと思っている人をマッチングすること。それが金融だ。金融は時間軸上でマネーを動かす。「金融の本質はタイム・トラベルだ」と、銀行員からライターに転じたマット・レヴィーンは書いている。「貯蓄とは資金を現在から未来へ移動させることだ。金融とは資金を未来から現在へ移動させることだ」

香料諸島《スパイス・アイランズ》（モルッカ諸島）への初期の航海は通常、一回ごとに資金調達《ファイナンス》していた。裕福な人々が集まってカネを出し合い、航海の費用を支払った。船がインドネシアまで到達して香辛料で一山当てて（何の保証もないが）帰ってくれれば、出資者たちのカネは戻って来る。おまけに利益もつく。もしも船が戻ってこなかったら、出資に対して感謝が返ってくるだけだ。こんなことばとともに――ああ、そうそう、別件でいい儲け口があるんだけど、興味ない？

スペイン、ポルトガル、英国がこぞって香料諸島争奪戦に参入した。ビジネスと帝国主義と戦争がこん然一体となった状況下で、商人たちから資金調達した船がバラバラに航海に乗り出していたオランダは追い抜かれようとしていた。だから一六〇二年、オランダ政府は、当時、各国が企てていた新しいアイデアをいち早く実現した。貿易会社だ。その正式名称は連合東インド会社（Vereenigde Oostindische Compagnie）。略してＶＯＣだ。

政府はＶＯＣにアジアにおけるオランダによる貿易の独占権を与えた。すでに二年前、イギリスはすでに同じようなことを行って、イギリス独自の東インド会社を設立していた。だが、オランダの東インド会社は現代的な多国籍企業の第一号となるような形で進化していく。コカ・コーラ社やグーグル社やエクソンモービル社のご先祖となったのだ。

ＶＯＣに出資《ファイナンス》するには、金持ちだとか、何かのコネがあるとか、そんなものは必要なかった。「これらの地の住民はすべてこの会社の株を買うことができる」と特許状に書いてある。これは時代の潮流そのものだった。ほんの数十年前、オランダはスペイン国王の支配から解放されて共和国として独立していた。現代的な意味では民主主義国家とはいえないが、当時の君主国と比べたらオランダではるかに広く権力が分散していた。数多くのさまざまな人々がＶＯＣに出資した。アムステルダムだけで一〇〇〇人以上の出資者がいた。その中には、東インド会社の取締役に雇われていたメイドもいて、一〇か月分の給料をつぎ込んでいた。

当時、会社というものはどこでも、政府の明確な同意がなければ設立できなかったし、どの会社も一定の期間が過ぎると解散するものだった。オランダ政府はＶＯＣに二一年間有効の特許状を付与した。出資者たちは一〇年経ったら株を換金できたが、それでもかなり長く待つ必要があった。だから、アムステルダムではＶＯＣの取締役たちは、出資者全員の出資額を記録した会社登記簿の第一ページにこんな一行を書き足した。「事務所の簿記係を通じて移譲あるいは譲渡を行うことができる」。言い換えれば、一〇年経たないうちにカネを取り戻したかったら、投資した会社の株を、買いたいと望む誰にでも売却できるということだ。この一行にはものすごいインパクトがあった。ＶＯＣだけの話じゃない。マネーの歴史全体に及ぶ影響があったのだ。

人々は最初の船が出港しないうちにすでに株を売り始めていた。株の売買はまだ特に便利に行える状況でもなかった。売却を行うには、買い手と売り手の双方が会社の事務所まで足を運び、そこで簿記係の手で取引を登記簿に記録してもらわなければならなかったのだから。だが、大急ぎでカネが必要な株主と、この先もっとたくさんのカネが手に入る可能性があるなら手元のカネを手放してもいいという非株主がいた。売り手や買い手を探したい人々は橋までやって来て、航海から戻ってきた船長が郵便物を届けに橋を渡ってくるのを待ち受けるようになった。そういうわけで、そこは町にいる誰よりも早く市場の動きのニュースを手に入れるのに最適な場所になった。二、三年すると、橋の上には通行のじゃまになるほど多数の取引業者が集まるようになった。そこで、市は新しい建物の建築を発注した。取引専用の場所だ。奥行二〇〇フィート〔訳注：約六一メートル〕、幅一一五フィート〔訳注：約三五メートル〕の中庭と、それを取り巻く青い石のタイルで覆われた屋根付きの回廊を備えていた。世界で最初の証券取引所だ。

証券取引所の取引開始の五日前、市は新たな条例を可決した。取引所の取引時間は、一日数時間のみ——午前一一時から正午まで、そして夕方は日没前の一時間（冬季は三〇分）——許可するものとする、という条例だった。時間が限定されて面倒に思えるかもしれないが、これには納得できる理由があった。市場が一日じゅう開いていたら、買い手と売り手の出入りが散漫になってしまう。そのため、買い手が望む価格と、売り手が望む価格の差が大きく広がってしまうだろう。望まない取引で手を打たざるを得なくなるか、そもそも取引が成立しない可能性も出てくる。エコノミストの言う〈薄商《うすあきな》い〉というやつだ。だが時間が限定されたために、可能性のある買い手と売り手が同時に姿を現すようになった。これで取引を〈大商《おおあきな》い〉に持ち込め、何百人、何千人もの人々が同時に姿を現すようになった。おかげで、売り手にしても買い手にしても、相手を見つけやすくなったし、お互いに適正だと思える価格で合意しやすくなった。こうして、市場はうまく機能するようになった。

ＶＯＣの特許状が更新を重ねるうちに、証券取引所は組織化されていった。地元の商人であり詩人でもあったジョセフ・デ・ラ・ベガという人物がアムステルダムの証券取引所にまつわる本を書いた。これは株式市場について書かれた最初の本で、『混乱の中の混乱』とまさにぴったりの題名がつけられた。

この本は古典的な神話や聖書の喩《たと》え話などの脱線話にあふれている。だが、証券取引所の描写は衝撃的なほど見覚えのあるものだ。

取引所の会員が手を開くと、別の会員がその手を握り、こうして一定の価格でたくさんの株を売りさばく。その価格は二度目の握手で確認される……。握手に続いて叫び声が聞こえてくる。侮辱的な叫び声、傲慢《ごうまん》な侮辱、さらに侮辱の言葉、叫び声、押し合いへし合い、握手、かくして取引が終わる……

株の取引が行われるようになってすぐに、人々は新しいタイプの賭《か》けができるような複雑なバリエーションを考案しはじめた。取引開始とほぼ同時に登場した賭けのひとつが空売り《ショート》だ。空売りは株価が下がったときに投資家が利益を得るタイプの賭けだ。アムステルダムの人々は空売りを憎んだ。その後ずっと今に至るまで、世界中の人々が空売りを憎んでいるのと同じように。

空売りの物語

世界の歴史上初めて行われた株の空売り《ショート》がどんなものだったか見れば、憎まれるわけもわかるだろう。それでも、空売りが社会にとって有益なもので、ひどく過小評価されているわけもわかるはずだ。

オランダの商人イサック・ル・メールはＶＯＣの創設者のひとりで、アムステルダム最大の株主でもあった。ＶＯＣ創立の数年後、ル・メールは他の取締役たちと争うようになった。詳細は不明だが、どうやらル・メールが航海の資金の一部を提供したにもかかわらず、ル・メール本人の主張する出資額を会社側が払い戻さなかったということのようだ。ル・メールが会社から大金をだまし取るために経費を水増しした可能性もある。これが訴訟にまで発展した。取締役たちから持ち株を凍結されたル・メールは、アムステルダムを離れて田舎に引っ込むと復讐《ふくしゅう》を企てた。

ＶＯＣに復讐するために、ル・メールは地元の穀物商が長年利用してきたテクニックを使った。二人の人間が、将来あらかじめ決めておいた日にちに、あらかじめ決めておいた価格で売買すると合意する。たとえば、ある商人が今日から一年後に一ブッシェルの小麦を一〇

○ギルダーで買うと約束するとしよう。これを先物契約（先物取引）というが、現代ではこれと同じような契約の取引で何兆ドルも稼ぎ出す人々がいる。
ル・メールは密《ひそ》かに共謀者らとチームを組んでVOC株の先物契約を結び始めた。一六〇八年一〇月、ル・メールと協力する取引業者がアムステルダムのダイヤモンド商と契約を結んだ。ル・メールの取引業者は一年後に一四五ギルダーで一株のVOC株をダイヤモンド商に売却すると合意した。つまり、契約の執行時にVOC株が一四五ギルダーよりも低い価格で売買されていた場合、ル・メールは公開市場で株を買い、即座にそれをダイヤモンド商に売れば利益を得られる、ということだ。そして、株価が低ければ低いほど、ル・メールの利益は大きくなる。ル・メールはこうした取引を多数こなし、やがて当初、自分が実際に所有していた株より多くの株の取引を成立させた。株価が大きく下落すれば大儲け、高騰すれば破滅だ。

そこでル・メールは株価の下落を画策し始めた。アムステルダムの共謀者たちはVOCが問題を抱えていると噂を広めた。経費を使いすぎている。船があちこちで沈没したり、敵に拿捕《だほ》されたりしている。みんなが思っているほど利益を上げていない。そんな調子の噂話だ。そして思惑どおり、VOCの株価は下落し始めた。

会社の取締役たちはル・メールが関わっていることを知らなかったが、誰かが株価の下落に賭けていることはわかっていたし、会社について悪評が流されていることも耳にしていたし、株価が下落していることも知っていた。VOCはオランダという国家の誇りと国際的な競争力の源だった。国家のために（そして、自身がVOC株に投資した莫大《ばくだい》な個人資産のために）、取締役たちは会社への攻撃を停止させようと決断した。

取締役たちは議員に訴えた。株価下落を狙う「汚れた陰謀」が進行中だと告げ、背後に外国のスパイが潜んでいる可能性をほのめかした。「有力な売り手の中に国民の敵の共犯者がいる」と彼らは書いた。国民の敵による汚れた陰謀だけでは議員の注目を得るのに十分ではない場合に備えて、取締役たちはさらにこう付け加えた。犠牲者にはVOC株を所有する「多くの寡婦や孤児」も含まれる、と。

オランダの議会は世界の歴史上あらゆる議会が行ってきた手を打った。つまり、一応〈寡婦と孤児〉側に配慮したように見える手を打ったのだ。一六一〇年二月、議員たちは投資家に対して、現在所有していない株を将来売却すると約束することを禁止した。言い換えれば、〈敵のスパイ〉（VOCが負けるほうに賭けている人々）対〈寡婦と孤児〉（株主）について、ル・メールの策略を違法行為としたのだ。

すぐさまVOC株は上昇し始めた。ル・メールの仲間の中から破産する者も現れた。ル・メールは膨大なカネを失った。策略は失敗に終わった。取締役たちはハッピー・エンドを迎えた。

だが！　ル・メールのチームがVOCについて言っていたことが真実だったとしたら？

株価が下がって当然の理由があったとしたら？

　政府がＶＯＣの負けに賭ける人々にどう対処しようか決めかねていたとき、株式仲買人のグループ（その中にはル・メールの仲間もいたかもしれない）が、株価の下落は経営があまりうまくいっていないためだと主張した。「必要以上に多くの船舶が航海に送り出されていることは誰もがよく知っている」と、彼らは書いている。ル・メールは、ある政府高官への手紙で、座礁したり行方不明になったりしたＶＯＣの船舶による総損失額を書き記している。さらには、なんとか帰国できた船舶でも、運搬してきたメースと呼ばれる香辛料の在庫が多すぎて、他の種類のものの在庫が不十分という状況にあった。どんどん品質が低下していく売れ残りのメースが倉庫に放置されていた。ＶＯＣの株価下落に賭ける人々は、ル・メールに言わせると「日々入手するニュースと情報にもとづいて……株の売買に携わる」投資家にすぎなかった。取締役たちは「株のかなりの部分をかなりの高値で」買っていた、とル・メールは書いている。取締役たちは、寡婦や孤児を守るために空売りを禁止しようとしていたのではなく、自らをさらに金持ちにするために禁止しようとしていた、と。

　今日では、株価が急に下落し始めたときのお約束は、会社のＣＥＯがテレビに顔を出し、株価下落に賭けている人々は噂をばらまいている、と主張することだ。皆さんの年金がわが社に投資されていますす！　寡婦や孤児のことを考えてください！　誰もが株式市場が右肩上がりに上昇することを望んでいる。株価下落に賭けるなんて悪党のやることに思えてくる。

でも、株式市場の重要な点は上昇することではない。株式市場の重要な点は、株の適正な価格を見極めることにある。つまり、企業の業績や世界情勢について入手可能なあらゆる情報を一番まともに反映した価格を見つけることだ。明らかに、株式市場はときどきこの任務にみじめなほど失敗する。でも、市場に投資家が増えれば増えるほど——そして、とりわけ重要なことだが、彼らがより多くの情報を市場にもたらせばもたらすほど——市場は適正な価格を見出《みいだ》すようになるだろう。株価の下落時に利益を得る人間の存在を許すことは、投資家が詐欺的な行為を根絶したり、知られていなかった悪いニュースを広めたりするインセンティブを生み出す。これはよいことだ。

イサック・ル・メールは自分のものだと主張するカネの件で当局と揉《も》め続けた。ル・メールがカネを手にすることはなかった。ル・メールは海辺の小さな町で死に、次のような墓碑銘の刻まれた墓の下に埋められた。

イサック・ル・メール、ここに眠る。商人にして、世界のあらゆる地で活躍し、神の恩《おん》寵《ちょう》によりかなりの豊かさを知り、三〇年後、一五万フローリン以上を失った（ただし名誉は除く）。

これは、死者がどれだけ大金を失ったか誇らしげに宣言する、世界で唯一の墓石かもしれない。おまけに、ちょっとした書き間違いもあるようだ。死ぬ前に書いた手紙で、ル・メールは自分が失ったのは一六〇〇万フローリンだと書いている。墓碑銘にはゼロがひとつ足りない。

第６章　ジョン・ロー、マネーを発行する

好景気に沸き立つアムステルダムですら独自のマネーの問題があった。ここでの問題は、英国のようなコイン不足ではなかった。流通するコインの種類が多すぎたことだ。

ヨーロッパじゅうの貿易商人や商人がアムステルダムでビジネスを営んでいた。支払いの約束はしばしば書面で作成されていたが、これは振り出すより先の日付を記入した小切手（先日付小切手）のようなもので、為替手形《かわせ》として知られていた。けれども、手形を決済する――本物の銀貨や金貨で支払う――となると、物事は厄介になる。こうした外国の貿易商人は誰もがさまざまな国や王国や都市国家のコインを持っていたから、アムステルダムの市当局は一〇〇〇種類近くのコインに対して公定価格を設定していた。偽造コインや、削り取られて重さ不足になったコインも流通していた。時には貿易商人はコイン一枚一枚について交渉しなければならなかった。両替商や詐欺師にとっては商売繁盛のチャンスだったが、正直な取引をする商人にとっては、コインのことなど気にせずに商売したいだけなので、そうし

た状況は面倒ごとでしかない。

だから、ＶＯＣ設立の数年後の一六〇九年、アムステルダム市は公立銀行に特許状を与えた。これは両替商や投資家が所有する銀行ではなくて、市自身が所有する銀行だった。この銀行の目的は利益を得ることではなく、アムステルダムのマネー問題を解決することにあった。銀行設立とともに、アムステルダムで為替手形が決済期限を迎えた場合、公立銀行で決済しなければならないという法律が作られた。

商人たちは公立銀行に口座を開いた。手形の期限が来たら、銀行の帳簿の数字を書き換えることによって口座上でそれぞれ金額を振り替えるだけで、支払い（あるいは受け取り）が成立する。コインの種類や偽造に悩む必要はなくなった。銀行口座――銀行の帳簿上の数字――がマネーとなった。しかも、コインよりずっと使い勝手がよかった。

ギャンブラーとしてヨーロッパを転々としていたジョン・ローは、アムステルダムをこう見ていた。誰もが使える信頼できるマネーを創造する銀行、そして誰でも投資できる株式市場、海の向こうにある植民地（当時の多くのヨーロッパ人と同じように、明らかにローもまた植民地主義者たちの残虐行為は気にならなかったようだ）があるから、アムステルダムは豊かさを手に入れているのだ、と。ある時点からジョン・ローは将来の夢を思い描くようになっていた。ヨーロッパを放浪する生活から足を洗い、スコットランドに帰国するのだ。ギャンブラーとしてではなく、また有罪判決を受けた殺人者としてではなく、経済革命をもたらすヒーローとして帰国するのだ、と思うようになっていた。

ローがスコットランドに帰国したのは三〇代の初めで、ヨーロッパでの放浪生活はすでに一〇年近くに及んでいた。故郷に戻ると、ローは同郷人たちを訪ね歩き、ボロボロの金融システムのせいでいつもマネー不足だからスコットランドは失敗続きなのだと説明して回った。一七〇五年には『貨幣と商業の考察――国民への貨幣供給の提案』と呼ばれる一二〇ページのパンフレットを発表した（発行者は彼のおばだ）。

ローはオランダを引き合いに出して、とんでもなくだめな国だったとしてもおかしくない、あらゆる理由を備えていると述べている。


自然環境の不利さを挙げれば、狭い領土、痩《や》せた土壌……鉱物資源不足、長い冬、健康によくない空気……危険な沿岸地域、航行しにくい川、防御の必要のある海に面している一方で、強力な隣国群に接している陸地……。


だが、こうした欠点にもかかわらず、オランダは栄えている。なぜなら、マネー問題を解決したからだ。

……オランダは豊かで強力な国になった。

さらにローは続ける。スコットランドはまさに対極にある、と。

スコットランドは本来ならば商業にとって数多くの利点を備えている。広い領土、防御の容易さ、豊富な人口、健康によい空気、鉱物資源……安全な沿岸地域、航行しやすい川、漁業資源の豊富な海や川……。

スコットランドはマネー問題を解決しさえすればよかった。
スコットランドはさらに多くのマネーを創造する必要があった。マネーの創造によって、安価な借金と投資ができるようになり、失業者のために雇用の機会を生み出せるようになるのだ。これは、現代では基本的で議論の余地のない金融政策だが、当時はとんでもないアイデアだった。ローは続けて論じた。さらに多くのマネーを創造するためには、スコットランドは時代遅れの考えを克服し、アムステルダムの銀行のような、政府の特許を得た銀行を設立しなければならない。だが、スコットランドはもっと先を目指す必要がある。新たに設立した銀行は、銀や金に裏付けられた紙幣ではなく、土地に裏付けられた紙幣を刷るべきだ、とローは主張した。こうすれば、スコットランドはもっと金や銀を手に入れなくとも、さらにもっと多くのマネーを流通させることができるだろう。

スコットランドの議会はローの提案を受け入れるかどうか議論した。ある党の党首はローの案を「国家を奴隷化する計略」だと決めつけた。敵対する党に属するある伯爵がローの案を援護した。党首は伯爵に決闘を申し込んだ（いつも決闘だ）。二人の男は町外れで会うことになった。互いにあれこれ言い訳を口にした後、両者は空中に向けて銃を放った。こうして、誰も傷つくことなく決闘は終わったが、スコットランドを変貌《へんぼう》させようというローの計画は死んだ。ほどなくして、スコットランドとイングランドが合併してグレートブリテン王国が成立し、未《いま》だにイングランドから殺人犯として指名手配されているジョン・ローは逃亡生活に戻らざるを得なくなった。

ふたたびヨーロッパ放浪の旅が始まった。だが今度は、ギャンブルに明け暮れるのではなく、ある一国——どの国でもいい——のマネー問題を解決するという夢を思い描いていた。ローはオーストリア皇帝［訳注：神聖ローマ皇帝カール六世］にアイデアを売り込んだが、皇帝は飛びつかなかった（もっとも、ローはウィーンの賭博《とばく》場でかなりの儲《もう》けを手にしたようだ）。サヴォイア公に対してもトリノ銀行設立案を売り込もうとして失敗した。一七一四年に移住したパリでは現地の官憲から怪しまれていた。警察長官が外務大臣にこんな警告を発している。

プロのギャンブラーで国王に対して邪悪な意図を持って接近している疑いがある、ローという名のスコットランド人ですが、最新のファッションに身を包んだ姿でパリに現れ、豪邸を購入しました……ですが、唯一の仕事であるギャンブルを除けば、どこからこの財産を築き上げたのか誰も知りません。

だが、ここパリでローはとうとう好機をつかむ。この書簡の余白に外務大臣はローについてこう書いている。「彼は要注意人物ではない。放っておいていいだろう」

この頃、ローには内縁の妻（最初の夫とは最後まで正式に離婚していないし、ローとも正式に結婚しなかったけど、どっちみち問題はなかった。フランスだからね）と二人の子どもがいた。ローはめちゃくちゃ金持ちだったから（アムステルダム銀行に膨大な金額の預金があった）、現在リッツ・ホテルがある、パリの高級な界隈《かいわい》にある広場［訳注：ヴァンドーム広場のこと］に面した場所に豪邸を購入した。イタリアの巨匠たちの絵画コレクションを所有し、疑惑の目を向けた警察長官曰《いわ》く「ものすごい人数の召し使いたち」を雇い入れていた。

おそらくいちばん重要な点は、ローがオルレアン公と友人関係を築いたことだろう。オルレアン公は放蕩者《ほうとう》のフランス貴族で、その後、非常に重要な地位に就くことになる人物だ。多趣味で、自分の屋敷内に設置した化学実験室で実験を行ったりオペラを作曲したりしたかと思えば、夜を徹して貴族仲間やオペラ歌手や女優たちと飲み明かしてはベッドを共にし、「大声で不道徳なことばを口にし」たりする人物だった。一七一五年九月、オルレアン公にとって晴れ舞台ともいうべき瞬間が訪れた。国王ルイ十四世が死去したのだ。後継者となるルイ十五世はまだ五歳。オルレアン公が摂政として任命された。つまり、少年王が成人になるまでフランスの実権を握る立場に就いたということだ。

オルレアン公は破産状態の国家を引き継いだ。先代の王――つまりフランス政府と言っていい――はありとあらゆる相手から借金をしていたが、主にその目的は終わることのない数々の戦争の資金を調達するためだった。王は国民に銀貨を供出させると、改めてコインを鋳造して報酬とした。その対抗策として国民はコインを溜《た》め込んだり、密《ひそ》かに国外へ持ち出してアムステルダムなど安全な場所に運び込んだりした。ある時点で、国王は必死になるあまり自分の銀の食器や道具を溶かしてコインに鋳造したことすらあった。そして、国王はさらに借金を重ね、借金相手に数年分の全税収を引き渡す約束すらした。

フランス国内では、貸せるマネーを持つ者はみな政府にマネーを貸し出した。政府が借金を返さなければ、彼らも自分の借金を返すことができなかった。ルイ十四世の治世末期、経済は完全に崩壊していた。「信用の不足はあらゆる場所で見られ、商売は破壊され、消費は半減し、土地の耕作はないがしろにされ、国民は不幸だった」と、ある聖職者は書き残している。

ローは四四歳だった。すでに一〇年ほどマネーに関する独自のアイデアを売り込んでいた。そして、ついに仲間である摂政の助けを得て大きなチャンスを手に入れようとしていた。

みんながマネーだと信じれば、それはマネーだ

ローが逃亡していた二〇年の間、かつての金融後進国イングランドは、フランス国王をはじめ、あらゆる王や政府が直面してきた問題を解決することによってヨーロッパ各国のはるか先まで進んでいた。マネーの調達という問題だ。

当時、たいていの政府は今と同じようなこと――税金の徴収や借金――をしていた。だが、ヨーロッパの王たちは気まぐれでその場しのぎのやり方で税金を徴収したり借金をしたりしていた。王が一回限りの高額な宝くじ（税金みたいなものだけど、もっと楽しいね！）を発行する年もあれば、その翌年には少しだけ年金を売って金持ちから借金をする、といった具合だった。王がカネを返すこともあれば返さないこともあっただろう。

一六九四年、イングランドは新しい方法で政府のマネー問題の解決を図った。少し前に革命［訳注：名誉革命のこと。一六八八～八九年］を終えたばかりのイングランドでは、議会が国王の権力の限界を定めることを要求していた［訳注：一六八九年の「権利の章典」に結実する］。今や議会と、新たに即位した国王と女王［訳注：ウィリアム三世とメアリー二世の共同統治］は、本格的に成長しはじめていた新しいマネー・テクノロジー――銀行や株や紙幣――をすべて採用し、新しいタイプの銀行を創り出した。イングランド銀行だ。

イングランド銀行が最初に手を付けたのは、株の売却によって投資家から一二〇万ポンドを調達することだった。これらの人々は銀行にマネーを預金したのではなかった。ちょうど、今ニューヨーク株式市場でバンク・オブ・アメリカやウェルズ・ファーゴの株を買うのと同じように、彼らは投資として株を買っていた。

すでに創設後一〇〇年近く経っていたオランダ東インド会社（ＶＯＣ）と同じように、投資したければ誰でも投資することができた。そして、誰もが投資したがっていた。商人も農民も船乗りも牧師も参加した。国王と女王も、上限額である一万ポンドをつぎ込んだ。投資の受け付けを開始してから一一日後、イングランド銀行の調達額は一二〇万ポンドに達した。最後の投資家は、サセックス州のジュディス・シャーリーで投資額は七五ポンドだった。

代わりにイングランド銀行はこの一二〇万ポンドを国王に融資し、国王は年八パーセントの利息の支払いを約束した。国王自身が自らに支払い能力があると宣言しただけではない。さらに、イングランド銀行を創設したのと同じ議会制定法によって、船舶に対する新たな特別税が制定された。これは、融資への利払いのために政府に法的に必要とされる税だった。

国王への銀行融資は金貨や銀貨という形ではなかった。イングランド銀行は国王に、イングランド銀行にある金銀と交換可能な紙幣を手渡した。国王はこのマネーを使って戦費とした。

イングランド銀行は大成功だった。ふつうの人々が現在のマネーを、未来のより多くのマネーに交換できる、新しくて安全な方法を銀行が創り出したのだ。人々は、銀行を通じて正規の予測可能な形で政府に貸すこともできるし、払い戻しは法律で約束されていた。それに、イングランド銀行は金庫にあるマネーよりさらに多くのマネーを貸し出していたため、イングランド全体でさらに多くのマネーを創造した。しかも、預り証を手渡す少数の行き当たりばったりの金細工職人より安定的で信頼できるやり方で、だ。

一七一五年には、ジョン・ローはイングランド銀行がやったことをさらに先まで推し進める計画をすでに考え出していた。

目を閉じたローの脳裏には浮かんでいたはずだ――銀行、株式市場、貿易会社、政府が資金調達する新しい方法。こうした最新のアイデアをすべて連携させた金融システムの全体像が頭の中にあったはずだ。今や摂政としてフランスを支配するオルレアン公への手紙の中で、ローは彼らしい慎み深さでこう描き出している。

ですが、銀行は私のアイデアの中で唯一のものでも、最大のものでもありません。私は、フランスにとって有利なものとなる変化によってヨーロッパじゅうを驚愕《きょうがく》させる改革を創り上げます。それも、東インド諸島の発見や信用の導入がもたらした変化より大きな変化によって驚愕させるのです。この改革によって、殿下は王国を現在の悲惨な状況から救い出し、かつてないほど強力なものにする立場に就かれるでしょう……。

ローは初の本格的な銀行をフランスで開業させてくれるよう摂政を説得した。バンク・ジェネラル（総合銀行）という壮大な名前の銀行だ。だが、実際にはローの屋敷の中に設置できるほどちっぽけな銀行だった。イングランド銀行と同じように、ローの銀行は株を投資家に売ることでマネーを集めた。イングランド銀行とは違って、ほとんど誰もほしがらなかった。フランスの権力者層はローの小さな銀行のことをあざ笑った。ある者は「笑うしかない……アイデア。長続きするなど誰も信じていない」と書き残している。ジョン・ローも銀行という制度も奇妙で異質で、そもそも信用できないものに思えたのだ。

だが、ローは信じた。心から信じていたので銀行の株の四分の一を自ら買ったほどだ。もしかしたらもっと重要だったのは、昔なじみの飲み友だちオルレアン公――たまたまフランスという国を運営する立場にあったわけだけど――もまた信じたからかもしれない。そして一七一六年の夏、オルレアン公は金貨でいっぱいのチェストをいくつも王立造幣局からバンク・ジェネラルへ送りつけた――誰もが一目瞭然《りょうぜん》でわかるような形で。あるパリの雑誌はこう書いている。「造幣局から一〇〇万〔訳注：当時の通貨単位は「リーブル」〕をロー氏の銀行に送るべしという先日の命令があったが、この銀行は摂政が支援しており、イギリス人の名前を使っているが実際は摂政の銀行である。王家の資金が投入されているから、この銀行は大丈夫だと誰もが信じている」

最後の一文の後半を覚えていてほしい。「この銀行は大丈夫だと誰もが信じている」。これが銀行（さらに言えばマネー）の本質だ。この銀行は大丈夫だとみんなが信じるならば、ほぼ確実に大丈夫なのだ。逆に、つぶれるとみんなが考えたら、銀行はつぶれる――たとえ財務状態が健全であったとしても。

オルレアン公の高額な預金のおかげで、ローの銀行の生き残りは確かなものになった。銀行が大きく飛躍したのは翌年一七一七年のことだ。このとき、摂政はパリとその近郊に住む人間はすべて、銀行が発行する紙幣を使って税を支払うよう強制する新たなルールを設定した。

マネーについて、かなり使える定義はこうだ。税金の支払いに使えるものであること。さまざまなもの――為替手形、銀貨、金貨、民間銀行の紙幣――がマネーとなるべく競い合っている世界では、政府が税金として受け入れるものが勝つことになる。なるべくしてマネーとなっていく。それが起きたのが一七一七年のパリだ。摂政が人々に紙切れを使って税金を支払うよう強制したとき、ジョン・ローの紙幣はマネーになった。ローの紙切れがマネーとなった今、ローが大物になる道が開けた。

第７章　百万長者の発明

一八世紀初め、オランダ、イングランド、スペイン、ポルトガルはすでに数百年にわたって世界中を航海してシナモンを略奪したり収穫したりして富を得ていた。始まりは一六世紀、フランスは数回にわたって北米に探検隊を送り込み、現在のカナダのかなりの部分と、ミシシッピ川を中心としたあたりにアメリカ合衆国大陸部のおよそ半分の領有権を得ていた（もちろんフランス人は、この地で数千年にわたって暮らしてきたネイティブ・アメリカンたちから許可をもらったりしてはいない）。

ローの銀行券を使って税金を支払え、と摂政がパリのあらゆる住民に強制したちょうどその頃、彼はまたローの第二の企てに特許状を与えることに合意した。これは公式には〈西方会社〉と呼ばれていたが、世間ではミシシッピ会社と呼ばれていた。フランス政府はこの会社にミシシッピ川周辺地域でフランスが行う全貿易の独占権を与えた。ちょうどオランダの東インド会社（ＶＯＣ）のような感じだったが、さらに進んでいた。

ミシシッピ会社は、先代の王が積み重ねてきたあらゆる債務に摂政が対処するのに役立つ、とローは約束した。債務は国債の形で残っていた。フランスの富裕層は国王にマネーを貸し付けて、その代わりに年四パーセントの利息つきで貸付金を返済してもらう約束を受け取った。だが、こうした利払いは重荷になっていった。そこでローは、フランスの投資家たちが国債をミシシッピ会社の株と交換できるようにした。そして、会社は国債の支払いを国王から受け取ることにした――ただし、より長い返済期間、より低い利息で。これにより、政府の利払い費は減るが、ローの会社は収入源を得られるようになった。

ローは裕福な国債保有者に売り込みをかけた。どちらがほしいですか？　危なっかしい少年王から四パーセントの利息で頼りにならない支払いを受け取りたいですか？　それとも新世界のあらゆる富を受け取りたいですか？

国債保有者たちは四パーセントの利息を選んだ。ローの銀行がどうだったかというと、ほとんど誰もローの貿易会社と関わりたがらなかった。だから、またもやローとオルレアン公は自分たちのマネーを投入した。

だが、徐々に事態は動いていった。一七一八年の春、ミシシッピ会社のために働いていた入植者がミシシッピ川河口付近に新たな首都を立ち上げた。摂政を喜ばせたいと思った入植者は、摂政にちなんで〈ニューオーリンズ［訳注：原義は「新しいオルレアン」］〉という名前を首都に与えた。

ひるがえってフランスでは、ローの忍耐がとうとう報われるときがやって来た。人々は気がつくとローの紙幣を気に入るようになっていた。実際、金貨や銀貨より使いやすいのだ。数年のうちに銀行は国内のあちこちに支店を設立し、そのおかげで人々は地元の銀行支店に行って送金を依頼するだけで町から町へマネーを移動することができるようになった。そして、融資を行ったりマネーを創造したりすることによって、ローの銀行はフランス経済を有益な形で後押ししているように見えた。食料の生産、物品の製造といった基本的なビジネスがフランスでふたたび動き始めた。

「話題は百万のことばかり」

一七一八年一二月、ローの銀行はバンク・ロワイヤル――つまり王立銀行――となった。今や完全に国王（ということはローの友だちオルレアン公）の支配下にあった。国王の許可がある限り、この銀行はいくらでも紙幣を発行できる、と新たな特許状に書いてあった。特許状は、銀行とミシシッピ会社の所有権を正式に連携するものでもあった。どんどん紙幣を刷れば刷るほど貿易は盛んになり、みんなの生活も豊かになっていくはずだった。銀行と会社は支え合い、フランス全体が（そして、もちろんジョン・ローも）さらに豊かになっていくはずだった。

事態の進展はすばやかった。数か月後、ローはミシシッピ会社を、アジアやアフリカと貿易を行っていることになっているがあまり業績が芳しくない他のフランスの会社と合併させた。ローはまたフランスでのタバコ販売権も手に入れた（「みんな、魔法の植物って呼んでいます。だって、吸い始めたらやめられないから」と、摂政の母パラティーヌ妃は書いている）。

こうした買収の費用を支払うために、ローはミシシッピ会社の新たな株を売る計画を立てた。人々は会社の成長を目の当たりにしていたし、マネーも持っていた――ローの銀行が発行したマネーだ。誰もが株を買いたがった。ここでローは天才的な一手を打つ。彼は言った。すでに旧株を持っていない限り新株は買えない、と。そういうわけで、誰もが我先に旧株を買おうとしたものだから、株価は急騰した。

数週間後、会社は今後九年にわたって王立造幣局の全利益を得る権利を買い取った。ローはその費用をさらに別の世代の株によって調達し、そして今度は株を買うためには前世代とその前の世代の株の両方を所有する必要がある、ということにした。株価はさらに上昇した。

一七一九年八月、株は一株三〇〇〇リーブル以上で取引された。数か月前は五〇〇リーブルあたりだった株価は急上昇した。この頃、ローはこれまでで最大の手を打った。フランスの国家債務をすべて返済できる金額のマネーを国王に融資すると申し出たのだ。要は複数の借金の一本化だ。つまり、さまざまな借入金をひとまとめにし、国王の支払金利を下げた。

国王は――摂政を代理として――ローの申し出を受け入れた。マネーを調達するためにローはさらに株を売った。

人々は、株が公開市場に売り出されれば株価は上昇すると知っていたので、こぞってローのもとに駆けつけて直接株を手に入れようとした。「ローはひっきりなしにやって来る嘆願者やおべっか使いたちに囲まれていた。家の扉はこじ開けられ、庭に面した窓から入り込む者もいれば、書斎の煙突から落ちてくる者もいた」と、当時のある貴族が書いている。「話題は百万《ミリオン》のことばかり」。百万長者《ミリオネア》ということばは、ミシシッピ会社の株で儲《もう》けて金持ちになった者たちのために作られたことばだ。

ローはフランスの国家事業をどんどん呑《の》み込んでいった。やがて、必然といえば必然のことだが、摂政はローに、王の代理として徴税する権利を許可した。フランスでは、買い物をすれば、ありとあらゆるものに特別な税がかけられていた。こうした細かな税をローは所得税に一本化した。これにより効率化が進み、貧困層の重荷が軽減された。「人々は喜びのあまり、街なかで踊ったり飛び跳ねたりした」と、その年の秋、パリにいたダニエル・デフォー［訳注：一六六〇～一七三一年　イギリスの著作家。『ロビンソン・クルーソー』の作者］は書いている。「薪、石炭、干し草、麦、油、ワイン、ビール、パン、トランプ、石けん、牛、魚など、つまり、ありとあらゆるものに対して、いちいちわずかな税金を支払わなくてよくなったのだ……」

フランスは好景気に沸いた。マネーはあらゆるところに流れ込んだ。地方では農民が休閑地だった土地に作物を植え始めた。パリでは職人が、これまで以上に多くのレースや皿や衣服を売りさばいた。政府は道路や橋を建設するために労働者を雇い入れた。フランスの兵士は出征してスペインと戦ったが――もっとも、フランスはいつも誰かと戦っていたけど――今の政府は王の銀食器を溶かさなくても兵士に給料を払うことができた。

　ジョン・ローはみるみるフランス経済を体現する存在になっていった。政府に代わって徴税を行い、国家債務への政府の支払いを受け取った。フランスのヨーロッパ圏外での全貿易について独占権を持っていた。しかも、文字通りマネーを印刷することもできた。

　ミシシッピ会社の株価は上昇を続けた。ヨーロッパ各地から何十万人もの人々が乗り遅れまいとパリにやって来た。誰もが最新ニュースを手に入れて株を売買しようと、押し合いへし合いしながら会社の事務所を取り巻いた。馬車は通り抜けることができなかったので、市の役人たちは通りを通行止めにして、通りの両端に鉄製の門を設置した。毎日、朝七時にベルを鳴らしてドラムを叩《たた》いてから門を開くと、誰もが株を売買しようと我先に通りに駆け込んだ。ある英国大使館の書記官がこんなことを書いている。通りは「朝早くから夜遅くまで賑《にぎ》わい、プリンスやプリンセス、公爵や公爵夫人などの貴族、つまりはフランスじゅうの身分の高い方々であふれかえっていた。みな、ミシシッピ株を買うために地所を売ったり宝石を質に入れたりしていた」。ローの従僕《じゅうぼく》［訳注：上級の男性召使い］（馬車の後部で立っている男だ）はミシシッピ会社の株で儲《もう》けて金持ちになったおかげで仕事をやめ、二人の従僕を雇い入れたほどだ――ひとりは自分に仕える従僕で、もうひとりはローに仕える従僕だ。その年の一二月上旬、株価は一万［訳注：リーブル］に達した。

まだ誰もほしがらなかった頃に買った会社の株のおかげで、ローは――イングランドで殺人を犯して逃亡中のローは――王族を除けば、ヨーロッパでいちばんの金持ちになった。彼は田舎の広大な地所を一〇以上、パリの屋敷を数軒、ダイヤモンドを山ほど、そして書籍を四万五〇〇〇冊も購入した。

一七二〇年一月、ローはフランス全土を監督する財務総監に任命される。これはフランスでは摂政に次ぐ高位の職務だった。この役職のおかげでローは、手に入れた富にふさわしい非常に高いステータスを得た。政府は「我らに便宜をもたらした王立銀行の設立のみならず、公的債務の返済へのさまざまな対策、国家収入の増大、および国民の救済に関して、貴殿がわが国家のために行った重要な貢献に対して」ローに感謝の意を表明した。

リアル・エコノミー（実体経済）対ミシシッピ・バブル

ミシシッピ会社の株は、アップルやＧＭなど現代の企業の株と同じように、所有者に対して、会社の未来の全利益の一部を得る権利を与えるものだ――それも永遠に。一七一九年から一七二〇年にかけてミシシッピ会社の株価の急騰は、将来の膨大な利益への有望な見込みにもとづいていた。大いにありうる未来に思えた。スペインは南アメリカで銀だらけの鉱山を発見したし、オランダはシナモンやクローブだらけの遠い島を支配して大儲けした。フランスでは、ミシシッピ地域の巨万の富についていろいろな噂があった。エメラルドの鉱山、豊富な銀鉱床、ニューオーリンズで次々に建てられた何百軒ものりっぱな屋敷といった具合だ。

実際には、エメラルドもなければ銀もなかった。一七一九年、フランスの入植者がニューオーリンズに建てた家はたったの四軒だけ。それでも、ローはなにかすばらしいことが起きる可能性を心から信じていたようだ。会社は何十隻もの船舶を購入し、ローは入植者をミシシッピ川西岸地域――現在のアーカンソー州――に送り込んでタバコ栽培と銀の探索に従事させるために自分のカネを投資した。入植者の多くは、ここにやって来た多くのヨーロッパ人と同様に、病気や飢餓で死亡した。ヨーロッパじゅうの人々がパリに押し寄せ、ミシシッピ会社の株を取引して大儲けしたが、彼らがミシシッピに押し寄せることはなかった。だから、ローは脱走兵や娼婦《しょうふ》や犯罪者をアメリカに送り込む新たな法律を無理やり施行させ、一七一九年にはその気のない入植者を乗せた船を何隻も大西洋《たいせいよう》の向こうへと出航させはじめた。ヤケクソな手を打ったわけだ。事態は順調に進んではいなかった。

一七二〇年三月、ジョン・ローは衝撃的な発表を行う。最終的に彼のプロジェクト全体を破滅へ向かわせることになった発表だ。ミシシッピ会社は九〇〇〇リーブルに固定した価格で量的に無制限に会社の株を売買する、というのだ。これは、公開市場での取引価格より少し安い価格だった。どうやらローは株価の高騰を止めて市場を安定させたかったらしい。結局、最後は数多くの人々が会社に株を売り戻した。そして、銀行（今や会社が所有していた）はさらに紙幣を印刷してすべての株を買い取った。

経済学者は〈リアル・エコノミー（実体経済）〉という奇妙なことばを使う。おおざっぱに言えば、金融の外側で起きているあらゆる経済的な活動のことだ。あなたの家を建てる大工は実体経済の中で働いている。だが、家を買おうとするあなたにマネーを貸す銀行は違う。経済がうまくいっているとき、実体経済と金融は支え合っている。銀行は、大工の建てた家を買えるようにあなたに融資をする。（理論的には）誰もが得をする。

でも、実体経済と金融がつながりを失うことがある。時には、金融は実体経済に後れを取ってしまう。十分なマネーや融資が流通していないために、誰も投資をしようと思わなくなることがあるのだ。それが、ジョン・ロー以前のフランスの状態だった（現代の古典的な例を挙げるなら、世界大恐慌［訳注：一九二九年に米国の株式市場の暴落をきっかけに世界中の資本主義国を襲った歴史上最大規模の恐慌］だろう）。

また時には、金融が実体経済より先走ってしまうことがある。流通するマネーが多すぎるために、融資を受けるのが簡単になりすぎて、誰も彼もが投資したがるようになる。将来、投資で得る収入源がほしいからではなく、一日とか一か月という単位で簡単に利益が得られるという思惑で買い始めるのだ。一七二〇年のフランスがそうだった。こうなると実体経済に問題が生じる。流入する新しいマネーは、小麦、ろうそく、牛乳といった日用品の価格を高騰させた。一七一九年秋から一七二〇年秋にかけて、物価はほぼ二倍になった。

ローは、金融経済と実体経済のつながりを回復させるために、流通からマネーを引き揚げる必要があることを知っていた。彼は紙幣を信じていた。もう一五年も紙幣の効用を布教してきたのだから。そして、金と銀をマネーとして使用するのを止めさせることができれば、経済を安定させると同時に、やっと貴金属とマネーのつながりを断ち切ることができると考えていた。

一七二〇年初頭の数か月、彼は金貨や銀貨の大量所有を違法にした。突然、誰もが新しい金や銀の宝飾品を大量に持つようになった。そこでローは、一オンス以上の金製品の製作を違法にした——ただし十字架と儀式用の杯を除いて。そのせいで、パリでは突然、誰も彼もが信心深くなった。大きな金の十字架が大流行した。ローは大きな金の十字架も禁止した。

宝石商が儲けを重ねるにつれて、ローは支配力を失い始めた。彼は、高額の買い物をする場合には紙幣を使うことを強制する法令を次々と公布した。そしてついに、年末までに銀行券の金銀への交換が不可能になるだろうと述べた。紙幣はただの紙になるのだ。

一七二〇年五月、ローはさらなる手を打った。紙幣の価値を段階的に半分にすると宣言したのだ。この時点で、フランスは大混乱に陥った。暴動が巻き起こった。銀行は閉鎖された。人々は銀行の窓に石を投げつけた。

一週間後、摂政がローの発言を覆して法令を取り消した。だが、もはや何の効果もなかった。システムは急激に崩壊していった。人々がパリの街じゅうに押し寄せた。ミシシッピ株の取引のためではない。紙幣を銀貨と交換するためだ。もちろん銀行は十分な銀貨など持ち合わせていなかった。農民は紙幣を受け取らなくなった。

ローはクビにされたかと思うとふたたび雇用され、またクビにされた。中国で数百年前に起きた出来事〔訳注：第2章にあるように、クビライは〈中統元宝交鈔〉に続き新しい紙幣を発行したが、政府は紙幣を銀や青銅に交換することを拒み、パニックが起きた〕を思わせる雰囲気の中で、摂政は紙幣も銀行も完全に放棄した。政府は金貨と銀貨に立ち戻ると、ミシシッピ株と紙幣のせいで損失を被った人々に補償するために新たな債務を負った。まるでローなど最初からいなかったかのように。

ローは軟禁状態にされた。群衆がローの屋敷と馬車を攻撃した。唯一残された道はフランスから逃亡することだった。二五年前にイングランドから逃亡したのとちょうど同じように。

一二月になるとローは馬車を借りてブリュッセルまでたどり着き、偽名を使って滞在したが、何の問題もなかった。だいたいローの正体はみんなに知られていたし、ロー本人も劇場まで出かけ、奇妙なことにスタンディングオベーションまで受けた始末だ。そして、イングランドまで渡ると、裁判官委員会でひざまずき、数十年前に決闘で伊達《だて》男ウィルソンを殺した罪を赦免された。

オルレアン公へは帰国を願い出る手紙を書き続けた。ローは未《いま》だに自分のシステムを信頼していた。自分なら何もかも解決できると言っていた。オルレアン公はいずれローを許したかもしれないが、そうしないうちに一七二三年、四九歳で心臓発作を起こして死んだ。その時ともにいたのは愛人だった。

最終的にローは息子とともにヴェネツィアに流れ着いた。内縁の妻と娘はフランスに残り、ローがふたりに会うことは二度となかった。ローはほとんどカネをフランスから動かすことができなかったから、ふたたびギャンブルで生活費を稼いだ。生きていくのに十分な額は稼いだが、裕福になることはなかった。一七二九年三月、五八歳の誕生日の直前に死ぬまで、債権者に追いかけられる暮らしだった。

＊＊＊

一七二〇年の末、フランス経済のタガが外れていく最中《さなか》、オランダの画家がフランスでの出来事を描いた風刺画集を出版した。ぼくのお気に入りの一枚は、人でごった返す街の一角で三人の男がローの喉《のど》に金貨を流し込んでいる絵だ。しゃがんでいるローの尻《しり》はむき出しで、一枚の紙をひり出している。その紙を、群衆の中から飛び出したひとりの男がつかんでいる。

ARLEQUYN ACTIONIST

この絵は、おおよそのところ、フランスでジョン・ロー・システムと呼ばれ、イギリスでミシシッピ・バブルと呼ばれるものに対する一般的な見方となった。ローはあらゆるマネーを受け取る代わりに、フランスにクソを与えた。長期間にわたる詐欺を働いて最終的に見破られた、という見方だ。

この見方にぼくは賛成しない。一七一六年、ジョン・ローが最初に銀行を売り込んだとき、オルレアン公は親しい相談役のひとりであるサン＝シモン公のもとへ行き、意見を求めた。サン＝シモン公はオルレアン公にローのアイデアは筋が通っていると答えた。紙幣はフランス経済にとって有益なものになるかもしれない。だが、ひとつ問題がある、とサン＝シモン公は指摘した。共和国であるオランダや、強力な議会のあるグレートブリテン王国と違って、フランスは絶対君主制の国だ。国王は望んだことを何でも実行することができる。だから必然的に、国王あるいは国王のために働く人々は銀行の力に我を忘れて、紙幣を発行しすぎてシステムが崩壊する可能性がある。サン＝シモン公はこう警告した。

現代のマネーがちゃんと機能するためには——つまり、銀行、株式市場、中央銀行を維持するためには——緊張が必要だ。投資家、銀行、活動家、政府官僚のすべてが、誰がいつ何を実行すべきか議論を戦わせる必要があるのだ。今日ではしばしば、こうした議論を行う人々はシステムが壊れていると示唆することがある。たとえば、政府が介入しすぎていると か、銀行が悪いことをしても罰せられないまま逃げおおせているといった指摘のように。それでも、議論そのものは、システムをきちんと機能させるには不十分かもしれないが、少なくとも必要なことだ。異なる利害関係の人々――貸し手と借り手、投資家と労働者――の間で綱引きがあってこそ、マネーは安定する。経済史研究者たちは、イングランドでイングランド銀行と紙幣があのタイミングで軌道に乗れた大きな理由は、議会が国王に対して権力を得たからだ、と主張する。人々は、議会が国王を制御すると考えたからこそ、政府にマネーを貸す気になったのだ。

ジョン・ロー・システムに本質的な欠陥があったわけではない。ジョン・ローの側に本質的な欠陥があったのだ。彼が失敗したのは、権力を望みすぎたからだ。そして彼が権力を握ったとき、フランスの権力構造には押し返す相手もなく、必要なバランスを生み出す方法もなかった。

「国立銀行の創設は、絶対君主制の下ではおそらく破滅的なものになるだろう」と、サン＝シモン公は言った。ローが銀行を設立する直前のことだ。「一方、自由な国では賢明で利益の出る事業になるかもしれない」

Ⅲ

さらにマネーを

マネーは有限のもののように思える。流通しているマネーにも限度があるような気がする。もしも誰かがたくさん持っていたら、別の誰かは少ない量しか持っていないはずだ。たいていの場所でたいていの時代、これはほぼ真実だった。けれども、ジョン・ローの死から数十年後、何かが変わった。見たところ永遠に、あるいは少なくともとりあえずは。

今では、誰もがさらに多くのマネーを手にすることができる。第8章では、少しばかり違った方向からこの変化の物語をご紹介しよう。第9章では、さらに直感的だが、あまりバラ色とはいえない必然的な結果の物語だ。誰もがもっとマネーを得る可能性があるからといって、誰もが確実にもっとマネーを手に入れるということではない。

第８章　誰もがもっとマネーを手に入れられる可能性がある

人類の歴史のほとんどで世界は闇に包まれた場所だった。照明のコストはとてつもなく大きかったから、日が落ちると、人々はしばしば粗末な小屋の奥で身を寄せ合って、夜明けを待っていた。

どうやって、ぼくらは暗闇に身を寄せ合う暮らしから、今のようにスイッチを入れるだけで好きなだけ照明を使える暮らしに到達したのか？　その物語を読めば、世界についてとんでもない量の説明が得られるだろう。地球上のたいていの人間がどうして、年がら年中、飢え死にを心配する必要がなくなったのか、わかるはずだ。なぜ、たいていの人が自給自足農民でなくなったのか――なぜ、パーソナル・トレーナーとか人事のプロとか配管工などの仕事で生活費を稼ぐ人であふれた世界が可能になったのか――その理由がわかるはずだ。気候変動も説明がつく。

また、どうして世界のマネーの量が一定ではないのか、ある人の利益が他の人の損失にならないのか、誰もがもっとマネーを手に入れられる可能性があるのか、わかるようになるはずだ。

二〇世紀も終わりに近づく頃、イェール大学の経済学者ウィリアム・ノードハウス〔訳注：一九四一年〜　米国の経済学者。二〇一八年ノーベル経済学賞受賞。環境経済学の第一人者〕は照明の歴史に取り憑《つ》かれた。照明はどんなときでも社会にとって必要なものだと知っていたからだ。そして、照明の経済が本当の意味で理解できたなら、物質的進歩の歴史を計測する方法がわかるはずだと気づいた。

ノードハウスが解決しようと乗り出した疑問はこれだ。これまで照明の価格は、たとえば四〇〇〇年にわたってどう変化してきたか？　経済学者にとって価格は基本的に世界の中心だ。なぜなら、マネーという抽象物が現実と出会う現場そのものだから。

ノードハウスは手始めに古代バビロン（会計係が文字を発明した、メソポタミアの都市）を調べることにした。バビロニア人が照明を手に入れるために支払った対価を知るために、まず古い様式のオイルランプを買った。好都合なことに、バビロニア人はランプの燃料としてゴマ油を使っていた。だから、ノードハウスは食料品店でゴマ油を買ってきた。イェール大学の施設部からは露出計を借りてきた。そして、ダイニングルームのテーブルの上にランプを置いて火を灯《とも》し、その光量を計測し、四分の一カップのゴマ油でどのくらいの時間が持つかを計った。

〈照明時間〉

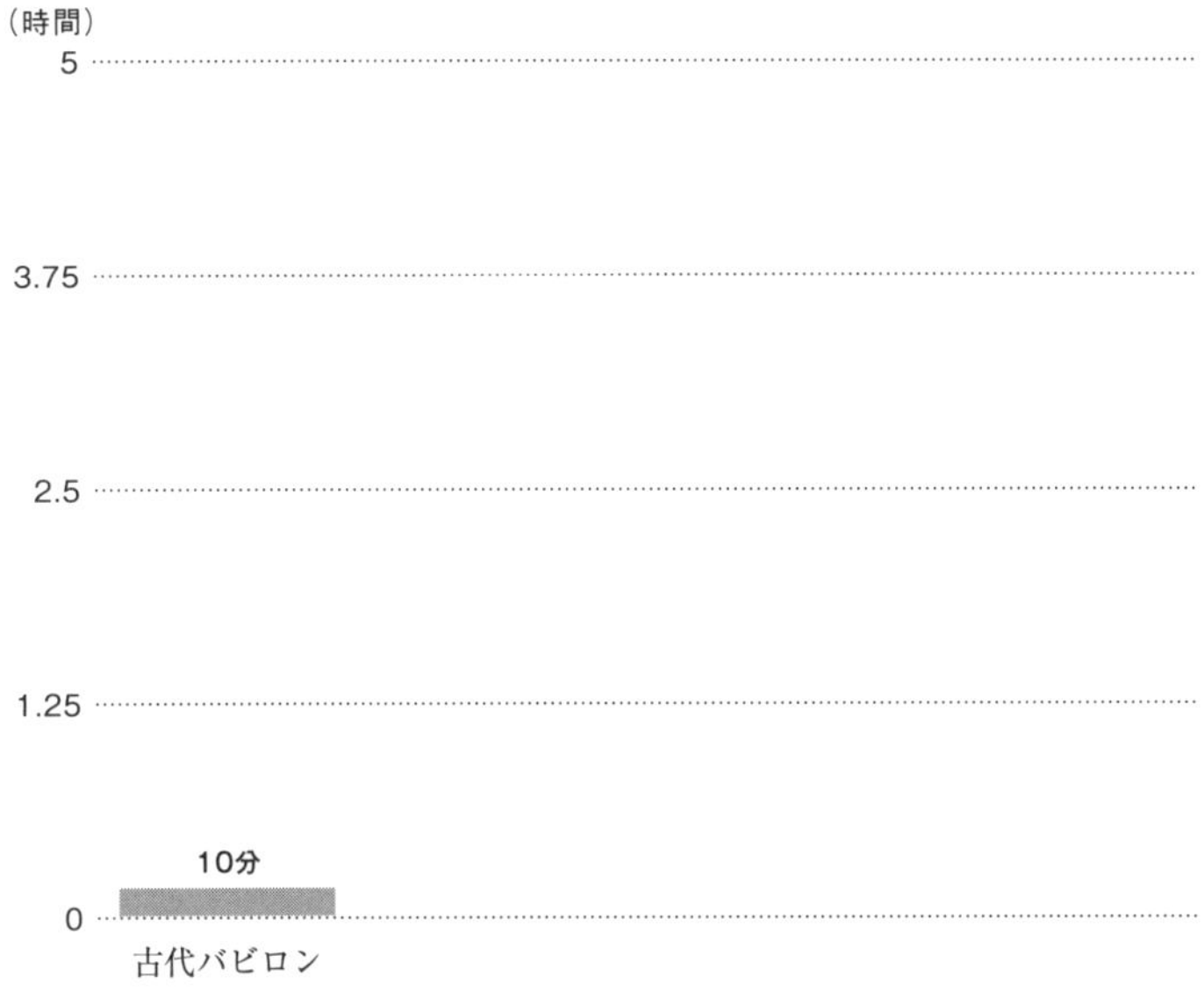

出典：ウィリアム・ノードハウス

ノードハウスはある学者から、古代バビロンで労働者が稼ぎ出した金額と、ゴマ油にかかった価格を教えてもらった。そして、少々計算した上で、人類史を通して比較可能な照明の価格を算出した。最終的に、彼は例の疑問に対する答えを手に入れた。古代バビロンの典型的な労働者が一日の労働で得た稼ぎをまるまる照明に使うとしたら、どのくらいの時間、現在の六〇ワットの白熱灯と同じぐらいの明るさで小さな部屋を照らせるのか？

答えは一〇分！　一日じゅう働いても、たった一〇分の明かりしか手に入らない！

古代バビロンでは、ゴマの種を栽培するには長時間の人間の労働が必要だった。ゴマの種を圧搾してゴマ油を手に入れるのにも長い時間がかかった。その結果、ゴマ油――正確に言えば、ゴマ油を燃焼させて得られる照明――は非常に高価なものだった。

時代が進むにつれて、世界じゅうで人々はあらゆる方法で照明を考案した。カリブ海地域やアジアの一部では、ホタルを使ってランタンが作られた。英国の一部では、ウミツバメと呼ばれる鳥（の死骸《しがい》）のくちばしから喉《のど》へ芯《しん》を通してろうそくにすることもあった。

だが、数千年という時間軸のほとんどで、照明は高価で世界は暗闇に包まれていた。ちょっとロマンティック――月の光と星空！――に思えるかもしれないが、多くの人々にとって、ほとんどいつも暗闇は恐ろしいものだった。ちょっと外に出て探検するようなものではなかったのだ、闇というものは。危険な代物。罠《わな》のようにあなたを捕らえるもの。ある時代のパリでは、毎晩、誰もが役人に鍵《かぎ》を渡してから帰宅したら家の中に閉じこもるべし、という法律が実際にあったのだ。

一七〇〇年代になる頃には、照明の新たな燃料源が広まっていた。クジラの油、鯨油だ。クジラにとってはものすごく酷《むご》いことだったが。でも、これが意味するのは、それまでに比べて質のよい照明が安い価格で手に入るようになったということだった。一七〇〇年代のヨーロッパのデータを計算した結果、ノードハウスは次のような結果を得た。

人々にとって状況はよくなっていった（クジラにとっては悲劇的なほど悪化したが）。人類が

〈照明時間〉

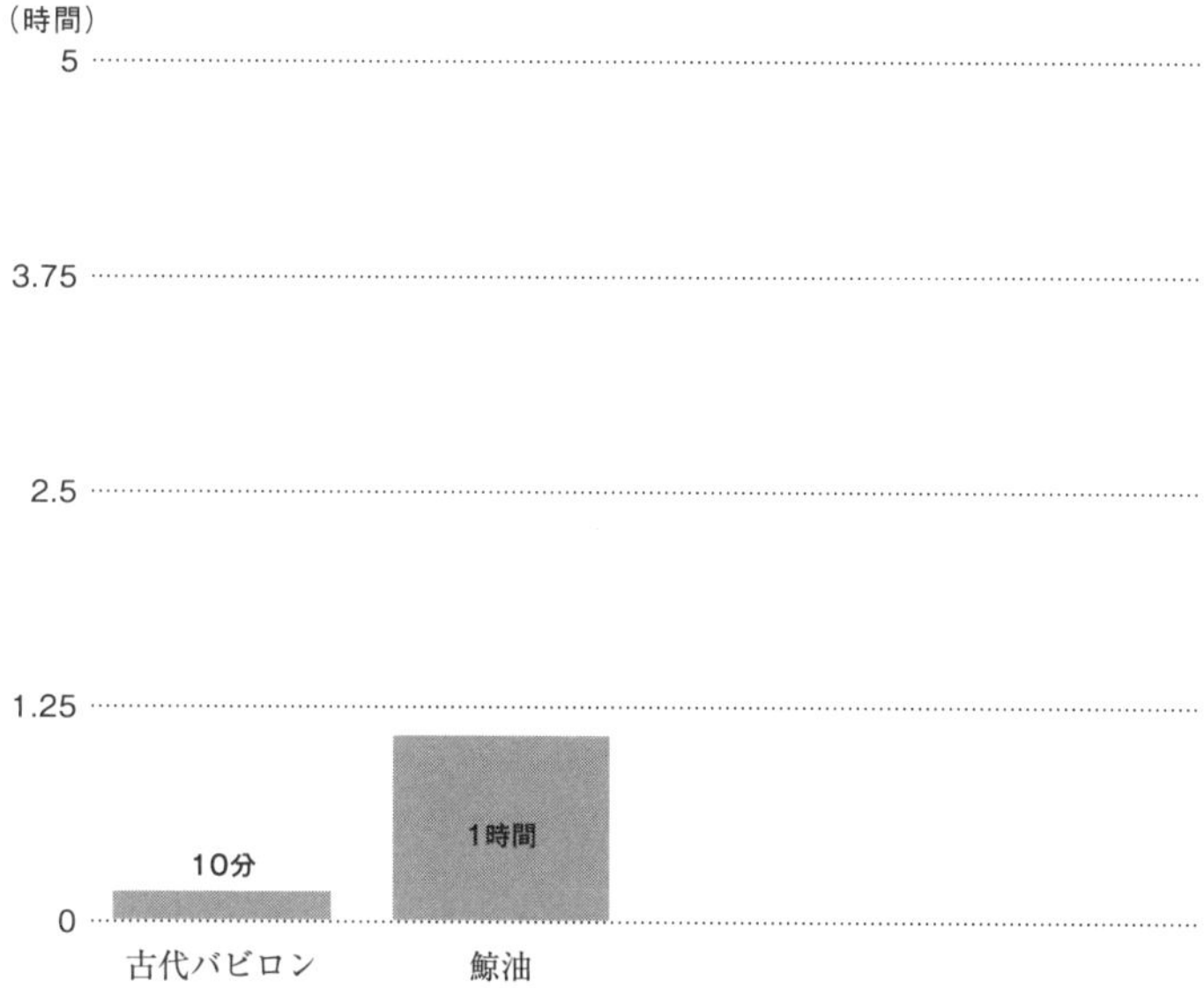

出典：ウィリアム・ノードハウス

一日の労働で買える照明の時間が一〇分から一時間に延びたのだ。でも、ここまで増えるのに四〇〇〇年もかかっている！

一七〇〇年代になっても、地球上のあらゆる場所で生活は未《いま》だに現代世界というより古代バビロンに近いものだった。移動の手段は相変わらず徒歩や馬や帆船だった。たいていの人は相変わらず自給自足農民で、通常は小屋のようなものに住んで、飢え死にしないですむ程度の食料しか栽培・養殖・飼育できなかった。

そして一八〇〇年頃、何もかもが一変した。歴史に目を向けると、一八〇〇年以前と以降で、まったく異なるふたつの経済世界が存在しているように見える。この変化の境目が産業革命で、これは英国で蒸気動力と繊維業とともに始まり、やがてあらゆる場所に広まってあらゆるものを生産するようになった。正直なところ、なぜこれほど大きな変化がこの時点で起きたのかは完全には明らかになっていない。それでも、照明の歴史にとって欠かせないことがいくつかある。

ひとつは、おおまかに言って科学の実用的な応用だ。重要なブレークスルーは、地球が太陽の周りを回っている［訳注：地動説］とか、ふたつの物体の間の距離によって重力がどう変化するか［訳注：ニュートンの万有引力の法則］といったことではなかった。そうではなくて、新たな発見を生み出すシステムを発見したこと、つまり科学的方法を発見したことこそがブレークスルーだった。こうした発見のすべてが実用的な応用方法につながったわけではないが、つながったものもあった。

一八五〇年頃、エイブラハム・ゲスナーという名の科学者（地理学も研究していた物理学者だった）がアスファルトや石油からケロシン（灯油）と呼ばれる燃料を生み出す新たな技術を発見した。これはとんでもないブレークスルーだった。それまで登場したあらゆる光源よりずっとよいものだった。より明るくクリーンで、はるかに安価だった。

ケロシンのおかげでヨーロッパの労働者は一日分の労賃で約五時間分の照明を買えるようになった、とノードハウスは推測した。五〇年ほどの間に、労働者が買える照明時間は五倍

〈 照明時間 〉

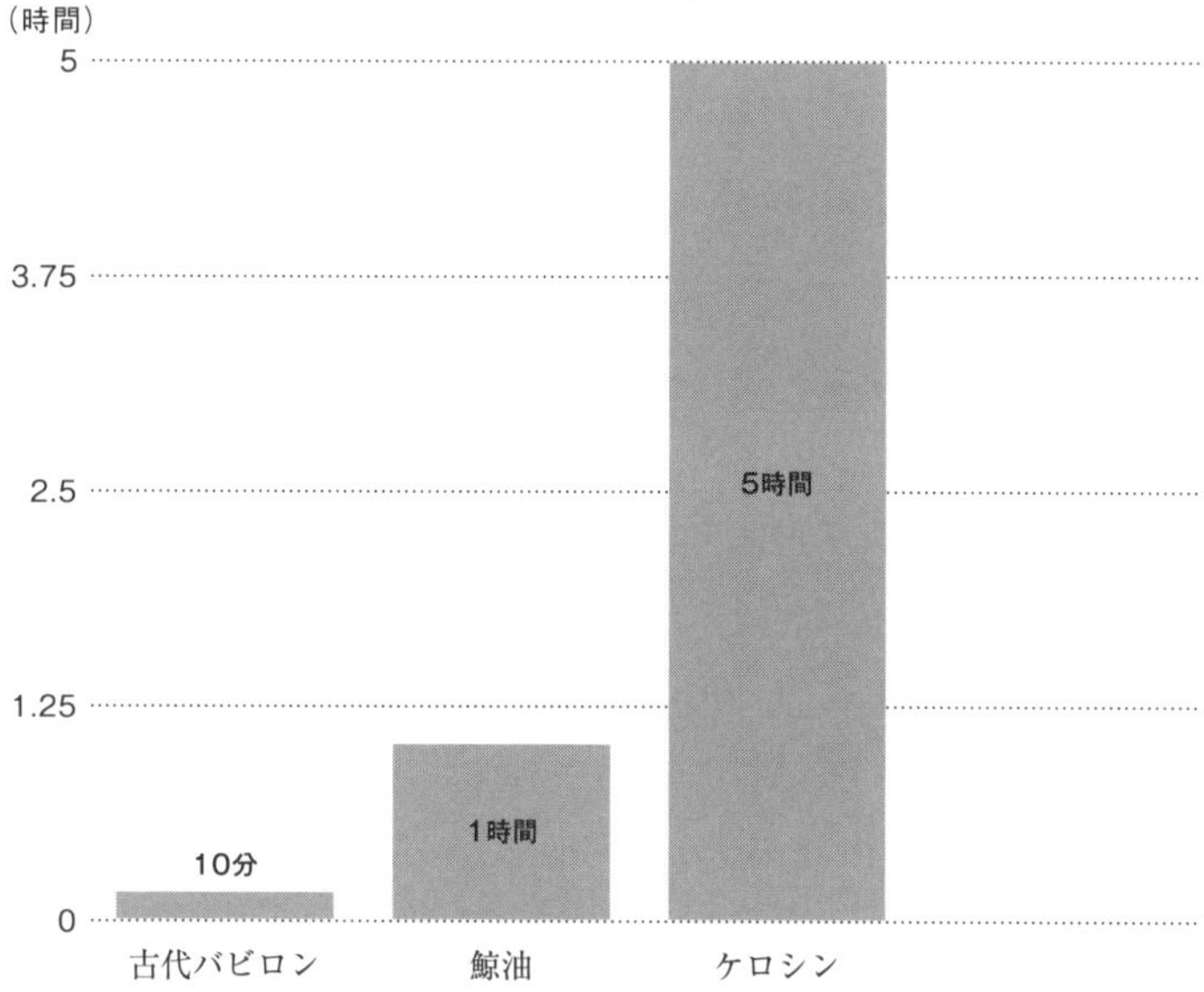

出典：ウィリアム・ノードハウス

に増えた。それ以前の四〇〇〇年間に増えたのとおおよそ同じくらいの増加率だった。

電球のように　パッとひらめく瞬間

　トーマス・エジソンと電球――照明の歴史における決定的瞬間――は、もちろんひとつには科学とテクノロジーについての物語だ。でも、それだけじゃない。それはまた、マネーの物語でもある。

　一八七〇年代、多くの人々が電気を使って光を生み出そうとしていた。米国やフランスの発明家はアーク灯と呼ばれるテクノロジーに取り組んでいた。高い柱のてっぺんからぶら下がっている、大きくてものすごく明るい照明、あれがアーク灯だ。かつて街灯や工場の照明として使われていた。でも、一般家庭やオフィスで使うには大きすぎて明るすぎた。

一八七八年の九月初め、エジソンは初めてアーク灯を見に行ってすぐ、自分ならもっとマシなものが作れると考えた。だが、マシなものを作るのは——今ぼくらが知っているような電球を発明する方法を考案するのは——かなり費用がかかるはずだった。エジソンが何年もかけて何千回も実験を繰り返して電球を発明したという物語は、ある重要な意味で完全に正確とは言えない。現場にいたのはエジソンひとりではなかったからだ。この時点ですでに、エジソンはニュージャージー州メンロパークにある自宅の隣に立派な発明工場を設置していた。そこでは、何人もの記録係や機械工や機械技師や鍛冶《かじ》職人に給料を払って発明の手伝いをさせていた。

エジソンは裕福であり有名でもあった。なにしろ、すでに蓄音機を発明していたのだから！　それでも、エジソンは独力で電球を発明することはできないことを知っていた。弁護士に宛てた手紙でこう書いている。「今、私が望んでいることはただひとつ。電球の発明を迅速化するための資金提供です」

エジソンにとって幸いなことに、このとき、有望な発明家にはたくさんの人からマネーをすばやく調達する方法があった。会社を設立すればいいのだ。会社はもはや政府が帝国主義を実践するために設立するだけのものではなくなっていた。今や会社はみんなのものだった。

一〇月一六日、エジソンがアーク灯を見に行ってからたった一か月半ほど経った頃、エジソン電気照明会社が設立された。この会社はのちにゼネラル・エレクトリック（ＧＥ）となった。当時（そして今も）設立された多くの会社と同じように、これは有限責任会社（ＬＬＣ）だった。つまり、この会社に投資をした投資家は、倒産した場合でも出資額を限度額として責任を負うことになり、個人資産にまで影響が及ぶことはなかった。

今ではあまりに当たり前のことに思えるから、わざわざ書くと、かえって混乱を招きそうだ。もちろん、投資額以上に失うことはできない。だが、長い間そうではなかった。かつては、もしもあなたが事業に投資してその事業が誰かに借金をした場合、あなたは困難な立場に置かれた。事業が資金を借りた相手は、あなたが投資した事業の負債を清算するために、たとえばあなたの自宅を差し押さえることができた。だから〈会社〉というものに〈有限責任〉が組み合わされたおかげで、エジソンのような人々は意欲的な投資家を見つけやすくなったのだ。

エジソン電気照明会社が設立されて数週間後、投資家が押し寄せて出資額は五万ドルに上り（現在の価値にして約一〇〇万ドルに相当する）、これでエジソンはチームに給料を支払うために必要な資金を得ることができた。投資家たちはこの時期の発明の爆発に欠かせなかった、さらに別の金融イノベーションによってひと儲《もう》けしたいと考えていた。その金融イノベーシヨンとは特許だ。特許の要点――アメリカ合衆国建国の父祖たちが重要視して憲法に書き込んでいる――とは、新しいアイデアを生み出して世界に広めさせるための金銭的インセンティブを人々に与えることだ［訳注：米国憲法第1条第8節第1項と第8項］。特許とは、新たなアイデアに対して政府が与える一時的な独占権のことだ。このおかげで、たくさんの人が喜んで資金を提供してくれるような新しいアイデアを思いついたら、たくさんのマネーを得ることができる。エジソン電気照明会社に投資した投資家たちは、エジソンに付与された電気や電球関連の特許から得られる利益の分配を約束された。

会社設立から一年ちょっと経った頃、エジソンは電気ランプ――またの名を〈電球〉――の発明に対して米国特許二二三、八九八番を付与された。エジソンは電球に取り組んでいた唯一の発明家ではなかったし、誰がいつ何を発明したかについて現在まで残る紛争もある。けれども、エジソンは電球について、さらにはこれらの電球に送電する配電網の設置方法についても特許をさらに数十件取得していった。

数年後、エジソンはニューヨーク市で最初の送電網の建設に着手したが、これは彼にとって最初の送電網というだけではなく、世界の歴史にとっても最初の送電網だった。この件でさらに多額の資金が必要となったので、エジソンは資金調達のためにまったく別の会社を設立した。

一八八二年九月、エジソンがアーク灯を見て自分ならもっとマシなものが作れると気づいてからちょうど四年後、誰かが発電所のスイッチを入れ、突然、ロウアー・マンハッタン周辺に点在する家庭やオフィスの電球が輝いた。まるで魔法のようだった。だが、発電所でスイッチを入れたのはエジソンではなかった。彼がいたのは数ブロック離れた、文字通りウォールストリートに面した場所で、Ｊ・Ｐ・モルガンや他の銀行家の一団とともにこの重大なイベントに立ち会っていた。明かりを輝かせ続けたのは、他でもないマネーだった。

すべてが魔法だったというわけではない。初期の発電所では不純物の多い石炭を燃焼させて街を汚染していた。数十年後、エジソンは巨大な発電所をマンハッタンのイーストサイドに建設した。しばらくして、市の保健局が調査官を送り込んできた。「市の保健局の調査官が大煙突の写真を撮ろうとしていることが発覚すると、偵察者を会社の屋根に登らせて、撮影者が姿を現すたびに石炭の供給を止めるよう指示を出した」と『ニューヨーク・タイムズ』紙は報告している。

とはいえ、時が経つにつれて電力は――それとともに照明も――どんどん安価に（そしてクリーンに）なっていった。一日の労賃で買える照明時間もどんどん長くなっていった。これは照明だけの話ではなく、ほぼありとあらゆるものについて言えることだった。内燃機関はトラクターを生み出し、トラクターは農業の生産性をとんでもなく向上させた。突然、人類の歴史で初めて、たいていの人が生涯をかけて食べ物を栽培・養殖・飼育（あるいは畜や採取）しようと努力しなくても生きていけるようになったのだ。一〇年、二〇年と経って

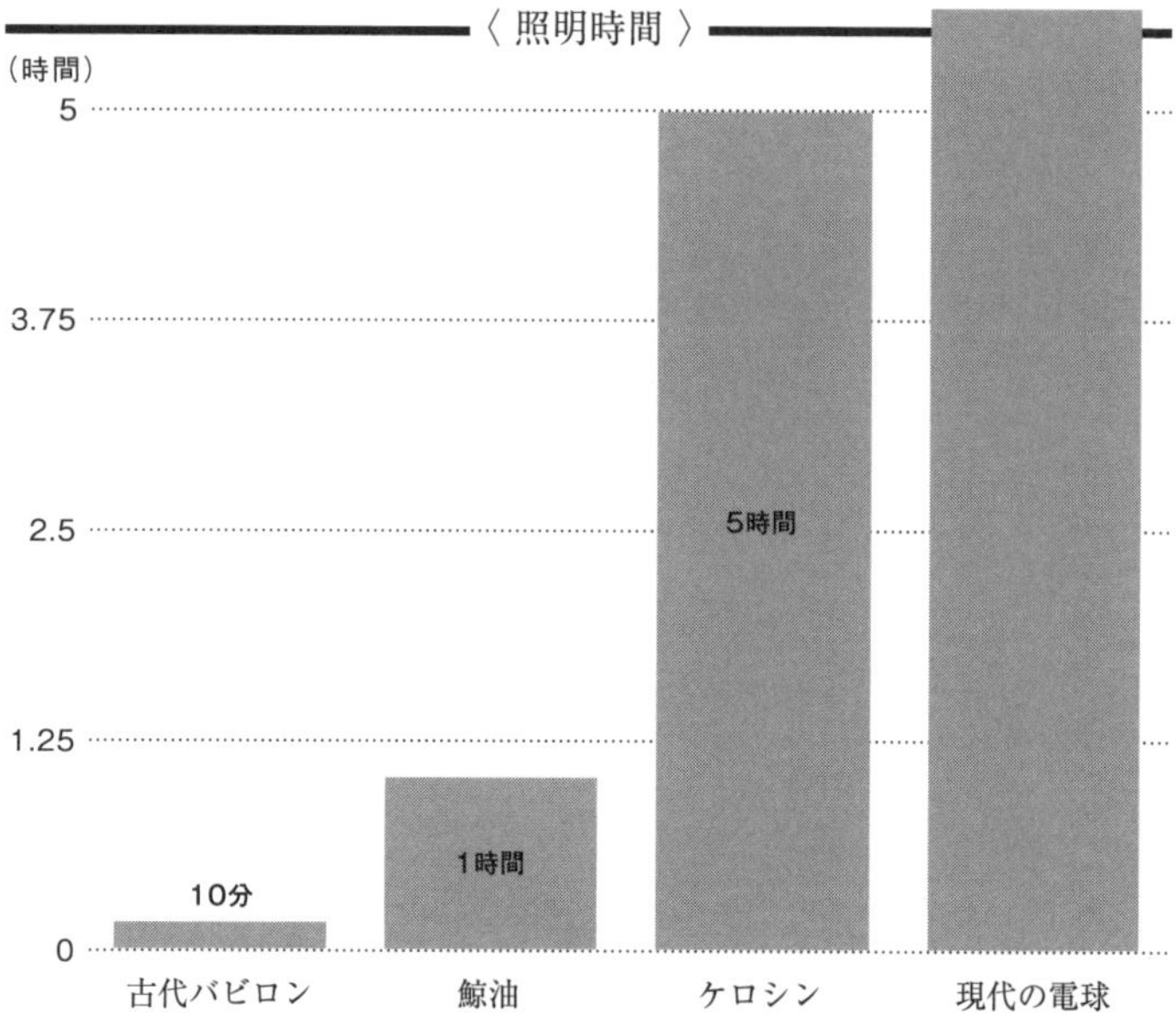

出典：ウィリアム・ノードハウス

いくうちにこの傾向はますます強まり、二〇世紀を通じて進んでいった。あらゆるものがどんどん安くなっていった。

イェール大学の経済学者ウィリアム・ノードハウスは二〇世紀の末に照明の研究を行った。この時点で、典型的な労働者の一日分の労賃で買える一部屋分の照明時間は上図のようなものだ。

もう少し縮小する必要がある。

出典：ウィリアム・ノードハウス

もっと縮小しないと……。

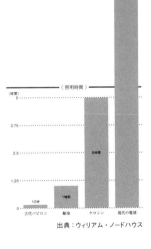

出典：ウィリアム・ノードハウス

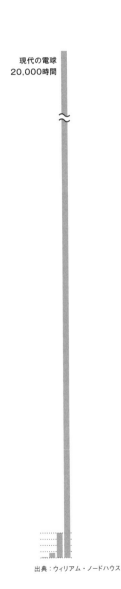

数世紀にわたる連続した進化がとてつもない規模に及んだおかげで、一日分の労賃で買える照明時間は、たった二〇〇年前に比べて二万倍にまで増えた。こんなことが起きたのは、一時間あたりの労働の生産量が増加するような、頭のいい方法がたくさん考案されたからだ。照明だけではない。祖父母の時代と比べて今では、ぼくらは食料やら衣服やらあらゆるものを、ものすごく大量に生産できるようになった。以前より少ない労働でより多くのものを手に入れているのだ。

生産性の向上はいいことばかりじゃない。環境に与えた影響は破壊的だ。

それでも、生産性の向上のおかげで、ほぼすべての人が以前より豊かになった。つまり、現実的なことばで言えば、ほぼ全員がご先祖様には想像できなかったほど多くのマネーを手にすることになったのだ。

第９章　だが実際のところ、誰もがもっとマネーを手に入れることなんてできるのか？

オイルランプを電球に取り替えれば、もう暗闇の中で生きなくていい。繊維を紡いで糸にする作業をもっと安価で行える機械を造ったら、突然、誰もが一枚のシャツ、一着のドレス以上を買えるようになる。でも、街じゅうを歩き回って、ガスを燃料とする街灯ひとつひとつに火を灯《とも》す仕事をしていた男性や、自宅の小屋で糸を紡いでいた女性にとっては、こうしたイノベーションは災いでしかない。

仕事を生み出す人々をぼくらは褒め称《たた》えるけれど、長い目で見ると、ぼくらは仕事を破壊することで――同じ量の作業をより少ない人数でこなす方法を編み出すことで――豊かになっていく。パラドックスとまでは言えないことだ（なぜなら、この問題については、後で説明するけれど、最終的には解決策があるから）。それでも、破壊の渦中に巻き込まれてしまった人々にとっては、とんでもない話だ。

今ぼくたちが生きているのは、こうした緊張が激しく高まっている瞬間――ベンチャー・

キャピタリストのマーク・アンドリーセンが、ソフトウェアが世界を食いつくそうとしていると語った時代――だ。カヤック［訳注：世界大手の旅行比較サイト］やエクスペディアのおかげで航空券の購入はずっと簡単で安価なものになった。従来の旅行代理店を締め出したからだ。運転手の代わりにコンピューターで制御されたトラックによって、いずれ国内の商品配送はもっと安価になるだろう。その結果、ぼくらが買うものの値段も安くなるだろう。そうなれば、さらにたくさんのものを買うか、同じ量のものを買うと同時にもっとマネーを節約できるだろう。自動運転のトラックはぼくらも社会もより豊かにするだろう。だが、トラック運転手の生活を向上させることはない。

こうしたことは全部すでに起きたことだ。まあ、全部というわけではないかもしれないけれど。コンピューターとか自動運転トラックとか旅行代理店などの話は昔のことじゃない。でも、機械が人間の仕事を奪って大変動を引き起こしたというあたりは、一八〇〇年代初めのイングランドでかなり劇的な形で実際に起きたことだ。当時起きたことと、今起きていることの類似は、本当に驚くほどだ。前回の場合は、長い間うまくいかなかった。詳しいことは、ラッダイト運動の物語を読めばわかるだろう。

ラッダイトたちへの共感

元祖ラッダイトたちの物語は、〈ラッダイト〉ということばで今イメージされる意味より、はるかに革命的なものだ。ラッダイトは、変化を嫌うあまり新しいテクノロジーに反対する人などという意味ではなかった。自分たちの仕事が機械に奪われるのを目の当たりにして反撃した熟練労働者たちだった。

ことの始まりは一八〇〇年代初めのイングランド。産業革命のまっただ中、繊維産業の現場で起きたことだ。当時、布地は非常に高価なもので、生産するのも困難だった。たいていの人が持っている衣類もひと揃いか二揃いがせいぜいだった。布地の製造には多くの専門的な工程が必要で、たいていの場合、作業は熟練した職人が自宅か小さな作業場で行っていた。女性が原毛や原綿を紡いで糸にし、男性が手織り機を使って糸を織って粗い布にする。そして、クロッパーと呼ばれる別の男たちが重さ四〇ポンド〔訳注：約一八キログラム〕もの巨大な刈り込みバサミを使って布地のケバを刈り取って滑らかにする。

布地の製造に携わる者の多くは、当時の標準からするとかなりいい暮らしをしていて、独立して働く自由を持っていた。織工は帽子に五ポンド札をはさんでパブに通ったものだった。まさに〈誇示的消費〉だが、このことばが作られるより一〇〇年も前のことだ。職人たちには〈聖なる月曜日〉という伝統すらあった。これは簡単に説明すると、日曜日にぐでんぐでんに酔っ払って月曜日に仕事を休むという意味だ。

高賃金の仕事という事実こそが破滅の理由のひとつだった。もしもあなたが労働者で、実入りのいい仕事に就いていたとしたら、すばらしいことだ。だが、もしもあなたが織物商人で、紡績工や織工やクロッパーなど全員に報酬を支払う側だったとしたら、いずれ同じことをもっと安く実行する方法があるはずだと考えるようになるだろう。それに、当時のイングランドでは、こうしたさまざまな作業を行う新たな機械を製造する人々が登場しはじめていた。誰かが繊維を紡いで糸にする機械を発明した。そして、また別の誰かが、これまでより少人数の労働者を使ってその糸を布地に織ることができる機械を発明した。さらに、また別の発明家が布地の表面からケバを取り去る方法を思いついて、その結果、クロッパーも重さ四〇ポンドの巨大刈り込みバサミも不要になった。

現代のシリコンバレーにも少し似た感じで、事態は展開した。人々は豊かになり、取引を始める。ひとつの例がストッキングだ。当時、ストッキングは貴重なものだった（アメリカ建国の父祖の肖像画を思い浮かべてみよう。それから、そのふくらはぎにズームインして。ほら、ストッキングが見えただろう）。とある伝承によれば、イングランドの農村にいた〈ローパーという名の職人〉がリブ編みのストッキングを製造できる〈粗雑で不完全な〉機械の原型を造った。すると、ストッキング・ビジネスに参入したいと考えた地元の農家が馬を売って五ポンド手に入れ、その資金でローパーから機械の権利を買い取った。農家は死んだとき大金持ちになっていた。この取引についてローパーがどう感じていたのか資料は残っていない。

労働者にまで及ぶテクノロジー上の変化がこの規模とペースで起きたのは、これが歴史上初めてのことだ。現代では変化なんてしょっちゅう起きるものだと思われているし、一部の仕事——鍛冶《かじ》職人や電話交換手や旅行代理店など——はただ消えるだけだ。だが当時は、世界はそんなふうではなかった。一世代や二世代ではたいした変化は起きなかった時代だ。それ以前、英国の法律では労働者を脅かすような新たな機械は実際に制限されていた。この頃、こうした新たな機械の導入を許可しようというのが、英国政府が進めようとしていた選択だった。当時の熟練労働者にとってはひどい選択に思われた。

繊維労働者たちは、機械に対してゲリラ戦のようなものを仕掛けることで国に別の選択をさせることができると考えた。一八一一年、謎の手紙が新聞に掲載されたり、村の市場の壁に貼られたり、機械の所有者の郵便箱に投函《とうかん》されるようになった。一例を紹介しよう（ところで剪毛《せんもう》機とは、巨大な刈り込みバサミを使うクロッパーの仕事をそっくり奪った機械のことだ）。

ヨークシャー、ヒル・エンド在住の剪毛機所有者、スミス氏へ

拝啓

貴殿が忌まわしき剪毛機の所有者であるという情報が得られた結果、本官は部下たちより書面にて貴殿へ機械を破壊するよう公正なる警告を送るべしという要望を受け取った……もしも機械が翌週末までに破壊されない場合、本官は貴殿の機械を破壊するためにわが副官のひとりを指揮官とする少なくとも三〇〇名からなる軍を派遣する。なお、もしも貴殿がわが軍にここまで困難をもたらした場合、わが軍は貴殿の工場に火を放って灰燼《かいじん》に帰させることにより貴殿の不幸を増大させるだろう。もしも貴殿が無礼にもわが軍に発砲するようなことがあった場合、わが軍には貴殿を殺害し、貴殿の屋敷や工場を焼き尽くすよう本官から命令を与えている……

改革軍将軍による署名
ネッド・ラッド……

反乱軍のリーダーであり、ラッダイト運動の創設者であるエドワード・〈ネッド〉・ラッドは、ロビン・フッドと同じようにノッティンガムシャーのシャーウッドの森に隠れ住んでいたと言われる。だが、ロビン・フッドと同じようにネッド・ラッドもまた伝説だった。数十年前に同じ名前のストッキング編み職人で、怒りのあまりストッキング編み機をめちゃめちゃに破壊した人物がいた可能性はある。ともかく、そう主張する新聞編集長はいた。だが、改革軍を率いるラッド将軍というのは創作だ。誰かがでっち上げた話が神話となって広まったのだ。

それ以前にも怒りの手紙を送りつける人々はいたし、時には工場を攻撃する者たちさえ存在した。けれども、どういうわけか、存在しない将軍をでっち上げたことが情勢を変えた。ネッド・ラッドという人物をでっち上げたおかげで、事態が実際より大きく見えるようになったのだ。不満を抱えた労働者がごく少数だったわけではない。人々がラッダイトと呼びはじめた秘密の軍団は北イングランドじゅうに広まっていった。

ラッダイトはテクノロジーに反対するカルトなどではなかった。〈大地へ帰れ〉運動〔訳注：一九六〇年代半ば、米国から全世界へ広まったヒッピー・カルチャー。都会を捨てて、自然豊かな田舎に移住し、自給自足的な共同生活を求めた運動〕の元祖ヒッピーたちとは違っていた。仕事を奪う機械を排除したかっただけだ。一八一一年春、ノッティンガムシャーでラッダイトたちは実力行使を開始した。ほぼ毎週、毎晩、武装したストッキング編み職人の一団が手斧《ておの》や大きなハンマーを手に工場へ押し入り、ストッキングを編むのに使われていた木製機械を粉々に破壊した。

数か月のうちにあらゆる場所にネッド・ラッドが現れた。ある工場主が街へ出かけると、子どもたちにヤジられた。「ぼく、ネッド・ラッドだよ！」「違うよ、ネッド・ラッドはぼくだ！」。ある政府高官は、ネッド・ラッドの弁護士と称する人間からラッドの法廷への起訴状を受け取った。パブではみんながラッドの歌を歌っていた。

勇敢なロビン・フッドの古い歌はもう歌うなよ
あいつの偉業はもういいよ
おいらはラッド将軍の偉業の歌を歌うぜ
今じゃあいつがノッティンガムシャーのヒーローだ

ラッドは綿織物工場を焼き払い、毛織物のケバを除去する機械を攻撃した。さらに何十件もの攻撃が続き、どんどん広まっていった。

フランス革命〔訳注：一七八九〜九九年〕から一〇年か二〇年しか経っていなかったから、英国当局は恐れおののいていた。一八一二年、議会が機械破壊者を死刑に処する法案を提出した。詩人のバイロン卿《きょう》〔訳注：一七八八〜一八二四年　イギリス・ロマン派の代表的詩人〕は、あまり知られていないが貴族院の議員としても活動していた。議会でバイロン卿が行った最初の演説はこの法案に対するものだった。バイロン卿はこう主張した。ラッダイトたちの行動は――

……何にも比べようもない貧窮に見舞われた環境から生まれたものであり……絶対的な貧困そのものが、かつては正直で勤勉であった数多くの人々を、自らにとって家族にとってコミュニティにとってこれほどまでに有害な暴挙へと追いやったのかもしれません……

これらの男たちは土地を耕す意思を持っていたが、鋤《すき》は他人の手に握られていた。彼らは他人に頭を下げて頼むのを恥じなかったが、誰も救ってはくれなかった。生活手段から切り離されたが、他の仕事の口はすでに満杯だ。彼らの暴挙がいかに嘆かわしく非難されるべきものであったとしても、とうてい驚くようなことではない……

当法案の明白な不公平さと確かな非効率性はともかくも、わが国の法律に死刑は十分存在しているのではないか？　わが国の刑法ですでに十分な血は流されているのではないか？　天国へ昇らせて諸君に不利な証言を行わせるために、さらに血を流させる必要はあるだろうか？　……これらは、飢えて絶望する民衆のための救済策になるだろうか？

答えはイエス。貴族院の議員たちはそう判断した。絞首刑は、飢えて絶望する民衆のための救済策ということになった。この法案は緊急対策として大急ぎで議会を通過した。それでも、攻撃はますます広がっていった。

四月一一日の夜、およそ一〇〇人のラッダイトたちがイングランド北部のハダーズフィールドと呼ばれる町の近くにある野原に結集した。その多くはクロッパー――重くて巨大な刈り込みバサミで毛織物の表面のケバを切って滑らかに整える男たち――で、これから町外れにある工場を襲撃しようと集まったのだ。工場へ向かって行進していくうちに、さらに多くの人々が加わった。最終的に人数は約一五〇人まで増えた。それぞれ銃、ハンマー、手斧など、ありったけの武器を手にしている。石しか持ち合わせていない者もいた。狙いは工場主のウイリアム・カートライトではなく、機械そのもの。自分たちの仕事を奪いつつある機械が標的だった。

カートライトは、クロッパーの代わりとなる剪毛機を使い始めたところだった。一か月前に工場へ運搬中の荷馬車いっぱいの新しい機械をラッダイトたちの手で破壊されていたので、カートライトは直接の攻撃に備えていた。

彼は四人の兵士と五人の職人とともに工場内部で寝泊まりしていた。兵士は石の防御壁の背後にかがんで攻撃者を銃撃できるように、二階で配置についていた。カートライトは工場の扉を鉄鋲《てつびょう》と鉄柵《てつさく》で補強していた。階段の最上段には硫酸でいっぱいの大樽《おおだる》も置いてあり、扉を突破した攻撃者に硫酸を浴びせかけられるようにしてあった。工場の敷地内の外側にある門では、ふたりの見張りが巡回していた。

真夜中をちょうど回った頃、ラッダイトたちが工場に行進してきた。一行は見張りをなんとか捕まえて、手斧で門を打ち破った。工場の中に入ると、犬が吠《ほ》え始めた。カートライトが目を覚まして衛兵を起こすと、衛兵たちは二階から銃撃を開始した。ラッダイトらは大きなハンマーと手斧で扉を打ち破ろうとしたが、どうしても壊せない。いったん退いてから、ふたたび攻撃を開始する。窓を撃ち抜いたが、誰にも弾は当たらなかった。ふたりのラッダイトが衛兵に撃ち殺された。

結局、ラッダイトたちは退却した。戦いは終わった。ラッダイトの敗北だった。

死んだラッダイトのひとりの葬式に何百人もの人々が参列した（もうひとりは人目につく追悼を避けて秘密裏に埋葬された）。さらに多くの一団がこの地域に送り込まれたが、長い間、裁判は行われなかった。数か月の間、誰が工場襲撃に関わったか誰も口にしなかった。別の町でも攻撃は続いた。ある工場主は「ラッダイトの血に濡《ぬ》れたサドルの腹帯に足をかけて馬に乗って」みたいと言っていたが、その後、通りで撃ち殺された。

やがて、政府は逮捕を開始した。およそ六〇人のラッダイトが城の牢獄《ろうごく》に投げ込まれた。すばやい裁判の後、一七人のラッダイトが死刑を宣告された。その中には、カートライトの工場を襲撃した男たちのうち八人が含まれていた。絞首台はふだんの二倍の高さに造られたが、これはラッダイトの絞首刑をたくさんの者たちに見せつけるためだった。

その後しばらくの間、ネッド・ラッドはあちこちに出現した。だが、おおむねこれがラッダイト運動の最後だった。最後に伝えられたのは、大きなクライマックス的な終わりが近づいていると示唆する一八一七年の短い黙示録的な手紙だ。「最後の賽《さい》が投げられて、ラッダイトたちか軍隊のどちらかが指揮権を手に入れるだろう」

大きなクライマックス的な終わりなど起きなかった。軍隊が指揮権を手に入れた。ラッダイトたちは消え失《う》せた。数十年のうちに、手仕事で糸を紡いだり布を織ったり表面のケバを刈り取ったりする者はいなくなった。繊維労働者が聖なる月曜日を過ごしたり、五ポンド札を帽子に差し込んでパブに通ったりするような世界は消えてなくなった。

歴史の隔たりを越えてラッダイトたちに大声で伝えてみたくなる。「大丈夫だよ。機械のおかげで物事はずっとうまくいくようになるんだから。きみたちの子孫は食べるものに困らなくなるし、足にはちゃんと靴を履けてるし、休暇も取れるようになるし、一八歳になるまであくせく働く必要なんかなくなるんだから。みんな昔より豊かになるんだ。みんなもっとマネーを持てるようになるよ」

だがラッダイトにとって、物事はうまくはいかなかった。その子どもたちにとっても、うまくいかなかった。一九世紀前半が終わるまで、イングランドが地球上で最初の近代的な工業経済を形成して、生産性が飛躍的に向上していく一方で、労働者の平均賃金はほとんど上がらなかった。工場主は豊かになった。工場建設や機械補修の技術のある労働者もかなりいい目を見た。でも、機械にできるような仕事を手掛ける熟練した職人にとっては、ひどい時代だった。機械を破壊したラッダイトたちは血迷っていたわけではない。投票権も組合結成の権利もなかったから、機械を破壊することで自分たちの経済的な利益を追求するしかなかった。ある歴史学者は彼らの行動を「暴動による団体交渉」と呼んだ。

ぼくらは第二の機械化時代を生きている真っ最中だ。今は機織り機ではなくて、コンピューターとソフトウェアだ。でも、いくつか同じ問題が起きている。みんなが上位一パーセントの富裕層の話をしている。みんなが、ふつうの人々の収入がまったく増えないという話をしている。そうなった原因のひとつは、テクノロジーの変化だ。

伝統的な経済学者はこう答える。こうした問題は一時的なものだ、と。テクノロジーによって、長期的に見れば、いずれ誰もがもっとマネーを手にすることが可能になる、と。でも、ラッダイトたちからぼくらが学べるひとつの教訓は、〈長期的〉というのは、本当に、本当に長い期間になる可能性があるってことだ。

Ⅳ

現代のマネー

生産性が飛躍的に向上してラッダイトたちが敗北した世界はまた、国際金本位制が生まれた世界でもあった。これは偶然ではなかった。

ぼくらが今生きている世界——何にも裏付けられていないマネーを政府が発行する世界——は、金本位制がグローバル経済をもう少しで破壊しかけていたときに生まれた。これもまた偶然ではない。

第10章　金本位制——ある愛の物語

金《きん》は原子だ。七九個の陽子を持っている。中性子星が衝突して生まれた。金は最初の人間が生まれる何十億年も前から存在しているし、最後の人間が死んだ後、数十億年経っても存在しているだろう。金はフィクションではない。主観的でもなければ、誰かがでっち上げたものでもない。

とまあ、これはマネーとしての金にまつわる夢だ。自然で客観的な永遠のマネー、人間の愚かさとは無縁のマネー、政府なしのマネー。自由市場への信念が西欧世界に広がった一九世紀、政治家や銀行家や知識人は金本位制に恋をした。彼らは、世界を水のように自然に流れていくマネーとして金を夢見た。

その夢の終わりはよいものではなかった。

まずはデイヴィッド・ヒュームから始めよう。一八世紀スコットランドの哲学者にして歴史家、そして、あらゆることを懐疑する無神論者だった——この時代、本当に衝撃的なことだった――ヒュームは、世界の驚くべき数の物事を明確にした。マネーがどんな働きをするのかについてヒュームが作った簡易モデル《トイ》は、世界を運営して金本位制を愛する人々の脳裏に深く刻みつけられた。ヒュームはその宗教観から大いなる不信心者として知られていたが、その後、何世代も続くマネーの正教を創り上げた。

ヒュームが登場したとき、国々はマネーと富についてこんなふうに考えていた。金（そして銀）は富だ。だから、国民を豊かにしたいなら、できるだけたくさんの金を集めなければならない。そのためには、貿易黒字を維持する必要がある。他国から売りつけられるより多くのモノを他国に売るのだ。そうすれば、国外に出ていく金より国内に入ってくる金のほうが多くなる。われわれはより豊かになる。そのためには、輸入（割り当て）を制限するか、輸入品に高い税（関税）を課すべきだ。もしもこの議論に聞き覚えがあるとしたら、現代の政治家にも貿易についてこういう考えの者たちがいるからだ。

これはまったく間違っている、とヒュームは言う。

ヒュームは自分の考えの正しさを伝えるのに、とある思考実験を利用した。たとえば、グレートブリテン王国の金と銀の五分の四が一夜にして消えたとしよう。パッ！　それで何が起きるか？　農民は引き続き小麦を栽培する。労働者は引き続き布を織り、石炭を掘る。そして、今や金と銀は希少になったから、金と銀のかけら――金貨と銀貨――のひとつひとつの価値が五倍になる。一ブッシェルの小麦を買うために、あるいは一週間の労賃を払うために、以前は五枚の銀貨が必要だったとしたら、今必要になるのは銀貨一枚だ。
英国内では、相対的な意味では何も変わっていない。相変わらず一週間の労賃で一ブッシェルの小麦が買える。だが外の世界では、イングランドのモノはものすごく安くなったように見える。スペイン人やフランス人はこぞって英国の小麦を買おうとする。今や英国から小麦が流出し、英国内には銀が集まる。ヒュームは言う。「これによって、どれほど短期間に、われわれは失った貨幣《マネー》を取り戻し、近隣諸国すべてのレベルまで引き上げられることになるのだろうか?」

逆もまた真なり。英国の金と銀の量が突然、五倍に増えたら、物価が上がるだろう。英国の消費者はこぞってフランスやスペインの安いモノを買おうとするだろう。金と銀がふたたび英国から流出する。

何が起ころうとも、物価と貿易は自動的にバランスの取れた状態になり、ヒュームの言う「通常の自然ななりゆき」に落ち着く。金や銀を一国内に集めようとすることは、大洋の片側をもう片側よりも高くしようとするのと同じぐらい馬鹿げている、とヒュームは言う。「すべての水は、どこへ通じるにせよ、常に一定の高さにとどまる」

金をため込む代わりに、各国は人々がよい仕事をして価値あるものを創り出せるような状況を作るべきだ、とヒュームは言う。関税や輸入割り当ては「勤勉を抑えつけ、われわれから、そして近隣諸国から人工と自然の共通の利益を奪う以外の目的に役立たない」とヒュームは書いている。

こうした議論を、ヒュームは『政治論集』と呼ばれる本で発表した。これは熱狂的な人気を得た。また、余談というわけではないけれど、ヒュームは親友のアダム・スミスに影響を与えたらしい。スミスはマネーと貿易に関するヒュームの本を「独創的だ」と言っている。一七七六年、スミスは『国富論――諸国民の富の性質と原因に関する研究（*An Inquiry Into the Nature and Causes of the Wealth of Nations*）』を出版した。これにより、近代経済学が誕生した。さらに、この本はかなりヒュームっぽい本でもあった。国民は「金と銀の量を……増やすために」関税を上積みすることによって豊かにはならない、とアダム・スミスは書いている。「どの国であっても、自分たちが必要とするものを、何であれ最も安く売る者たちから買うことが常に国民の大多数の利益であるし、そうでなければならない」

自由貿易を支持するスミスの議論はまさに、貿易により豊かになりつつあった商人や銀行家が聞きたいと思っていたことばそのものだ。スミスがこう書いてから数十年後、商人や銀行家は英国に関税の多くを引き下げるか廃止するよう圧力をかけ、また金や銀を集める努力を放棄するよう圧力をかけた。

ほぼ同じ頃、英国はまたしても重大な変更を行った。スミスの自由貿易論が世界の多くの地域を席巻《せっけん》するのを手助けし、マネーについてのヒュームの説にこれまでにないほど重要性を与えるような変更だった。議会はマネーの定義を変更し、本気でそういうつもりではなかったにもかかわらず、国際金本位制を創り出したのだ。

金に対する反論

多くの国と同じように、英国も長い間、金と銀の両方に基づいた通貨を作ろうとしていた。そして、多くの国と同じように、金貨と銀貨に正しく適した価値を設定することがどうしてもできなかった。英国の場合、銀貨の公定価格は地金《じがね》としての価格より低かったので、ジョン・ローの時代と同じように、人々は銀貨を溶かして銀のかたまりに変え、ヨーロッパで金属スクラップとして売り続けた。

一八一六年、議会はあきらめた。これ以降、一英ポンドを一二三グレーンの金以外の何物でもないと定める、と宣言した（グレーンはひと粒の麦の種に基づく古代の重量単位で、一トロイオンスは四八〇グレーン〔訳注：一トロイオンスは三一・一〇三四七六八グラム。本書では通例に従い、金の重量としてトロイオンスをオンスと表記している〕）。誰も知らないうちに、国際金本位制の時代が始まっていた。

当時、英国は世界で最も重要な経済の場であり、ロンドンは金融界の中心だった。多くの国が自国のマネーに対する金と銀の適切な比率を把握するのに長いこと苦労してきた。そういうわけで、一国、また一国と、他国は銀を放棄していった。一八〇〇年代終わり頃には、世界のあらゆる主要な経済は実質的に金本位制となっていた。米国では、毎年毎年二〇・六七ドルで一オンスの金に、一オンスの金で二〇・六七ドルに交換できた。それはもう、一時間は六〇分、六〇分は一時間だというのと同じくらい基本的で不変のものだった。

世界のあらゆる主要な経済が金本位制を採用していたおかげで、多くの経済的な問題が解決した。国際貿易は以前より容易なものになった。なぜなら、各国の通貨が常に同じレートで金と交換可能になり、さまざまな通貨の相対的な価値が変わらないことになったからだ（四・八七ドルは常に一ポンドと交換できた）。要するに、国際金本位制は単一の国際通貨があるのと似ていたのだ。蒸気船や鉄道や電報といった新しいテクノロジーとともに、金本位制はグローバリゼーションの大きな第一波を推進する手助けをした。米国やアルゼンチンのような国の人々はモノをヨーロッパに売ることで豊かさを増し、ヨーロッパの人々は米国やアルゼンチンなどの国に投資することで豊かさを増した。特に英国では、関税が引き下げられた。金は水のように流入しては流出した。アダム・スミスとヒュームの夢は実現した。いったいどんな悪いことが起きるというのだろう？

＊　＊　＊

一九世紀の後半、次々と国際金本位制に参加する国が増え、世界経済は世界の金の供給よりも速く成長していった。人々が買いたいと思うモノの量は、モノを買うのに必要な入手可能な金の量よりも早く増えていった。その結果、金への需要が増加し、金はさらに高価なものになっていった。金本位制の下では、金が値上がりすると、あらゆるものの価格が下落する。

ヒュームの思考実験では、一晩で金が消えてあらゆるモノの価格が下落したけれど、相対的な価格は変わらないので実際には国内では何も変化しない、ということになっていた。労働者の賃金はモノの価格とちょうど同じ量だけ下がるから、誰もが同じ量のモノを買うことができる、というわけだ。だがヒュームの考えは、みごとだけれどあまりに現実離れした思考実験で、マネーにとって絶対不可欠な機能をごっそり抜かしていた。それは、負債（借金、債務）だ。

もしも今日ぼくが一〇〇〇ドルを借りて、翌日、給料と、ぼくが買うあらゆるモノの価格が半分になったとしたら、ぼくはどん底に陥る。こうなると、毎月の借金の支払いのために二倍の時間、働かなくてはならない。その一方で、借金がない状態で物価が下落したとき、銀行口座に一〇〇〇ドル預金があったら、ぼくは大喜びだ。昨日と比べて二倍、買い物ができるのだから。デフレは借り手には不利で、貸し手には有利になる。

一八七三年に米国が金銀複本位制から金本位制へ移行すると、二〇年にわたって物価は下落した。裕福な人にはとてもいいことだ。手持ちのマネーでさらにたくさんのモノが買えるのだから。貧しい人にはとんでもないことだ。借金があると、いつもと同じ毎月の支払いをするのにもっと働かなくてはならないのだから。その結果、アメリカでは何をマネーとするかをめぐって争いが起きた。

土地を買うためにしばしば借金をする農民たちは、金本位制と、それに伴う物価下落のせいでますます困窮していた。中にはグリーンバック党を支持する者もいた。グリーンバック党とは、南北戦争中に一時的に行われたように、貴金属に裏付けられない（緑色の）紙幣を発行するよう政府に要求する党だ。けれども、これはラディカルな主張（金や銀と交換できない紙幣なんて依然として馬鹿げたものに見えていた）だったから、ほんとうの意味で軌道に乗ることはなかった。

だから、農民たちはアメリカ合衆国に昔のやり方に戻れと主張した。昔というのは、政府が常にマネーを金か銀に交換できるよう待機していた時代のことだ。そうした世界では、誰でもアメリカ造幣局に銀や金の地金を持ち込んで銀貨や金貨に交換してもらえた。銀を加えるということは、単純にマネーが増えるということだ。これによって物価が上昇し、農民が借金の支払いをするのが楽になる。

マネーについてよく起こることを紹介しよう。ある時点でマネーと思われるものが何であろうとも、それはマネーとして自然な形のように思われるようになり、それ以外のものは信頼できないイカれたものに見えてくるのだ。こうした短絡的な考え方は金本位制とともに頂点に達した。金本位制が採用されて二〇年経ったときすでに、人々は明らかに金本位制こそがマネーを扱う唯一の自然なやり方だと信じるようになっていた。文明国ならみんなやっている。マネーを扱う別のやり方を考えた人なんているのか？　というわけだ。

一八九〇年代には、ほぼすべての共和党員と大多数の民主党員が、アメリカ合衆国は金本位制を維持すべきだという意見で一致し、農民たちの嘆願はほとんど無視された。

その状況が変わったのは――少なくとも民主党員にとって――大統領候補の選出のためにシカゴで民主党全国大会が開かれた一八九六年七月九日のことだった。その日の朝遅く、ウィリアム・ジェニングス・ブライアンという名の三六歳の元議員が席から立ち上がり、舞台へと歩いていった。これから、大統領選の歴史上最も有名な演説をし、マネーの意味を問う選挙戦を進めることになるのだ。

ブライアンは演説家として有名だった。国じゅうを旅して有料で演説して回っていた。しかも、演説家にふさわしい容貌《ようぼう》をしていた。「がっしりとした体つきに広い肩幅のその姿は聴衆たちの目を圧倒して満足させた」と、ある新聞は書いている。「黒々とした眉《まゆ》にはっきりとした目鼻立ちをした彼の顔は、遠くの客席までしっかり表情を見せつけた」。もうひとつブライアンについて特筆すべき点は、アメリカンフットボールのフィールドよりも広いアリーナで二万人の聴衆を前にマイクなしで演説することを考えれば、ささいなことではないのだが、本当に声がデカかったのだ。彼の妻がかつて語った話によると、ホテルの部屋の中にいた彼女の耳に夫の声が完璧《かんぺき》に聞き取れたという。ブライアンが演説していたのは、三ブロック離れた場所だったというのに。

その日シカゴで、分断された党員たちを前にして、ブライアンは一方の側の聴衆に直接語りかけた。アメリカに金本位制を維持させたい民主党員たちだ。

諸君がわれわれの前に現れて、われわれが諸君のビジネスの利益を損なうだろうと告げるとき、われわれは諸君こそがその行動によってわれわれのビジネスの利益を損なったのだと答えよう。諸君はビジネスマンということばの定義を限定しすぎていると言おう。賃金で雇われている者は、雇い主と同じようにビジネスマンだ……。朝、家を出て一日じゅう身を粉にして働く農家も……商品取引所の一員として穀物の価格で賭《か》けをする人間と同じようにビジネスマンだ。地下一〇〇〇フィートまで降りて……岩の中に隠れた貴金属を掘り出す鉱山労働者たちも……秘密の部屋で世界の貨幣《マネー》を独占するごく少数の財界の大物たちと同じようにビジネスマンだ。われわれは、この広い意味でのビジネスマンたちを代弁するためにここに来た。

回顧録のなかでブライアンは、金本位制がビジネス——ビジネスということばをより広く定義した場合だが——にとって実際には不利なものだ、というこの考えこそが、この演説でいちばん重要な論点だと書いている。だが、この演説については誰もその部分については覚えていない。なぜなら、この演説はそもそも論点を伝えるようなものではなく、むしろ、宣戦布告と説教を足して二で割ったようなものだったからだ。しかも、ブライアンは自分の役割を、政治の論客から好戦的な説教師へと変化させながら、聴衆を切り替えた。そう、金本位制の支持者への説得を止めて、複本位制主義者へ呼びかけはじめたのだ。

> われわれは故郷や家族や子孫を守るために戦っている。われわれは請願してきたが、われわれの請願は蔑《さげす》みとともに拒まれた。われわれは懇願したが、われわれの懇願は無視された。われわれは乞《こ》い願ったが、厄災がわれわれを襲ったとき彼らはあざ笑った。もはやわれわれが乞い願うことはない。懇願することもなければ、請願することもない。われわれは彼らに反抗する！……
>
> 彼らが広野にやって来て、金本位制がよきものであると抗弁するならば、われわれは全力を尽くして戦おう。われわれにはこの国と世界の生産に携わる大衆がついている……金本位制を要求する彼らの声に答えてわれわれは言おう。手に汗して働く者たちの頭に、苦難に満ちた、このイバラの冠を無理やり押しかぶせることはまかりならぬ、と。人間

を金の十字架にはりつけにすることはまかりならぬ、と!

最後のことばを口にすると、ブライアンは壇上の背後へと下り、両腕を大きく広げた。まるで自らがはりつけにされているかのように、何も言わず数秒ほどそこに立っていた。大胆なやり方だったし、会場にいる聴衆がどう反応するかも判然としなかった。

反応はかなりよかった。ブライアンが舞台から下りて聴衆の中へ分け入ったときのことを、ある記者がこう書いている。「たちまち誰もが興奮状態に陥ったように見えた」。人々は叫び、傘を振り回し、部屋じゅうで帽子が飛び交った。ふたつのバンドが別々の曲を演奏しはじめた。老人たちはむせび泣いた。ひとりの農家が椅子を拳《こぶし》で殴りつけながら叫んだ。「なんてこった!　なんてこった!　なんてこった!」。聴衆はブライアンを肩に担ぎ上げ、部屋じゅうに運びまわった。数十州の南部州や西部州の代議員団が横断幕を手に、ブライアンの選出州のネブラスカ州代議員団の隣に立とうと押し寄せた。翌日、ブライアンは民主党の大統領候補に選出された。

ウィリアム・マッキンリーは感銘を受けなかった。マッキンリーは共和党の大統領候補で、その年のお決まりのやり方はオハイオにある自邸の玄関先で演説するというものだった。ブライアンが大統領候補に指名された翌日、〈金の十字架〉演説の二日後、マッキンリーは玄関ポーチの椅子の上に立って、集まった共和党員グループに演説した。

親愛なる市民諸君、先ごろの出来事はこの国の愛国的な人々に、南北戦争以来、最大の責任と義務を課すこととなった。当時の戦いはアメリカ合衆国政府を守る戦いだった。今の戦いは、金融に関わる政府の名誉を守る戦いである……

われわれの信条はまっとうなドルを、傷のない国家信用を、尊重する……。この方針に従って、われわれはアメリカ国民の冷静かつ思慮あふれる判断へこの宣言を送る。

ブライアンと同じように、マッキンリーは特定の経済論ではなく道徳性を前面に打ち出している。だが、ブライアンが持ち出した（金による）抑圧と（銀による）救済という道徳論の代わりに、マッキンリーの場合は「責任」「義務」「名誉」という道徳論だった。「冷静かつ思慮あふれる判断」を行う誰もが――暗黙のうちに、銀というまっとうでないドルに対して――金という「まっとうなドル」を支持したいだろう、というわけだ。

金本位制によって物価が下落して借り手が苦しんだとしても、マッキンリーの道徳の論理によると、貯蓄する者にとってはよいことになる。貯蓄した者のマネーがより高い価値を得るからだ。道徳的な節約が報われて、分不相応な暮らしのせいで借金のやり繰りをしなければならない怠け者が罰される、という論理だ。

みんな、ブライアンの〈金の十字架〉演説のことは覚えている。誰もマッキンリーの「冷静かつ思慮あふれる判断」の演説のことは覚えていない。それでも、なぜかブライアンは選挙に負けて、マッキンリーが勝った。アメリカ人はマッキンリーのしっかり管理された、不安と成功のアメリカに投票した。ブライアンの聖書的な、恐怖と解放のアメリカには投票しなかった。

その年、クロンダイク［訳注：カナダ北西部の金鉱地］で新たな金鉱が発見された。おおよそ同じ頃、鉱石から金を抽出するさらによい手法が次々と考案された。今や金の供給量は世界経済よりも速く増大し、物価が上昇しはじめた。金本位制の下では、全世界でのマネーの基本的な形式の供給は、経済的必要性や政治的要求によって動かされるものではなく、単純に、今年は鉱山労働者たちがどれくらい地中から金を掘り出すのか、という偶然の問題になってしまう。もしも大量なら、マネーも大量に出回り、物価も上がるだろう。もしも少量なら、物価は下落するだろう。通貨を管理するにしては奇妙なやり方だ。

一九〇〇年、マッキンリーは金本位法に署名した。これは、過去一世代にわたって事実上真実であったものを正式に認めたものだ。つまり、アメリカが金本位制の国であると承認したということ。この年、マッキンリーは再出馬したが（またもや対抗馬はブライアン）、選挙ポスターのひとつは、マッキンリーが金貨の上に立つ絵柄で、その隣に「商業」と「文明」ということばが添えられていた。絶妙な匂わせ方だ！　マッキンリー――そして金本位制

――はまたもや勝利した。

貨幣錯覚（マネー・イリュージョン）

アーヴィング・フィッシャーはイェール大学の経済学者であり、健康食品マニアであり、禁酒法支持者であり、その上、フィットネスの教祖的存在《グル》であり、ニューヘイヴン〔訳注：米国北東部にある街。イェール大学がある〕にある豪邸の一フロアをまるまるエクササイズ・マシンで埋めつくしていた。共著者として『いかに生きるべきか：現代科学に基づく健康な生活のためのルール』という本を出版して五〇万部を売り上げて得た印税を、自ら創設した生命延長研究所〔訳注：長寿と健康増進のためのビジネス・ベンチャー〕という組織に投じた。

自分のあらゆるプロジェクトを組織化するためのカード・ファイリング・システムを考案して特許を取り、カード・システムを売るインデックス・ビジブルという会社を創設し、その後、その会社を大企業と合併させてひと財産を築いた。フィッシャーは優生学の推進者だった。優生学は今では明らかに吐き気を催すような反倫理的な存在だが、当時は多くの人から支持を得ていた。彼は立て続けに、一三か月のカレンダー、簡略化したスペリング法、新たな地図作成システムなどを考案した。どの発明品も、フィッシャーが世界を理解したいだけの人間ではなく、世界を変革したい人間であったことを示している。

一八九六年の大統領選挙のとき、フィッシャーは若き教授で、米国内のほとんどの経済学者と同じようにブライアンに反対する側に立った。金本位制推進者らの道徳的な憤りに共感していたが、また金本位制を信じるべき、さらに知的に厳格な根拠も持ち合わせていた。

ブライアンが大統領候補に選出された翌月、フィッシャーは『増価と利子（*Appreciation and Interest*）』という本を出版した。人々が物価上昇を期待するとき、貸し手は損失を相殺するためにより高い金利を要求する。それに対して、人々が物価の下落を予想するとき、金利は下がる（だから、たとえば、ぼくが五パーセントの金利で一年間きみにお金を貸したいと思っていて、今後二パーセントのインフレを予測しているとしたら、ぼくは七パーセントの金利を要求するだろう。もしも物価が一パーセント下がると考えていたら、ぼくは四パーセントの金利を要求するだろう）。

その結果、人々が支払う実質的な金利——予測されるインフレあるいはデフレを考慮に入れた後の金利——は物価上昇によっても物価下落によっても変化しない。言い換えれば、金本位制の下では徐々に下落する物価は、実際のところ問題にはならない、とフィッシャーは示唆したのだ。負債に不満を抱いていたすべての農民は、物価が下落する代わりに上昇したら、負債をもっと高い金利で返すことになっていただろう。結局、負債の返済のために必要な労働量は、銀がマネーであろうとなかろうと同じだっただろう。そうフィッシャーは考えた。

　だが、その後の数年間、フィッシャーはもっと詳細にデータを調べてみた。そして、有名な経済学者が（いや、こういう問題では一般人も含めてだけど）ほぼ絶対にやらないことをした。なんと、自分が間違っていたと認めたのだ。

　フィッシャーは、現実の世界では彼のモデルとは違って、金利はインフレやデフレの予測と足並みをそろえて上下しないことを理解した。後に書いたように、一八九六年時点で彼は「不安定なマネーの害悪も、そして事業家にとって予感だけでそれらに備えることがいかに不可能であるかも、理解していなかった」。

　フィッシャーは、ドルの価値の変化が人々の生活をめちゃくちゃにするありさまに、そしてこの問題への解決方法を見出《みいだ》すことに取り憑《つ》かれた。自らのインデックスカードの会社で彼は社員の給料をインフレとデフレに連動させることによって、自らの経済理論を実地で運用した。物価が上昇すると、給料も上がった。物価が下落すると、給料も下がった。従業員のインフレ調整済み給与はそのまま維持した（昇給は別途行った）。なんて合理的なんだろう！

「生活費の高騰が続く限り、インデックス・ビジブル社の社員は〈高い生活費〉の給料袋の膨れていく中身を歓迎した」と、フィッシャーは書いている。「社員たちは給料は増えていくと考えていた。もっとも、真の給与は同一のままだということは入念に説明しておいたが。

だが、生活費が下落したとたん、社員たちは給与の〈減額〉に腹を立てた」

　フィッシャーはこの種の思い違いについて『貨幣錯覚』という本を書いた。ぼくらは今日の一ドルが一年前の一ドルと同じだと考えている。そうではない。それは錯覚だ。

　もしもぼくが一九七五年に一〇万ドルで家を買って二〇二〇年に四〇万ドルで売っていたとしたら、思いがけない利益を手にしたみたいに思えるかもしれないが、実際にはこの取引でぼくは損をしている。二〇二〇年の四〇万ドルでは、一九七五年の一〇万ドルより買えるモノの量が少ないのだから。

　過去最高の全米興行収入を上げた映画は、二〇一五年と二〇一六年に九億ドルを超えた『スター・ウォーズ／フォースの覚醒《かくせい》』ではなくて、一九三九年に二億ドルを稼ぎ出した『風と共に去りぬ』だった（なぜなら、一九三九年の二億ドルは、二〇一六年の九億ドルよりはるかに多くのモノを買えたからだ）。

　もしもぼくが一パーセント減給されて物価が二パーセント下落するとしたら、実際には昇給されていることになる。新しい給料は以前の給料より多くのモノを買えるからだ。

でも、もちろん誰もそんなふうには考えない。

　貨幣錯覚は、金本位制の下ではとりわけ強固だ。実のところ、金本位制は、ある意味、貨幣錯覚に基づいて成り立っているからだ。金本位制の核心はドルの価値は変わらないということだった。そうだったよね？　一ドルは、何年経ってもいつも同じ重量の金と同価値だった。この説明にフィッシャーは苛立《いらだ》った。

「今やわれわれのドルは単に固定重量の金――価値単位を装った重量単位――である。……一ドルが常に同じ重さであると保証されていることは、われわれにとって何のメリットがあるのか？　この事実は、われわれが高い生活費に耐えるのに少しは役立つのだろうか？　われわれが本当に知りたいのは、ドルが常に同じくらいの量のモノを買うことができるのか、ということだ」

「われわれは、われわれのドルが決して変動しないという、おめでたい思い込みに執拗《しつよう》にしがみついている」と、フィッシャーは書いている。「バーナム［訳注：ホラ話とサーカスで有名な、地上最高のショーマンと称された興行師］が言ったように、われわれは騙《だま》されたがっているだけでなく、自分自身を騙したがっているらしい」

　人々が貨幣錯覚だとわかっていたとしても、ドルの価値は誰にも予測のつかない形で変動している、とフィッシャーは気づいた。物価が全面的に上昇したり下落したりする場合、こうした予想外の変動によって、貸し手と借り手の間で巨額のマネーが恣《し》意的に移動したことになる。これは不公平であるだけではなかった。経済にとってもひどいことだった。完璧にまともな事業――この上なくうまく経営されている農場、人一倍まっとうな銀行、比べようもなく効率的な工場など――が、ただ不運に見舞われてインフレやデフレに直撃されるだけで、破綻《はたん》する可能性があるのだ。フィッシャーにとって、予測不能な形で年ごとに価値が変動するドルというものは、まるで年ごとに長さの変わる分《ふん》という時間単位みたいなもので、不条理で馬鹿げていて時代遅れなものだった。

解決策は明らかだ、とフィッシャーは考えた。マネーの意味を定義し直すのだ。ドルを固定重量の金で定義するのではなく、固定したモノのバスケットで定義するのだ。「われわれは、パン、バター、牛肉、ベーコン、豆、砂糖、衣類、燃料など生活必需品から成る同じ量の集合を常に買えるドルを望んでいる」と彼は書いている。フィッシャーの考えはすばらしいものだった。そして、今日のドルの働き方に非常に近いものだった。

だが、金に固定されたドルから、フィッシャーの新たな安定したドルへの移行は難しかった。かなり経ってからフィッシャーが書いたように、ただドルと金とのつながりを切れと提案しても「いっせいに野次られて否定されただろう」。だからフィッシャーは金とのつながりを完全に切らないまま、金以外のあらゆるモノの価格が変わらないようにドルの金含有量を頻繁に変更するという、過度に複雑で、実行不可能なアイデアを提案した。もしも物価が上昇したら、政府はドルの価値を一定に保つために、金の重量を少し減らして定義し直す。これによって物価は低下して元に戻る。逆もまた同様だ。これは、見せかけの金本位制のようなものだった。

フィッシャーはいつものフィッシャーらしく、このアイデアをあちこちに売り込んだ。また、フィッシャーはいつものフィッシャーらしく、こうした宣伝活動をすべて記録して残しておいた。「九九回の演説、三七件の報道機関宛の手紙、一六一本の特別論文、さらに政府機関による公聴会での九回の証言、一二件の個人宛に送付した印刷回覧状、これらに加えてこの問題に関連した一三冊の著書」。彼は自分の方針を推進するために〈安定通貨同盟〉を創設し、一九二〇年の大晦日《おおみそか》には数人の熱狂的な安定通貨支持者とともにワシントン記念塔まで出向き、そこで「新たな運動に身を捧《ささ》げることで新年を迎えた」と書いている。

当時、人々は今ぼくらが話すような感じでインフレのことを話したりはしていなかった。人々は誰もが高くなった生活費のことは話すものの、たいていは曖昧《あいまい》に、定性的に話した。人々は特定のモノの価格が上がったことについては考えたけれど、集合的で定量的な物価水準として考えることはなかった。だから、フィッシャーは数年かけて物価指数を計算するさまざまな手法を分析した。さらには、新聞社に指数データを売る企業まで創業し、これによって新聞社は毎週、物価指数を紙面に掲載するようになった。

そして、彼は天才的なプロパガンダの一手を打つ。フィッシャーは、ドルは安定している一方で物価は変動すると人々が考えていることを知っていた。彼は人々に、広範な価格変動はドルの価値そのものが変動していることを意味すると納得させたかった。だから、〈物価指数〉を発表する代わりに、〈貨幣購買力〉指数を発表した。「先週、物価が上昇した」と言う代わりに、フィッシャーの指数では「ドルの購買力が下落した」と言う。数学的には、同じことを別の言い方で言ったにすぎない。でも、この方向転換は不可欠なものだった。

「ドルが不安定なものだと気づかないうちは人々はドルの安定化に関心を持つことはできないと、私は理解するようになった」と、フィッシャーは書いている。「ドルの購買力指数は数百万人の人々に毎週金曜日の朝、ドルの週ごとの変動について読む機会を提供する」。もしも自分の運動に人々を引き込みたいと思っていたとしても、フィッシャーはまず人々のマネーに対する考え方を変えることが必要だと知っていた。

一九二〇年代の好景気のさなか、フィッシャーはインデックスカードの会社を売って莫大《ばくだい》な富を手にしたが、得た大金を好況に沸く株式市場に投じてその成長を見つめていた。彼は自分が取り憑かれたさまざまなものに財産を費やした。その中には、安定通貨のプロパガンダに投入した年二万ドルや、自分専用の常勤のトレーナーと医師の費用などがある。

その医師は、フィッシャーが〈バトルボール〉と呼んだ一種のバレーボールを考案した。フィッシャーは「バラ園の奥にセメント敷きのコートを敷設し、そこで……毎日午前中と午後のトレーニングとして、職員はくたくたになるまでプレーさせられた」と、フィッシャーの息子が書いている。

フィッシャーは幸せな戦士だった。自分や他の科学者たちが、世界の諸問題の解決方法を解明しようとしていると信じていた。そして、当時の新たなテクノロジー――ラジオや大量生産の消費財――や、新たなより良い経営方法のおかげで、株式市場が好況を呈しているのだと自信を深めていた。

一九二九年一〇月一五日の演説で、フィッシャーは市場が「恒久的に高い高原のような状態」に達したと語った。この宣言は翌日の『ニューヨーク・タイムズ』紙の紙面にカーボン凍結〔訳注：映画『スター・ウォーズ　エピソード5／帝国の逆襲』でハン・ソロがかけられた凍結技術〕されることになる――「フィッシャー教授、株価は恒久的に高値を維持との見解」。タイミングは絶妙だった。二週間後、市場は大暴落する。

　現代ではフィッシャーは、株式市場で壮大な大間違いをしでかした人として人々の記憶に残っている。でも、彼はマネーについては正しかった。一九二九年の株式市場の大暴落は（明らかに）とてもひどいものだった。だが、大暴落自体は世界大恐慌を引き起こすほどひどいものではなかった。大暴落を世界的な大惨事にしてしまったのは、金本位制とそれに伴う深刻な不安定性だった。

　公平を期しておくと、世界を破綻させたのは金本位制だけではなかった。マネーの核心にいて金本位制の守護者を自任していた強力な組織――つまり中央銀行――こそが、金本位制とともに世界大恐慌の発生に手を貸した。米国では、それは連邦準備制度を意味した。

第11章　そいつを中央銀行などと呼ぶな

今日、連邦準備制度（Federal Reserve System）は世界で最も強力な機関のひとつだ。何にも裏付けられないマネーを何兆ドルも創造することができるから、地球上でマネーを使うほぼ全員に何らかの影響を及ぼしている。

でも、一九二九年に株式市場が大暴落したとき、連邦準備制度はまだできてから二〇年も経っていなかった。これは奇妙な中央銀行だった。米国ではそもそも中央銀行をつくるべきかどうかをめぐって一〇〇年も論争が続いていたために、最初は誰も中央銀行と呼びたがらなかった。

その論争の物語は、民主主義社会でマネーにどう対処するかという問題を解明する物語とも言える。何を政府がすべきで、何を自由市場に任せるべきか？　誰が利益を得て、誰が救済されるのか？　そして、おそらく最も基本的なのは、誰が紙幣を発行するのか、という問題だ。

物語は連邦準備制度の創設より一世紀前にさかのぼる。このとき、誰も中央銀行だとは気づかない中央銀行をめぐって、米国で二番目に権力のある人物（銀行家）が米国で最も権力のある人物（大統領）と戦争を始めた。

銀行家の名はニコラス・ビドル。フィラデルフィアで育った天才少年で、一八〇一年に一五歳でプリンストン大学を首席で卒業した。大学を卒業したけれど何をしたらいいのかわからない多くの人と同じように、ビドルは弁護士になったものの嫌気が差していた。日記の中で彼は、自分の人生が「弁護不能の悪と不運の事件を弁護したあげく、自分が育った土地に生えたキノコのように死ぬ」人生と化した、と書いている。またサイドビジネスとして、彼は文芸雑誌を発行し、ルイス・クラーク探検隊［訳注：米陸軍大尉メリウェザー・ルイスと少尉ウィリアム・クラーク率いる探検隊。一九世紀はじめ、大西洋岸への最初の大陸横断に成功した］のウィリアム・クラークの日誌を編集した。

二四歳のとき、ビドルはペンシルヴァニア州議会議員に選ばれた。一九世紀初めの米国では、銀行制度やマネーについて論争するのが国民的暇つぶしだったが（まだ野球は発明されていなかった）、ビドルはそのまっただ中に身を投じたのだった。

政府が紙幣を発行するというアイデアはあまりに馬鹿げていて、そもそも議論の余地などなかった。アメリカ独立革命［訳注：一八世紀後半に英領だった東部一三州が結束して英国から独立を勝ち取った革命］のさなか、大陸会議［訳注：アメリカ独立戦争を指導した一三植民地の代表者会議。一七七四年に結成。一七七五年の第二回会議で紙幣の発行が決議され、一七七九年に発行が停止された〕が戦費調達のために紙幣を発行したが、発行を重ねていくうちに紙幣はほとんど価値を失った。紙幣の標準的な供給源は民間銀行で、これは州政府から特許状を付与されていた。それぞれの銀行が独自の紙幣を発行し、こうした紙幣は要望に応じて銀行で銀か金に交換（兌換《だかん》）することができた。誰もがそれでいいと納得していた。

　この争い――止むことなく繰り返す〈アメリカの権力とマネー〉の闘争――の争点は、議会が単一の全国的銀行《ナショナル・バンク》の設立を許可すべきかどうかということだった。確かに、全国的銀行があれば便利だろう。全国的銀行は人々が全国で使える紙幣を発行できるし、政府は全国的銀行を使って州から州へ簡単にマネーを移動できる。でも、単一の全国的銀行はまた個人への膨大な権力の集中であるし、そもそも憲法が全国的銀行を許すかどうかという議論もあった（憲法の父ジェームズ・マディソン〔訳注：一七五一〜一八三六年　第四代大統領（一八〇九〜一七年）〕はこの問題について右往左往しているように見えた）。

　議会は全国的銀行を設立し、そして二〇年後に廃止し、その後、二番目の全国的銀行を設立した。その名称は、当然といえば当然なのだけれど、第二合衆国銀行。その出だしは少々荒っぽかった――特に目立ったのは、かなりの銀行員がマネーを盗んだことだった。また、銀行の方針によって、一八一九年に大規模な金融危機の発生を促してしまったこともあった。その年、モンロー大統領はニコラス・ビドルを取締役に任命し、四年後、同僚である取締役たちがビドルを銀行の総裁に選んだ。

第二合衆国銀行の総裁がどれだけ大きな権力を持っていたか、強調しすぎてもしすぎることはない。今なら、連邦準備制度理事会（Federal Reserve Board：FRB）の議長がＪＰモルガン・チェース銀行――ＪＰモルガン・チェース銀行はアップル社、グーグル社、エクソンモービル社を合わせたよりも大きい――のＣＥＯを兼ねていると想像してみてほしい。第二合衆国銀行の総裁の地位はこれと似たようなものだった。米国で二番目に強い権力のある職業だったのだ。米国にとって幸いなことに、ビドルは実際、この職務にふさわしいかなり有能な人物だった。

ビドルが総裁になった頃には、国じゅうにおよそ二五〇行の州法銀行《ステート・バンク》［訳注：州政府から特許を付与された銀行］が散らばっていた。そのすべての銀行が融資を行って独自の紙幣を発行していた。あらゆる時代の銀行と同じように、こうした銀行はしばしば制御不能な状態に陥っていた。リスクの高い借り手にどんどん融資を重ね、さらに高いリスクの借り手へと融資を進めていったのだ。銀行が過剰融資をしたり、突然、大量の不良債権が発覚したりすると、紙幣の金への兌換が不可能になる可能性がある。もちろん、これは紙幣を持っている人々にとっては困ったことだったが、なにより地域経済にとって困った事態だった。ドルの価値が不透明になり、信用が凍りついた場合、ビジネスを行うのはさらに困難になった。

ビドルは第二合衆国銀行を導いて新たな役割を担わせた。第二合衆国銀行は、州法銀行によるこうした融資の激しい変動を防ぐために、州法銀行の、さらには銀行システム全般の規制者になった。ビドルは議会で、「州法銀行を適切な限度内に保つこと、資力に応じた形でビジネスを形成すること」を第二合衆国銀行の義務とみなしていると発言している。

政府は、まだ関税や土地購入代金などの支払い手段として州法銀行券を受け取っていた（当時、所得税はまったくなかった）。連邦政府のための銀行としての役割の一環として、第二合衆国銀行は支店で人々がこうした支払いを行うことを許可していた。州法銀行券を蓄積することで、第二合衆国銀行はあらゆる州法銀行を抑制する力を手に入れた。なぜなら、州法銀行に州法銀行券を返却することで、金や銀の支払いや、州法銀行の発行した融資の譲渡を要求することができたからだ。

ビドルはまた国際貿易の変動を和らげるために第二合衆国銀行を利用し、金が国内に流入したときには金を蓄積し、金が国外に流出しているときは金の入手が難しくなる州法銀行に金を分散した。

ビドルの成功は一目瞭然《りょうぜん》だった。人々は以前より銀行を信用するようになり、アメリカ合衆国はやっと統合された金融システムを手に入れ、この時代は豊かで安定していた。

ひとつの銀行を利用することによって、他の多くの銀行を規制し、実際に経済全体でマネーの流れ自体を規制するというアイデアは、今日では疑う余地のないことだ。米国などあらゆる主要国には、まさにその仕事をやらせるために中央銀行がある。でも、このアイデアは理論上は疑う余地のないことではないし、一八二〇年代でも疑う余地のないことではなかった。この頃すでにイングランド銀行は設立して一〇〇年を超えていたけれど、人々はその責務について未《いま》だ議論の真っ最中だった。ただの民間銀行なのか？　国家への義務というものを持っているのだろうか？

この頃〈中央銀行〉ということばすらまだ存在していなかったのだけれど、ビドルは時代の先を行っていた。現代のある金融史学者はビドルのことを「世界初の自覚的な中央銀行総裁」と呼んでいる。つまり、自分の責務がただ株主のマネーに対してだけでなく、国民全体のマネーに対しても及ぶという信念を持って中央銀行を運営した最初の人だった、ということだ。

銀行を憎んだ大統領

一八二八年、ビドルが権力の頂点にいたとき、アンドリュー・ジャクソンが大統領に選出された。ジャクソンはニコラス・ビドルとは正反対の人間だった。

ジャクソンは一三歳でアメリカ独立戦争に加わって戦い、一四歳で孤児となり、成長ののちフロンティア開拓者、そして将軍となった。ビドルは文芸雑誌の編集を手掛けていた。ジャクソンは決闘で相手を殺した。ビドルは演説がうまくて有名だった。ジャクソンは一八一五年にニューオーリンズの戦いで英国軍を打ち破った。ビドルはルイス・クラーク探検隊の日誌を編集した。ジャクソンは生前、名声を得ていたけれど、今ではネイティブ・アメリカンの虐殺で悪名高い。ビドルは国の紙幣を管理するようになった。ジャクソンは紙幣を憎むようになった。

二八歳になる頃には、すでにジャクソンはテネシー州の土地を手に入れて義兄と店を営んでいた。仕事でフィラデルフィアへ出向いたとき、ジャクソンは商人に信用状で土地を売り、その後、その信用状を使って店のための買い物をした（個人小切手を商人から受け取ったあと、裏書きした小切手を渡して商品を買うのとだいたい同じだ）。問題の商人は信用が不十分だったので、ジャクソンはトラブルに巻き込まれた。そして、債権者に借金を返すために店を売る羽目に陥った。その後、ジャクソンは借金や銀行や紙幣を嫌うようになった。マネーとは銀貨や金貨のことで、それ以外は銀行が人々を食い物にするためにでっち上げた策略だと考えるようになった。

一八二八年、ジャクソンは大統領に選ばれた。一八二九年、ホワイトハウスまで表敬訪問しにやって来たビドルにジャクソンは言った。「他のすべての銀行より君の銀行が嫌いだというわけではない」

これは嘘だったのかもしれない。ジャクソンは東海岸のエリートたちとは対照的に民衆の味方で、連邦政府の権力を警戒しているというイメージを漂わせていた。第二合衆国銀行はそれらを全部引っくるめたようなものだった。連邦政府が金持ちの銀行家に与えた特権のおかげで銀行家はさらに金持ちになる、というわけだ。ジャクソンにとって、こうした私企業による巨大な権力の集中は明らかに非民主的だった。本人のことばによると「われわれの自由にとって危険」なのだ。

当時、企業は議会の特別許可によって設立され、有限の特許状を与えられていた。つまり議会が企業を気に入らなければ、その特許状を失効させることでつぶすことができた。第二合衆国銀行は二〇年間有効な特許状を持っていて、一八三六年に失効することになっていた。ビドルはジャクソンが再選される前に特許状を更新したいと考えていた。議会はビドルの側につき、特許状更新の法案を可決した。ビドルは議事堂の議場に現れて、近くで祝賀パーティを開いた。

「彼らは大宴会を開いて祝杯を上げ、演説をして勝利を祝った」と、ジャクソン政権の司法長官ロジャー・トーニーはのちに書いている。「しかも、わざわざお祭り騒ぎが街じゅうに響いて聞こえるようにして、確実に大統領の耳にまで届くようにした。そして、勝利を味わったあと、ビドル氏は大統領に恒例となっている儀礼上の訪問すら行わないままワシントンを去った。自らの勝利という扱いだった。あるいは、むしろジャクソン将軍打倒の確かな先触れのつもりだったのかもしれない」。言い換えれば、トーニーの話に従うなら、パーティを開いたことで、ビドルはジャクソンに〈くそくらえ！〉という罵倒《ばとう》を投げつけたのだ。

ジャクソンはけんかっ早い男だったから、いかにも典型的な反応を見せた。パーティのあと、彼は副大統領に言った。「ミスター・ヴァン・ビューレン、銀行は私をつぶそうとしている。だが、私が銀行をつぶしてやる」。

数日後、ジャクソンは法案に対して拒否権を発動した。拒否権を支持するじゅうぶんな人数を議会内に確保した。これで銀行の特許状は更新されないことになった。ジャクソンが勝ち、ビドルが負けた。その後、七〇年にわたって米国は中央銀行を持つことができなくなった。

第二合衆国銀行の特許状が失効したとき、ビドルはペンシルヴァニア州議会から特許状を手に入れて、第二合衆国銀行をペンシルヴァニア合衆国銀行（「ペンシルヴァニア」のあたりに哀愁が感じられる）に再編した。一瞬だけ、ビドルは新たな全国的な特許状を手に入れて復帰を果たす夢を見た。しかし、一八四一年に銀行は破綻《はたん》した。三年後、ビドルは失意のうちに亡くなった。

一八三二年に特許状の再交付に拒否権を発動したとき、ジャクソンはトーニー長官に一部を執筆させた高潔な拒否権通告書とともに議会へその知らせを送りつけた。通告書は、個人の手に委《ゆだ》ねられた危険な権力集中として第二合衆国銀行を攻撃した。これは筋の通った主張ではあった！　確かに重大な権力集中だし、ビドルは有能で公共心にあふれた銀行家だったけれど、後継者として悪人がやって来るかもしれないのだから。

ジャクソンはまた第二合衆国銀行を金持ちの道具と呼んだ。「豊かで権力を持った者は、あまりに頻繁に統治行為を利己的な目的に従わせる」と、拒否権通告書は伝えている。「法律が……富める者をさらに富ませ、権力者にさらに力を与えるとき、同様の利点を得る時間も資力もない、社会のつつましい成員たち――農家、機械工、労働者など――には政府の不正を訴える権利がある」。

けれどもこの拒否権は、富める者や銀行家全般に打撃とはならなかった。第二合衆国銀行と、それに投資した金持ちの投資家たちに打撃を与えた一方で、州法銀行とそれに投資した金持ちの投資家たちには予想外の利益になった。州法銀行は、牽制《けんせい》してくる第二合衆国銀行がいなくなったおかげで、もはや自由気ままにふるまい、これまで以上に融資を重ね、どんどん紙幣を発行できるようになったのだ。

八三七〇種類の紙幣がある国

一八四〇年代から五〇年代にかけて、アメリカの多くの地域では、やりたければ誰でも紙幣を発行することができた。驚くことではないけれども、やりたがる人は多かった。

それ以前には、銀行を設立したければ、州議会から特別な許可を得なければならなかった。これは、しばしば州議会議員の半数に賄賂《わいろ》を贈ることを意味した（特許状を確実に手に入れたければ半数プラス一人）。当然、スキャンダルが起きた。

だから、第二合衆国銀行が全国的銀行でなくなってアメリカ合衆国から国の紙幣が消えた直後の一八三七年、一定の規則に従えば誰でも銀行を設立して独自の銀行券を発行できるという法律を可決する州が相次いだ。

そうした規則によると、紙幣を発行するには、銀行は債券を買ってそれを州の銀行規制当局に預託しなければならない（多くの州では、公債である必要があったが、鉄道債や、さらには住宅ローンの利用まで銀行に許可する州もあった）。銀行は預託した債券の一ドルに対して紙幣一ドル分を発行できて、それを顧客に貸し出すことができた。誰でも銀行へ行って、紙幣を銀貨や金貨に兌換することができた。銀行が倒産した場合は、州の規制当局は銀行が預託した債券を売り、その売却代金を使って、銀行が発行した紙幣を兌換することができた。

これは自由銀行制というのだが、まあ、当然といえば当然だけれど、うまくいくとは限らなかった。時には債券の価値が下落してすべて売ったとしても、紙幣を兌換するのに十分な金や銀が得られないこともあった。そして、時には銀行自体が規則を守らないこともあった。

各州は、金と銀の最低準備高の維持と、調査官による査察受け入れを義務付けることで銀行の公正さを保とうとした。ミシガンでは、銀行家たちはスパイを各地に配置して対抗した。

調査官が近づいたらスパイがその地域の銀行家に警告を送る。すると、銀行側は調査官の来訪前に多少とも金をかき集めておくのだ。「金貨と銀貨はまるで魔法のような素早さで国じゅうを飛び回った」と、一八三九年、とある銀行監督官が奇妙なほど詩的な表現で書き残している。「その音は森の奥深くで聞こえた。だが風のように、いずこから来て、いずこへと去っていくのか誰も知らなかった」。銀行によっては、州の調査官に金貨でいっぱいの数々の箱を見せたものの、実際には箱いっぱいの釘《くぎ》をかろうじて隠す程度の金貨を上に敷きつめていただけのこともあった。

すべての銀行が怪しかったわけではない。ほとんどが怪しい銀行だったわけでもない。それでも、怪しい銀行が発行した紙幣でも、まっとうな銀行が発行した紙幣と同じように本物に見えた。しかも、それはもう大量の種類の紙幣が存在した。ある時点で『シカゴ・トリビューン』紙は国じゅうで八三七〇種類の紙幣が流通していると報告している。そのせいで、日常的に馬鹿げた場面が生まれた。

とある客が店に入ってきて、一袋の小麦粉を買いたいと伝える。客は店主に見慣れない紙幣を手渡す。たとえば、サンタクロースの絵が描いてあって、数百マイル離れたウィスコンシン州ウォーパンにある銀行の名前が記されている。ウォーパンなんて、でっち上げた町名みたいに聞こえる（失礼）。サンタクロースの絵のついた紙きれには二ドルと書いてある。受け取るべきか否か、店主はどうやって判断したらいいのだろうか？

店主は『トンプソン銀行券時報（*Thompson's Bank Note Reporter*）』——米国全土の全銀行の情報一覧を掲載している便利な定期刊行物——を引っ張り出す。これによって、銀行券がどんな見た目をしているのか、金や銀に兌換して大丈夫な銀行かどうか、といった情報を調べることができる。

店主はウィスコンシン州のページをめくり、ウォーパン銀行の項目を発見する。ちゃんとした銀行だ。そして、この銀行の二ドル紙幣の簡単な特徴を読む。「二ドル、サンタクロース、そり、トナカイ、家など」。本物の紙幣だ！

さらに『トンプソン銀行券時報』は、この紙幣に一パーセントの割引を適用しろと伝えている（つまり、この二ドル紙幣の価値は一・九八ドルだということ）。割引率は街によって異なる。発行した銀行から遠ければ遠いほど、割引率は大きくなる。兌換のために紙幣を返却するコスト分を差し引くのだ。そして、もちろん、銀行が倒産する兆候があると、割引率は非常に短期間で非常に大きくなる可能性がある。

トンプソン社は、偽札鑑定情報誌（数千にも及ぶさまざまな紙幣が流通する世界は、贋金《にせがね》づくりの夢そのものだ）や、米国通貨とともに流通していたあらゆる外国硬貨の詳細情報を掲載した、別冊の硬貨情報誌も発行していた。

これは、政府が少数の規則を設定した後は好きなように放置した世界——マネーそのものの自由市場が存在する世界——だった。そして、これは故意に行われたことだった。「人々は……マネーを取引する権利は小麦や綿を取引する権利と同じように自由であるべきだ、と要求した」。ある裁判の判決文に、ニューヨーク自由銀行法［訳注：一八三八年制定］を支持して、こう書かれていた。これは、ジャクソンの仲間たちが夢見ていた世界だった。

この世界でケンタッキーからヴァージニアへの旅がどんなものだったのか、ある旅行者の日記を見てみよう。

ケンタッキーのカネを持って家を出た……メーズビルでヴァージニアのカネがほしかったが手に入らなかった。ホイーリングで五〇ドル紙幣のケンタッキーのカネをヴァージニアのノースウェスタン銀行の紙幣と交換した。フレデリックタウンに着いた。そこではヴァージニアのカネもケンタッキーのカネも流通していなかった。五ドルのホイーリング紙幣一枚を朝食と夕食に支払った。お釣りとして、ペンシルヴァニアのどこかの銀行の一ドル紙幣二枚とボルチモアとオハイオの鉄道会社の一ドルと残額のグッド・インテントの小額紙幣［価値のない紙幣］を受け取った。酒場から一〇〇ヤード［訳注：約九〇メートル］の場所では、ボルチモアとオハイオの鉄道会社の紙幣以外はすべての紙幣が拒否された。

最後に、ぼくらのヒーローはヴァージニアの州境を越えて戻って来るのだが、ヴァージニアでは、手持ちのクズのようなマネーを、彼が必要としているヴァージニアのマネーに交換する交渉に二日かけなければならなかった、と書いている。その交渉で彼は一〇パーセントを失っている。

自由銀行制度なんて悪夢のように思えてくる。怪しげな銀行、こうしたさまざまな価値のさまざまな紙切れ、偽造通貨があるのに、システムを監督する中央銀行もない。そして明らかにときどき、自由銀行制度は悪夢そのものだった。

それでも一九七〇年代、自由市場への信念と、政府の介入に対する懐疑が高まるにつれて、経済史学者がさかのぼって自由銀行時代を再調査しはじめた。エピソード（たとえば、よく引用されるケンタッキーからヴァージニアへ移動した不運な旅行者の話のような）に頼るのではなく、データ――銀行の総数、銀行破綻の件数、典型的な両替コストの額など――を調べはじめたのだ。そして、なんと研究者たちは自由銀行制度がそれほど悪いものではなかったことを発見した！

旅行者は紙幣を両替すると、ふつう、おおよそ一パーセントか二パーセント失った。これは今の時代、ぼくが自分の銀行へ行けなくて別の銀行のATMを使わなくてはならなくなったときに支払う手数料とだいたい同じくらいだろう。さらに、経済史学者たちは、怪しい銀行は実際にはそれほど多くなかったことを発見している。

しかも、西部のフロンティアのあちこちに散らばっていた銀行が発行する紙幣のむちゃくちゃな増殖は、それ自体に意味があった。つまり、開拓者にとっては、事業を始めるために必要とした種や家畜や道具や備品を買うために紙幣を借りることができたのだ。経済学者ジョン・ケネス・ガルブレイスが書いているように「この無政府状態は、与信〔訳注：取引できる相手だと判断して信用を与えること〕を厳しく監督するもっと秩序だったシステムよりもフロンティアにとってははるかに役立った」。

南北戦争が勃発《ぼっぱつ》して連邦政府が資金調達する必要が出てきたとき、エイブラハム・リンカーン政権下の財務長官は、国のために一種の自由銀行制度を創設する新しい法律を議会で可決させた〔訳注：一八六三年の国法銀行法（National Bank Act）のこと。一八六四年と一八六五年に改正〕。今や、ある規則を満たす者なら誰でも国法銀行《ナショナル・バンク》〔訳注：本書では“national bank”に一八六三年の国法銀行法以前は「全国的銀行」、それ以降は「国法銀行」の訳語を採用している〕を設立することができるようになった。重要なことに、戦費調達のためには国法銀行の紙幣は米国債に裏付けられなければならなかった。存在するためには、国法銀行は北軍に融資しなければならなかった（南部連合軍は独自の紙幣を発行したが、南部が戦争に負けたときに無価値になった）。

最後の銀行法案〔訳注：国法銀行法の二回目の改正〕は一八六五年三月三日にリンカーン大統領によって署名された。「二期目の就任式の一日前、リッチモンド陥落〔訳注：一八六五年四月に南軍の首都リッチモンドが陥落した〕の一か月前、そして暗殺される六週間前のことだった」と、経済史学者ブレイ・ハモンドは書いている。この法案は、州法銀行によって発行された紙幣に一律で一〇パーセントの税を課すというものだった。存在しなくなった州法銀行券に税を課すことで、国法銀行が発行した統一された紙幣のみを残そうという意図の法案だった。これは予想通りの結果となり、まもなくいろいろな州法銀行の発行した紙幣は消え失せた。

南北戦争がきっかけで、人々は〈合衆国〉を複数形〈the United States are〉ではなく単数形〈the United States is〉で捉《とら》えるようになった。つまり、さまざまな州の集まりからひとつの国家として見なされるようになったのだ。州が認可した銀行が発行した数千種類にも及ぶさまざまなマネーを破壊して、一種類の紙幣――国法銀行が発行する同一の紙幣――を創り出したことは、その転換の小さな一部だった。マネーは国家を国家たらしめるものの一部なのだ。

パニック発作（恐慌）

新しい国法銀行が発行した紙幣は全国的に額面どおりで流通した。とりあえずは、いい出だしだ。でも、この紙幣は国債に裏付けられる必要があったから、紙幣の流通量は、政府が借りたマネーの量という限度があった。毎年、収穫のための人手を雇うために農家がマネーを必要とし、買い手が収穫物を買うためのマネーを必要とする秋になると、マネー不足が起きて、金利が急騰した。

さらには、米国ではマネーについて、それほど頻繁ではないけれど、もっと深刻な別の問題があった。大規模な金融危機だ。およそ一〇年ごとに、大銀行の倒産や投機的バブルの崩壊など引き金となるような事態が起こり、誰もがこぞって銀行口座から紙幣を引き出そうとしたり、紙幣を金に交換しようとしたりした。そして、いつもと同じように、健全な銀行ですら取り付け騒ぎに耐えられるほど十分なマネーを持っていなかった。経済は崩壊する。何百万人もの人々が失業する。まさにぴったりなネーミングだが、こうした危機はパニック（恐慌）と呼ばれた。

中央銀行――政府に認可された紙幣発行の独占権と、国内通貨の監督義務のある銀行――があれば、恐慌の頻度と深刻度を減らせる可能性があると、ヨーロッパ諸国は気づきはじめていた。鍵《かぎ》となる一手は、誰もがパニックに陥っているときに、中央銀行が健全な借り手に惜しみなく融資することだった。

「商人にも中小銀行にも〈この人にもあの人にも〉貸し出さなければならない」――一九世紀の『エコノミスト』誌編集長ウォルター・バジョットが書いたこの一節は有名だ。もしも中央銀行が貸し出しを続けることで、明日も自分の口座がある銀行が事業を継続できるとわかっていれば、今日、人々はあわてて預金を引き出しに行かないだろう。そして今日、人々があわてて預金を引き出さないならば、誰もパニックに陥らず、金融危機も起こらない。

それでも、アメリカは未だにアンドリュー・ジャクソンの影におびえて生きていた。人々は中央銀行というアイデアを憎んでいた。中央銀行なんてウォールストリートのエリートか、ワシントンのエリートか、その両方の道具だろうと思いこんでいたし、いずれにせよ、貧乏人からあれこれ奪って金持ちにくれてやるつもりだろうとか、民主主義全般に対する脅威だろうと信じていた。

そして、一九〇七年の秋、ニューヨークの小規模な銀行を支配していた銅採掘業界の大物が金融トラブルに巻き込まれたのを発端に、その銀行に取り付け騒ぎが起きると、またたく間にニューヨークじゅうの他の銀行まで広まった。これはアンドリュー・ジャクソン大統領時代以来、最悪の金融恐慌だった。これがやっと収束したのは、米国で最も影響力のある銀行家J・P・モルガンが自邸の個人用図書室に他の銀行家たちを閉じ込めて、お互いを救済する計画に合意するまでドアを開けないと告げたあとのことだった。そう言うとモルガンは、銀行家たちが計画立案をすませるまで、トランプでソリテアをしながら葉巻をくゆらせていた。

銀行家たちは実際に計画を立て、確かにそれで恐慌は食い止められたのだが、実体経済を救うのには間に合わなかった。失業率は倍増し、倒産は一・五倍に増えた。この会合が一九〇七年にアメリカで中央銀行に相当するものだった。

だが、恐慌があったとはいえ、これでもアメリカ人たちは中央銀行の必要性に納得しなかった。その代わりに、ある銀行家のことばによると、多くの人は「こうした困難を〈利己的で無謀な企業経営〉や〈過度の投機〉や〈銀行の貪欲《どんよく》さ〉や〈ウォールストリート〉の狡猾《こうかつ》なやり口のせいにした」。

もちろん、銀行は貪欲だ！　もちろん企業は利己的だし、ウォールストリートは狡猾だ！　金融危機をこうした資質のせいにするのは、洪水を水のせいにするようなものだろう。ある二一世紀の経済学者が指摘したことだが、もしもウォールストリートの貪欲さが金融危機を引き起こすなら、金融危機は毎週起きるだろう。当時、尋ねるべき重要な質問だったのは——そして、ぼくたちが常に問わなければならない質問というのは——ぼくたちはどうしたら、こうした貪欲さや利己主義や狡猾さを社会的に有益な目的に流し込んで、金融に内在する危害の可能性を制限するような金融システムを構築できるのだろうか、ということだ。

実際、一九〇七年の恐慌のおかげで、こうした問題について考える人々が現れてきた。よく知られているのは、有力な上院議員ネルソン・オルドリッチで、最重要人物《キング・ピン》として知られていた。彼は銀行に関する文献を読みはじめ、国家金融委員会の委員長を務めた。金融委員会のメンバーたちはヨーロッパ視察に出かけて、現地のマネー状況をその目で確かめた。

一九一〇年までには、オルドリッチはアメリカには中央銀行か、少なくとも中央銀行的なものが必要だと確信していた。でも、彼はまたアメリカ人が中央銀行を選ばないことを知っていた。だから、理性を備えた上院議員なら誰でもやりそうなことを実行した。有力な銀行家の陰謀団を招集した上で密《ひそ》かにどこかに出かけて、中央銀行――誰もが中央銀行と呼ばないと合意するような中央銀行――の設立計画を立てることにしたのだ。

上院議員と銀行家集団が密かに狩猟クラブに出かけて中央銀行設立の構想を練る

一九一〇年一一月のとある夜、ニュージャージー州ホーボーケン駅で、著名な男性の集団が列車後部に連結された貸切車両にひとり、またひとりと到着した。その中にはオルドリッチ上院議員、米国で最も有力な銀行家三名、そして財務長官に提言するハーヴァード大学の経済学者が含まれていた。

この小旅行は秘密だった。オルドリッチは男たちにカモ猟の服装で（ライフル銃を持参）暗いうちにひとりで来るよう命じた。使っていいのはファースト・ネームだけで、素性は明かしてはならないという条件だった。一〇年後、ひとりの銀行家が書いている。「貸切車両に足を踏み入れたとき、ブラインドはすべて下ろされ、暗室灯の細い光が幾筋か射しているだけで、かろうじて窓の形が見て取れた。いったん貸切車両に乗り込むと、すぐにわれわれは姓を使ってはならないという禁止令に従った。お互いにベン、ポール、ネルソン、エイブと呼び合った」。列車は南へ向かって発車した。ひとりの銀行家が手配した、ジョージア州の海岸沿いにある、一一月には閑散とした高級狩猟クラブにグループで滞在することになっていた。クラブの名はまさに陰謀論者の夢そのもの。ジキル・アイランドだ。これから一週間ほどかけて、このグループは米国のマネーの本質を一変するような計画を練り上げることになる。

陰謀団は、米国には中央銀行が必要だと考えていたし、アメリカ人が中央集権と銀行業務の両方に警戒心を抱いていることも知っていたから、古典的なアメリカ的妥協の産物をこしらえた。全国に散らばる、それほど中央銀行っぽくない銀行のネットワークだ。また、どれも中央銀行とは呼ばない。名前は「準備協会（reserve associations）」。それらは互いにつながって全国準備協会（Reserve Association of the United States）となる。これらの準備協会は、ヨーロッパの中央銀行と同じように、政府の官僚ではなく民間の銀行家たちによって監督される。そして、それらはドル紙幣を発行し、地方銀行に貸し付けをすることができる。陰謀団は解散し、オルドリッチは、銀行家の一団が秘密裏にこしらえたことを説明せずに計画を発表した。

それでも、この計画は銀行家の一団がこしらえたものという感じがした。議会は議論を戦わせた。オルドリッチは引退した。民主党——第二合衆国銀行をつぶしたジャクソン大統領の党だ——が議会で権力を得た。「アンドリュー・ジャクソンの亡霊が昼間は眼の前をうろつき回り、夜は寝床につきまとった」と、この法案を無理やり議会で通過させた民主党の下院議員が書き残している。

民主党は民間の銀行家たちに監督される中央銀行の一団に我慢できなかった。だから、陰謀団の計画とは反対に、地域準備協会（regional reserve associations）――現在では改名されて連邦準備銀行（Federal Reserve Banks）――は、大統領が任命するメンバーからなるワシントンの理事会によって監督されることになった。

米国は金本位制を採用し、議会は準備銀行（Reserve Banks）の紙幣発行能力を制限していた。準備銀行は、金庫に保管された金の四ドルの価値分に対して一〇ドル分の紙幣しか創造できなかった。そして、最後に、重要なことだが、連邦準備券は「合衆国の債務」となった。つまり、民間銀行が発行する民間紙幣ではなくて、新しくて奇妙な官民混在の中央銀行――実際には一二の別々の銀行だけれども一種の中央銀行でもある――が発行する政府紙幣になるのだ。

委員会だらけの組織が創り上げた不細工な制度ではあったし、いいアイデアだけど、ちょっとめちゃくちゃにも思えるとしたら、確かにそうだった。それでもその後二〇年間、連邦準備制度は便利な通貨を国に提供し、季節的な金融逼迫《ひっぱく》に対処してきた。

そして、一九二九年の株式市場の大暴落に続く危機のさなか、分裂した連邦準備制度は、通常の景気の停滞を、二〇世紀最悪の経済的大惨事へと一変させる手助けをしたのだ。

第12章　マネーは死んだ。マネーよ、永遠なれ

金本位制の核心にはシンプルなルールがあった。望む者は誰でも連邦準備銀行へ行ってドル紙幣を金――一オンス二〇・六七ドル――に交換できるというものだ。だが、一九三三年には、このルールは連邦準備制度にとって問題となっていた。

米国は歴史上最悪の銀行恐慌のさなかにあった。人々は預金をドル紙幣として引き出すために銀行へ駆けつけただけではなかった。ドル紙幣を金に交換するために連邦準備銀行へも駆けつけた。三月初旬、恐慌はニューヨークまで及んだ。当時は今と同じように、ニューヨークが米国の金融の中心地だった。しかも、ニューヨーク連邦準備銀行の保有する金は枯渇しかけていた。

そこで、一九三三年三月四日午前一時頃、ニューヨーク連邦準備銀行総裁はニューヨーク州知事のパークアベニューのアパートメントを訪れた。州知事に銀行の一斉閉鎖《バンク・ホリデー》を宣言してもらうためだ。〈バンク・ホリデー〉という奇妙な婉曲《えんきょく》表現は、まるで安いパッケージ旅行

のネーミングみたいに聞こえるけれど、実際には預金の引き出しができないように州内の全銀行を閉鎖するという意味だ。州知事はいやいやながら同意した。午前二時三〇分、州知事は州内の全銀行を三日間閉鎖する命令に署名した。

その日の朝、同じことが全国で起きていた。イリノイ州知事が州内の全銀行を閉鎖した。夜明け頃にはペンシルヴァニア州知事が同じことをした（おまけに、命令に署名するとき、ポケットに九五セントしか持っていないと言いそえた）。マサチューセッツ州とニュージャージー州も午前遅くに銀行を閉鎖した。すでに数週間前から数十州が銀行を閉鎖していた。当時はＡＴＭもなければクレジットカードもなかった。だから、銀行が閉鎖されたら、米国のふつうの人々にはマネーを手に入れる他の方法なんてなかった。その日の午後、米国のマネー史上最悪の瞬間のそのとき、誰もが革命や資本主義の終焉《しゅうえん》を語っていたそのとき、ワシントンＤＣの街のあちこちに兵士たちがマシンガンを配置していたそのとき、フランクリン・デラノ・ルーズヴェルトがアメリカ合衆国大統領に就任した。

そして、これから数か月のうちに、ルーズヴェルトは側近の顧問たちや当時全米で最も著名な経済学者数名のアドバイスを無視し、このときまで存在してきたマネーの概念を破壊し、今もぼくらが使っているマネーというものを創り出すことになる。

どうしてマネー不足そのものが世界大恐慌を引き起こしたのか

今日では、米国など多くの国で銀行預金は政府によって保護されている。いつもそうだったわけじゃない。銀行が倒産した場合、預金者はいつも預金を返してもらえたわけじゃない。だから、ほんの少しでも銀行が不安なものに思えたら、誰もが預金を引き出そうと銀行に駆け込んだものだ。まったく合理的な行動だった。でも、誰もがこぞって預金を引き出そうとしはじめたら、生き残れる銀行はひとつもない。銀行に預けた預金者のマネーは実際のところ銀行の中にはない。借り手に貸し出されているからだ。一九四〇年代に社会学者が〈自己実現的予言〉ということばを作ったけれど、その最初の実例は、とある健全な銀行の取り付け騒ぎだった。

ひとつ確実に預金者を不安にすることがある。隣町の銀行が倒産するのを目にすることだ。だから、好景気のときでも米国の銀行制度はドミノの巨大な輪のようなものだったし、ぐらついている部分がないかと、みんな不安な気持ちで輪を見つめていた。一八〇〇年代から一九〇〇年代初めには、一〇年か二〇年ごとに全国規模の大きな銀行恐慌が起きていた。

連邦準備制度が作られた理由のひとつは、これを防ぐことにあった。だから、基本的に健全だが、取り付け騒ぎが起きる危険がある銀行に貸し出しする権限が与えられていた。連邦準備銀行からの貸し出しによって、銀行は預金者が引き出しを望む全額を支払うことができるので、少数の個別的な倒産が全国的な恐慌に広がるのを防ぐことができる。

一九二九年に株式市場が大暴落したとき、ニューヨーク連邦準備銀行はまさに想定されていたことをした。ニューヨーク市じゅうの銀行に次々と低金利の融資を行ったのだ。そして、それは機能した。やった！　融資のおかげで、銀行破綻《はたん》の連鎖が防げたのだ。さもなければ、事態はいっそう悪化していただろう。

一九三〇年になっても失業率は上昇しつづけ、消費は落ち込み、物価は下落しつづけた。ニューヨーク連邦準備銀行総裁は、経済の再活性化を目的として、銀行による借り入れを容易にすることを提案した。

現代ではメカニズムは違うけれど、連邦準備制度は今も同じ基本原則で動いている。経済が悪化しはじめたら、連邦準備制度理事会（ＦＲＢ）がマネーを創造し、借り入れしやすいように低金利にする。これによって、借り手がなんとか生き延びて、企業や事業者がマネーを借りて投資や雇用に回すように促すのだ。

だが一九三〇年、連邦準備銀行のほとんどの幹部は全国あちこちに散らばっていて、互いに干渉を望んでいなかった。シカゴ連邦準備銀行は、システムにマネーを投入しすぎると企業や事業者による生産的な投資よりもトレーダーによる投機的なギャンブルを促してしまうのではないかと懸念していた。ダラス連邦準備銀行の総裁は「人工的な手法による景気動向への介入」を行わないよう警告していた。

だから、ＦＲＢは何もせず、物価が下落し、失業率が上昇するのを放置していたが、これにより人々や企業はますます借金返済に苦しむようになっていた。その結果、さらに多くの銀行が破綻した。一九二〇年代、部分準備制度という不気味な魔法を使って、銀行は大量の融資を行っていて、銀行口座という形を通じて、比較的少量の金と紙幣を大量のマネーに変えていた。一九三〇年、この魔法が逆転した。人々が銀行から預金を引き出して銀行が次々と閉鎖されていくと、マネーの流通量が減りはじめた。

同時に、人々は消費しなくなっていった。将来のことが怖くて、できるだけ節約したかったからだ（それに、物価が下落するだろうと考えたら、モノを買うのをちょっと待ってみるのが合理的だ。この先、値段がもっと安くなるからだ）。マネーの流通量の減少と消費の落ち込みという組み合わせのせいで物価が下落した。物価の下落のせいで、借り手にとって事態はさらに悪化した。ということは、さらに多くの人が借金の返済ができなくなるわけで、これはまたさらに多くの銀行の破綻につながり、そのせいでマネーの流通量もさらに減った。こんなふうに事態は進行していった。

これはデフレ・スパイラルと呼ばれている。自然に任せてこうなったわけではない。以前の投機の動きに対して必要な修正でもない。これは、マネーそのものによって引き起こされた深刻な、だが完全に防ぐことができた経済破綻だ。ＦＲＢが防いでしかるべき問題だった。

代わりに、ＦＲＢは事態を悪化させつつあった。

金の手錠

国際金本位制は世界の経済を固く結びつけていた。これは世界の経済がともに上昇しているときにはうまく行っていたが、三〇年代初めには金本位制はヨーロッパと北米のほとんどで、海の底まで引きずり下ろそうとする重しになっていた。どちらの大陸でも銀行が次々に破綻していた。当時、金融界の中心はロンドンで、パニックに陥った人々が手持ちの英ポンドを金に交換していた。一九三一年の秋までには、イングランド銀行――ジョン・ローが殺人罪で裁かれた後に創設されたのと同じ銀行だが、今では世界で一番重要な中央銀行になっていた――では金がなくなりかけていた。だから、イングランド銀行は、想像を絶すると同時に唯一実行可能なことを実行した。紙幣と交換で金を渡すのを止めたのだ。

米国にいるマネーを持った人々はこれを見て考えた。ヤバい！　英国は金本位制を発明したのに止めちゃったよ。もうすぐ米国も後を追うね。こうして、人々はやはり手持ちのドルを金に交換しはじめた。英国が金本位制を離脱してから五週間後、人々は連邦準備銀行で七億五〇〇〇万ドルを金に交換した。

ＦＲＢは金の流出に対抗する方法を知っていた。金利を上げたのだ。金利が高くなればなるほど、人々にとって手持ちのマネーを利付きの銀行口座に預けておくインセンティブが高くなる。貯金を金に交換するより、こっちのほうが得だ。金利引き上げは効果があった。人々はドルを金に交換するのを止めた。

けれども、金利の引き上げには、意図しない（だが完全に予測可能な）結果もついてきた。今度は、農民や企業や事業者が借金に対して支払う利息が増えたのだ。これによって廃業や倒産が増えた。そして、失業率がさらに悪化し、物価がさらに下落した。

金利の引き上げはＦＲＢがやるべきことのまさに逆だった。今日では、ＦＲＢは、経済が過熱気味だと懸念している場合に金利を引き上げる——ほとんどみんなに職があって、物価がどんどん上昇している場合だ。経済が低迷しているときには、ＦＲＢは金利を引き下げる。一九三一年の秋、金利を引き上げることによって、ＦＲＢは、二年間ボコボコにされて地面に横たわっていた国ののど元をブーツでガシガシと踏みつけたのだ。ＦＲＢの議長は、金利の引き上げは「世に知られているすべてのルールによって」要請されていると発言した。これは、ＦＲＢはまさに金本位制が要求することを実行したということだ。

数十年後、経済学者ミルトン・フリードマンとアンナ・シュウォーツが米国のマネーについて驚くほど詳細な歴史の全貌《ぜんぼう》を明らかにした。ＦＲＢの金融引き締めと金利引き上げの方針——つまり、金本位制のルールに従うこと——が、たちは悪いがふつうの低迷を大変動へと変えてしまったことを、ふたりは示した。ＦＲＢ――そしてＦＲＢが管理していた金本位制――が世界大恐慌を引き起こしたのだ。

今日では金本位制は、ノスタルジーとともに話題にする人もいる、そんなものだ。時には金本位制への回帰を口にする政治家も未《いま》だにいる。それでも、物事をちゃんと把握している人なら、これが悲惨な事態になることを知っている。二〇一二年、ある調査で、あらゆる政治的立場の米国の経済学者数十人に金本位制について質問した。三七人の経済学者が金本位制への回帰に反対した。金本位制を支持する者はひとりもいなかった。現代の経済学者の中では、金本位制は論争の的になるような問題ではないのだ。ほぼ全員がひどいアイデアだと思っているのだから。

でも、大恐慌が起きたとき、金本位制と広がりつつある大惨事とのつながりは、まだはっきりしていなかった。人々は、一九二〇年代の好景気と一九二九年の大暴落から生じた避けられない結果に苦しんでいると考えていた。マネーそのものの失敗と関係がある、と人々は考えていなかった。一九三二年の大統領選挙では――物価下落と失業率上昇の三年間だったのに、帽子を被《かぶ》った男たちがパンを求めて列に並び、痩《や》せこけた子どもたちを抱きしめた女たちがスラム街の段ボールハウスに身を寄せていたというのに――フーヴァー大統領はまだ金本位制を全面的に支持していた。

「米国で無理やり金本位制から離脱させるということは、混沌《こんとん》を意味する」と、選挙演説で彼は言った。「人間のあらゆる経験が証明している。一度選んだ道は止められないことを。通貨と債券の両方が価値を失わざるをえないため、政府の倫理的一貫性が犠牲となることを」

対抗馬のフランクリン・ルーズヴェルトは「健全なマネー」を約束した。伝統的に金本位制が連想されることばだ。だが、ルーズヴェルトはこのことばで正確には何を意味しているのか決して口にしなかった。ルーズヴェルトは圧倒的大差で勝った。米国史上最大の金融危機のさなか、マネーについてこの国がすべきことが何だと考えているのか、誰にも告げないまま。ぼくらが知る限り、彼はほんとうに知らなかった。

誰が知っていたか知っているかい？　あのアーヴィング・フィッシャーだ。二〇年も答えを叫びながら大騒ぎしていたのだから。基本的な問題は、マネーの価値が不安定であったために、物価が下落していることだった。物価下落は、貯蔵や債務不履行や銀行破綻の根本的な原因だった。解決策は物価を再び上昇させることだった。でも、そのためには、マネーそのものに対する考え方をアメリカ人が変える必要があることを、フィッシャーは知っていた。

「西欧文明の終わり」

フィッシャーの考えはもはや彼ひとりのものではなかった。イングランドで最も有名な経済学者ジョン・メイナード・ケインズはフィッシャーの影響を受けていた。そして米国でも、フィッシャーのかたわらには数人の実業家とジョージ・ウォーレンという名の比較的無名の農業経済学者がいた。一九三二年の秋、このグループは〈物価と購買力の再建のための国家委員会〉といういひかえめな名前の委員会を設立した。これはフィッシャーの〈安定通貨協会〉［訳注：この組織の前身が前出の「安定通貨同盟」］の後継となるものだった。「この委員会はインフレ推進に対して見せかけの立派な体裁のようなものを与えた」と、歴史家アーサー・シュレジンジャーは書いている。

確かに〈見せかけ〉だ。ウォーレンはコーネル大学で農業を専門とする経済学者で、何年もかけて雌鶏《めんどり》の産卵量の増産方法を解明しようとしていた。二〇年代に農産物と食肉の価格が下落しはじめたとき、ウォーレンは金と商品価格の関係に強い関心を抱いた。何年もかけて数世紀分のデータの蒐集《しゅうしゅう》と分析を行った。やがて、大恐慌から抜け出す唯一の方法は物価を引き上げることであり、物価を引き上げる唯一の方法は、金本位制という一〇〇年の約束を放棄することだというフィッシャーの基本的な主張に納得した。

たまたまウォーレンは個人的にルーズヴェルトと知り合いだった。ルーズヴェルトのニューヨーク州知事時代に、彼が所有するニューヨーク州北部の地所の木々について相談に乗ったことがあり、そのとき農業について助言していた。大統領選挙後、ウォーレンとフィッシャーはふたりでルーズヴェルトに手紙を書き、首席補佐官と面会してマネーに関する持説を売り込んだ。

ルーズヴェルトが大統領に就任した翌日、大統領に直接面会しようと、ウォーレンは小さな自家用機（その六年前にリンドバーグが大西洋横断したのと同モデルの飛行機）でワシントンまで飛んだ。

ここまでの数週間で、事態は最悪から狂乱状態へ突入していた。今や、失業や飢餓やホームレスといった、大恐慌がもたらすあらゆる人間の苦しみに加えて、これまでにないほど増大した銀行の取り付け騒ぎの連鎖が、全国に広がっていた。相次いで銀行が破綻し、次から次へと州が銀行の一斉閉鎖を宣言し、マネーそのものが姿を消しはじめていた。

人々は困窮していた。一〇〇以上の都市が印刷した紙の借用証を発行して一時的なマネーとして流通させていた。デトロイトのデパートが農民と物々交換を行った。一着のドレスを三樽《たる》のニシンと、三足の靴を五〇〇ポンドの雌豚と交換したのだ。マディソン・スクエア・ガーデンで開催されたボクシングの興行主は、チケットを「帽子、靴、葉巻、櫛《くし》、石けん、彫刻刀、やかん、袋入りのじゃがいも、足用クリーム」と交換した。

大統領就任の日にルーズヴェルトが行った演説で一番有名なことばは、おそらく米国史上最大の銀行取り付け騒ぎに対する完璧《かんぺき》な対応だった。「われわれが恐れなければならない唯一のものは、恐れそのものです」。とてつもなく壮大な銀行取り付け騒ぎ――まさに教科書どおりの自己実現的予言――の最中《さなか》には、恐怖そのものが最重要の問題なのだ。

ウォーレンは、翌日の夜一〇時三〇分にホワイトハウスでルーズヴェルトに面会した。数時間後、書斎で象牙《ぞうげ》の煙草入れから取り出したタバコを吸いながら、大統領としてのふたつ目の作業として、ルーズヴェルトは全米のすべての銀行を一時的に閉鎖するという宣言に署名した。ウォーレンは興奮を覚えた。

記者たちは、ルーズヴェルトが米国を金本位制から離脱させたと示唆した。ルーズヴェルト政権の財務長官ウィリアム・ウッディンは受け入れようとしなかった。「われわれが金本位制から離脱したと言うのは馬鹿げているし、誤解を招きかねない」と、ウッディンは言った。「われわれは絶対に金本位制を維持していく。ただ、数日ほど金を入手することができないだけだ」。ウッディンが記者たちに言いたかったことを、言い換えてみよう。米国はどっぷりと金本位制に基づいている。これ以上ないほどに金本位制に基づいてきた。基本的に今後、さらにかつてないほどに金本位制に基づいていく。とまあ、そういうことだ。

一九三三年三月、フィッシャーとウォーレンは未だに部外者だった。国の最高レベルの経済学者や銀行家、そしてルーズヴェルト自身の顧問たちは未だにほぼ全員が、米国は金本位制を維持する必要があるという信念を抱いていた。ウッディンはその点を明確にしたかったのだ。だが、ルーズヴェルトに確信はなかった。国内で全銀行を閉鎖し、国内での金の供給を停止してから三日後、ルーズヴェルトは最初の記者会見を開き、記者たちにオフレコでこう伝えた。「われわれが金本位制や金本位から離脱したかどうか誰も私に尋ねない限り、大丈夫だ」

その週、銀行がまだ閉鎖されている間に、議会は急いで緊急銀行法を可決した。この法律にはどのように当局者が、再開する銀行を決定するか詳しく説明されていた。また、政府に対して、全国民が所有する金を政府に売却するよう強制する権利を与えていた。

翌週の週末、ルーズヴェルトは初の全国ラジオ演説を行った。米国にとって深刻な、実存的とさえ言える危機の瞬間だった。人々は資本主義の崩壊を真剣に論じ、米国の農民は物価下落に対してあからさまに反抗していた。だが、ルーズヴェルトはそうしたことについて一切触れなかった。その代わりに、新大統領はラジオ放送に臨んでこう語った。「これから数分間、米国民の皆さんに銀行制度についてお話ししたいと思います」。そして、あれやこれやの混乱のまっただ中で、ルーズヴェルトはどんなふうに銀行とマネーが機能するのかについて、ほんとうに基本的な話をした。

「まず第一に、皆さんが銀行にお金を預けるとき、銀行はそのお金を金庫に保管するのではありません……銀行は工業や農業の車輪を動かしつづけるために、皆さんのお金を働かせます……国内にある通貨の総量はすべての銀行の全預金額のほんの一部にすぎません……。では、二月末から三月初めにかけての数日間に何が起きたのでしょうか？　国民の信頼が損なわれたために、かなりの割合の人々が銀行口座を通貨や金《きん》に交換しようと広範囲で殺到する事態があったのです。非常に多くの人々が殺到したため、最も健全な銀行ですら、要望に応《こた》えるのに十分な通貨を用意することができませんでした」

連邦職員が現在、国内の全銀行を精査しています、とルーズヴェルトは言った。健全な銀行——大多数の銀行——は再開するだろう。それ以上にルーズヴェルトは、次々と銀行が取り付け騒ぎに巻き込まれていく恐怖のサイクルを断ち切りたかったのだ。「結局——」彼は言った。「わが国の金融システムの再調整で通貨よりも、さらには金よりも、重要な要素があります。それは国民の信頼です……みんなで力を合わせて恐怖を消し去りましょう……一緒にがんばれば、われわれは失敗するわけがないのです」

マネーはぼくらが信じるからマネーなのだ、ということをルーズヴェルトは理解していた。銀行への信頼を失ったとき、人々は預金をマネーとは考えなくなった。だから、預金を紙幣の形で引き出した。そして、紙幣への信頼を失ったとき、人々は紙幣を金に交換した。こうした変化は、曖昧《あいまい》なものではなかった。預金から紙幣へ、紙幣から金へと、それぞれの段階で米国は、マネーがどんどん減って、ますます機能しなくなる世界へと後退していった。徐々に後退するこの状況こそ、ルーズヴェルトが逆転しようとしていたものだった。

翌日、銀行が再開しはじめた。ふたたび、人々は銀行の外に行列した。けれども今度は、預金を引き出すためではなかった。自分のマネーを預けるためだ。取り付け騒ぎとは逆の現象が起きたのだ！　銀行の一斉閉鎖と炉辺談話《ろへんだんわ》は効果的だった。いったん銀行を信頼するようになると、人々は次々と紙幣を銀行口座に戻していった。銀行口座はマネーだ、とふたたび信じるようになったからだ。

一行、また一行と銀行が再開され、銀行の一斉閉鎖は徐々に収束していった。けれども、多くの人々が依然として恐怖を感じていた。物価は未だに低迷し、貸し出しはまだ低調だった。数週間後、ルーズヴェルトはさらに爆弾を落とした。大統領行政命令六一〇二号の発令だ。

一九三三年五月一日またはそれ以前に、すべての人は……現在所有するあらゆる金貨、金地金、金証券を連邦準備制度のいずれかの加盟銀行に引き渡すことがここに義務付けられる……この大統領行政命令、もしくはこれらの法規のいずれかの条項に、または、それに基づいて発令されたあらゆる規定、規制、もしくは認可のいずれかの条項に意図的に違反する者は誰であろうとも一万ドル以下の罰金、もしくは……一〇年以下の懲役、またはその両方を……科せられる。

ルーズヴェルトは、かつてのジョン・ローと同じように、金の所持そのものを犯罪化した。数百ドル分の金貨を机の引き出しに入れっぱなしにしておくだけで刑務所行きになる可能性がある、と大統領は言ったのだ（宝石類やわずかな量の硬貨の所持はまだ可能だった）［訳注：一オンスあたり二〇・六七ドルの固定レートで交換の上、没収された］。もしも今日、米国人は全員、自分の金を引き渡さなければならない、と大統領が宣言したとしたら、どんな反応が返ってくるか想像してみてほしい。それでも、一九三三年の春がどれほど常軌を逸していたかを示すように、これですらその月最悪の瞬間ではなかったのだ。決定的な瞬間は数週間後にやって来た。

当時、議会では農業法案が通過しようとしていた。オクラホマの上院議員がラディカルな修正案を通そうとしていたが、これは金に対するドルの価値を変更する権限を大統領に与えるもので、過去一〇〇年で初めてのことだった。もちろん、これは忌み嫌われるタブーだった。ドルは特定の量の金に固定されていた。これは金本位制の必要不可欠で変更不可能な真実であって、あらゆるシステムが構築される基盤だったのだ。

だが四月一八日、ルーズヴェルトは最側近の経済顧問たちを集めると、修正案を支持するつもりだと告げ、顧問たちに衝撃を与えた。大統領の支持があれば、修正案はほぼ確実に法律になるだろう。「お祝いしてくれ」と、ルーズヴェルトは言った。「われわれは金本位制から離脱する」

するとある顧問のことばによれば「てんやわんやの大騒ぎになった」。銀行家から転身した別の顧問はルーズヴェルトに、この国を「制御不能なインフレと完全な混乱状態」に導くことになると伝えた。ルーズヴェルト政権の予算局長も同意見だった。ふたりの男はルーズヴェルトを説得して決断を変えさせるために「トラのように戦った――行ったり来たり歩いては、あらゆる点から異議を唱えた」。大統領は彼らの説得を笑い飛ばした。そして、ポケットから一〇ドル札を取り出した。「これが通用するとなぜ私にわかるのだろうね？」ルーズヴェルトは言った。「実のところ、通用すると私が考えているから通用するんだよ」。彼らは深夜まで議論を続けた。大統領は平然と寝室へ消えていった。「やれやれ」。ホワイトハウスから出ていく顧問たちに予算局長が言った。「西欧文明の終わりだ」

「今、私は世界で一番幸せな男のひとりだ」。翌日、知らせを聞いてフィッシャーは妻に書き送った。「私たちが繁栄を取り戻す方向に向かっていることが幸せだ。局面を変える仕事にひと役買えて幸せだし、何年も前に基盤を作る仕事に加われて幸せだ。今週は私のライフワークの頂点となったと感じている。これで命が尽きるとしても、これまでの人生は、誰よりも価値ある人生だったと思う権利があると感じている」

ルーズヴェルトのマネーに対する取り組み方は場当たり的で情報不足だったたし、頭の切れる、善意に満ちた情報通の人々の多くが適切と考えていたやり方とは真逆だった。だが、うまくいった。みごとだとも完璧だとも言えないが。それでも、間違いなくうまくいった。

一九三三年の春は大恐慌のどん底だった。米国史上最悪の経済的大惨事の最悪の瞬間だった。そしてルーズヴェルトが銀行を閉鎖し、みんなの金を没収し、金本位制から離脱した後、すべてが好転しはじめた。物価が上昇しはじめた。これでようやく債務者たちの重荷が軽減された。失業率も下がりはじめた。所得や株価が上昇しはじめた。上昇はゆっくりとしてムラがあったし、さらには多くの問題もあったし、第二次世界大戦まで米国は完全に回復はしなかった。それでも動向は明らかだった。

数十年後、米国だけでなく英国、フランス、ドイツ、日本を振り返ってみたとき、経済史研究者はまぎれもない相関関係があることに気づいた。どの国でも、金本位制を放棄した後に経済が好転しはじめた。そして、経済学者たちは因果関係があったと結論づけている。金本位制は各国を悪しき景気循環に縛りつけた。金とのつながりを断ち切ることで、そうした景気循環を打ち破ったのだ。

その後、数十年にわたって確かに世界は疑似的な金本位制を維持した。外国の政府は依然としてドルを金と交換することができた（一九三四年にルーズヴェルトが設定したのと同じ一オンス三五ドルのレートで）が、ふつうの人々は、もうそんなことはできなくなっていた。一九七一年、とうとう米国は金とのつながりを完全に断ち切った。金との関係でなく、ふつうの米国人が買うモノとの関係でドルの価値を管理するのはＦＲＢの仕事になった。言い換えれば、米国（そして他のすべての国）はとうとうアーヴィング・フィッシャーが望んだやり方でマネーを考えはじめたのだ。

たださらに、決定的な瞬間が訪れたのは一九三三年のことだ。その年の秋、ルーズヴェルトはハーヴァード大学の経済学者に宛てた手紙を書き記した。ルーズヴェルトに即刻、金本位制に戻るよう主張した経済顧問だ。「あなたは国家間のかつての人為的な金本位制を、人間の苦しみや自国の差し迫った必要よりも高く評価しています」。この文章の中で決定的なことばは「苦しみ」や「差し迫った」ではなくて「人為的な」だ。

金本位制の信奉者は金本位制に自然の力を与えた。彼らは、マネーとしての金は当たり前で自然なことであって、それ以外のすべてのやり方は愚かなだけでなく不自然であり、それゆえに失敗する運命にあるという事実を大して議論もせずに、ただの既定の事実として受け入れた。

ルーズヴェルトは金本位制に自然なところは皆無だと気づいていた。金本位制は、他のあらゆるマネーにまつわる取り決めと同じように人為的なものだった。金本位制は人々が選択したものだった。自分では選択したと気づいていなかったとしても、選択には違いない。ルーズヴェルトの大いなる天才は、単にこう口にできたことだ——われわれは別のものを選べる、と。

V

二一世紀のマネー

マネーの歴史は、誰が何をするかについて、銀行と政府とふつうの人々が争ってきた歴史だ。実はこれはマネーの現在でもある。そして、それはシャドー・バンキングとユーロと、そして必然的にビットコインの物語だ。

第13章　いかにして部屋の中のふたりの男が新しいタイプのマネーを発明したか

二〇〇八年の金融危機について一般的な物語はこんなところだろう。

1. 怪しげな貸し手がとんでもない住宅ローンを、法外な価格をつけられた住宅の不適格な買い手に提供した。
2. そして、そのとんでもない住宅ローンは一緒くたにまとめられて細かく分割され、投資家に売られた。
3. 住宅価格が下落し始めると、不適格な買い手はとんでもない住宅ローンの支払いができなくなった。
4. とんでもない住宅ローンの束を買った投資家が破綻《はたん》して、経済を道連れにした。

こうしたストーリーにはリアリティとドラマ性という美点がある。でも、これだけでは不十分だ。危機の物語のほんの一部でしかない。とんでもない住宅ローンだけでは経済全体を破綻に導けないだろう。ここには、ほとんど語られることのない別の物語がある。

それはマネーそれ自体の物語。新しい種類の銀行制度を通じて流通しはじめた新しい種類のマネーの物語だ。そのとき、誰もそれが銀行制度だとはまったく知らなかった。この新種のマネーは、二〇世紀末から二一世紀初めに狂乱的な金融バブルを推進した。また、この新種のマネーは、米国の住宅ローン市場の比較的小さな一角がグローバル経済を崩壊させるのを手助けした。そしてこの新種のマネーには、誰もまだ完全には解決していない根本的な問題があり、それが解決されないことには、ふたたび世界が崩壊する可能性があるのだ。

本章はそうした部分についての物語だ。

ふたりの男

「昔からカネに惹《ひ》きつけられていた」と、ブルース・ベントは言った。戦後まもないロングアイランドで八歳になると、空《から》のソーダ瓶を集めて返却しては保証金を受け取るようになった。新聞配達もやってみたが、どうにも儲《もう》からなかった。「新聞配達はひどい仕事だったよ。仕事はたくさんやらなくちゃならないのに、賃金は見合わなかった」。だから、食料品店で仕事を見つけた。「一四歳で週給七〇ドルはあったね。ものすごい大金だった」

高校卒業後、ベントは父親と同じ郵便配達人になった。予備役として海軍で六か月務め、セント・ジョンズ大学に進学して卒業し、マネーに心惹かれた多くの人と同じように、金融関係の仕事に就いた。「ウォールストリートに行って、業務執行社員の助手になったんだ」

数年後、保険会社の投資部門の仕事に就き、上司になるハリー・ブラウンと同じ日に働き始めた。ブラウンはハーヴァード大学の卒業生で連邦裁判所判事の孫で、ベントとはまったく違うタイプの人間だった。

入社初日、ふたりはハリーの上司（ベントの上司の上司）のオフィスで初めて顔を合わせた。数分後――顔を合わせて数分後ということだ――ハリーはブルースを見て上司に言った。

「この男は気に入らないですね。私の部署で働かせたくないです」

「どうしてだ?」

「ニューヨークシティの生意気なヤツだし、うちの部署にはほしくないです」

「うまくやってくれよ」

結局、一緒に働きはじめると、なぜかベントとブラウンは気が合った。数年後、ふたりは会社をやめて起業した。ブラウン&ベント社だ。資金があって投資先を探している保険会社と、資金を求めている企業とのマッチングを、ふたりは考えていた。だが、事業はなかなか軌道に乗らなかった。

ベントには妻とふたりの子どもがいて、二件の住宅ローンを抱えていた。バス代を節約するために、リサイクルショップで買った自転車に乗って通勤していた。自転車で駅まで行くと、そこで電車に乗って職場まで行き、オフィスではブラウンと向かい合わせであれこれアイデアを出し合っては話し合った。「私たちは、カネを儲ける経験となるようなものを探していたんですよ」

ぎりぎりの生活を数年続けたところで、ベントとブラウンはチャンスに遭遇する。一九三三年に導入された連邦規制では、銀行の普通預金口座に金利上限を設定し、銀行が当座預金口座に利息を支払うことを禁止していた。けれども、大量の資金を保有していて数週間か数か月だけその資金を縛りつけてもいいと考えている人たちは、最低一〇万ドルの普通預金口座を開設するか、短期国債（Tビル）を購入すれば、さらに多くの金利収入を得ることができた。

ベントとブラウンは、資金を縛りつけたくない投資家や、そこまで大きな投資ができない投資家が、どうしたら短期国債や大口の普通預金口座から提供される高金利を手に入れられるのか解明しようと決意した。ある日の午後、ベントがあることを思いついた。「私はブラウンの顔を見上げて言ったんですよ。『ミューチュアル・ファンド〔訳注：オープンエンド型（発行者が証券の買い戻しを保証する）の投資信託〕はどうだ？』」ベントは言う。「ブラウンは投資信託のことは何も知らないと言いましたよ。で、私は言ったんです。『ぼくも投資信託のことは全然知らないよ。でも、うまくいくような気がするんだ』」

投資信託（ミューチュアル・ファンド）は、通常は株式や債券に投資するマネーの共同資金だ。もしもあなたが退職年金口座を持っていたら、あなたはひとつ、あるいは複数の投資信託に投資している可能性が非常に高い。投資家が投資信託の株式を買う場合、実際にはその投資信託が所有するすべての株式か債券（あるいは両方）の所有権の一部を買っている。投資信託の株価は、それが所有する株式と債券の価格とともに毎日上がったり下がったりする

［訳注：ミューチュアル・ファンドには会社型と契約型があり、米国では会社型が主流で、投資家はその会社の株を買うことで参加する。日本では契約型が主流］。

ブラウンとベントは、株や債券への投資とは違う、銀行に預けた預金のような感じの投資信託を新たに作りたかった。ふたりは当座預金口座のあらゆる使いやすさに加えて、普通預金口座の高い金利も兼ね備えた投資信託がほしかった。だから、投資信託モデルを微調整してみた。

投資家は彼らの投資信託の株式を買う。そして、彼らの投資信託は投資家のマネーを短期国債という形で政府に貸し出し、銀行には大口の普通預金口座という形で貸し出すのだ。これは短期で超安全な投資だ。すごく安全なので、実際、この投資信託の株価は、株式やよりリスクの高い債券を所有する他のファンドのように毎日変動する必要がなかった。ブラウンとベントは株価を一株あたり一ドルに設定することにした。そして、大惨事でも起きない限

り、一株一ドルにできるような会計システムを使うことができた。ちょうど銀行に預金したマネーのように。

ふたりはこれを〈貯蓄《セイビングス》ファンド〉と呼びたかったが、投資信託を規制する証券取引委員会（SEC）に許可されなかった。だから、代わりに〈リザーブ・ファンド（積立金ファンド）〉と呼ぶことにした。〈貯蓄ファンド〉と同じぐらい退屈な名前だったが、それこそがふたりの狙いだった。

リザーブ・ファンドは一九七二年に運用を開始した。一九七三年末には、運用額は一億ドルに上った。数年のうちに、かなりの数の競合ファンドが生まれた。この新種のファンドはマネー・マーケット・ファンド（ＭＭＦ）と呼ばれるようになった。ほどなくして、ＭＭＦマネーで小切手を発行することができるようになった。つまり、ＭＭＦマネーを使ってモノが買えるようになったということだ。まるで銀行口座みたいに！

大手銀行の参入

手元に余剰資金がある大企業が、ＭＭＦに数億ドル預けはじめた。ベントとブラウンが小さなオフィスでこのアイデアを思いついてから一〇年後の一九八二年には、ＭＭＦ全体の運用額は二〇〇〇億ドルを超え、さらに毎年数十億ドルが流れ込んでいた。

突然、ＭＭＦには対処できる以上の現金があふれるようになっていた。ベントとブラウンは大手銀行口座と国債への投資にこだわっていたが、他のファンドマネジャーたちは新たな投資先を探しはじめていた。〈コマーシャル・ペーパー〉と呼ばれるものを買いはじめたファンドも出てきた。コマーシャル・ペーパーとは、基本的に、安全かつ安定した企業への短期の融資方法だった。一九八〇年代、ＭＭＦはコマーシャル・ペーパーの最大の買い手となった。

膨大なマネーの流れが銀行からＭＭＦへと変わろうとしていた。そこで、米国で最大級の銀行シティバンクは、銀行がやっていることをやる方法を――つまり膨大なマネーの流れの真っ只中《ただなか》に入り込む方法を――編み出した。大量の法的および財務上の駆け引きによって、シティバンクは〈資産担保コマーシャル・ペーパー〉なるものを考案した。これは、コマーシャル・ペーパーを発行するには安全性が不十分な企業にＭＭＦが資金を貸し出すための新たな手法だった。

まもなく他の銀行も参入した。九〇年代初めには、数十億ドルが資産担保コマーシャル・ペーパーに流入し、銀行は毎月さらに多く売りさばいていった。

そもそもＭＭＦを創始したベントは、コマーシャル・ペーパーはＭＭＦにはリスクが大きすぎると考えていた。「コマーシャル・ペーパーはＭＭＦというコンセプトにとってタブーだ」と、彼は二〇〇一年に、とある記者に話している。「みんな、ファンドにゴミを放り込んで高利回りを狙うことでMMFというコンセプトを安売りしている」

ベントのリザーブ・ファンドはまだ政府が保証する国債と、昔ながらの銀行の譲渡性預金［訳注：銀行が無記名の証書を発行することで譲渡が可能となる定期預金］だけに投資していた。「地味というより堅実だと考えています」と、ベントの息子――この時点でファミリー・ビジネスの社長となっていた――が『ウォール・ストリート・ジャーナル』紙に語っている。

数年後には、ベント家の人々も静かにこの世界観を放棄することになる――まさに最悪のタイミングで。

投資ブーム

二〇世紀最後の数十年はとんでもない金融ブームで、おおぜいの金持ちや大企業や年金基金や外国政府が、ありあまるマネーを抱えてどうすればいいのか悩むという喜ばしい状況にあった。

とはいえ、こうしたマネーは投資したい対象ではなくて、基本的に当座預金口座に残しておきたいマネーだった。翌週の給与支払いや、翌月の退職金支払いに使うようなマネーだからだ。当座預金口座に対する政府の預金保険制度は限度額が一〇万ドルだったから、こうした現金を一時的にどこに預けるべきか、わかりやすい正解はなかった。こうした状況で打つお決まりの手は、ごく短期の国債を買うことだったが、こうした現金が多すぎて、市場には十分な量の短期国債が出回っていなかった。

こうした人々の多くがＭＭＦに投資した。中にはＭＭＦを模倣した独自のファンドを作って投資する者もいた。自分でどうにかできる範囲を超えた膨大なマネーを抱えたＭＭＦはあっさり方針を変え、ウォールストリートの投資銀行に多額のマネーを貸し出しはじめた〈銀行〉という名前がついているが、投資銀行はふつうの銀行とは違う。実は、預金を集めて貸し出しをするといった業務を行っていないし、ふつうの銀行のように政府の預金保険制度で保護されることもない）。安全で短期の居場所を無邪気に探していたこうしたマネーすべてが、二一世紀初めの巨大な金融バブルを膨らませた空気そのものだった。

二〇〇〇年代になり、住宅ブームがやって来る。とんでもなく不適格な借り手が、法外な価格をつけられた家にあきれるほど巨額の住宅ローンを組んでいる。でも、本書のバージョンの物語では、ひとつ前の段階から始めることにしよう。法外な価格をつけられた家のとんでもなく不適格な借り手に対して、どこからマネーが貸し付けられるのか。答えは、ご想像のとおり。ＭＭＦだ！　現金の一時的な置き場所を必要としていた年金基金や大企業だ！

ＭＭＦや資産担保コマーシャル・ペーパーや投資銀行を通じて大量に流入してきたこの新種

のマネーこそ、バブルを膨らませたマネーだった。

二〇〇六年末、住宅価格の上昇が止まり、企業の財務担当者やＭＭＦが不安を感じはじめていた。だから、彼らは、住宅ローンに投資するために（資産担保コマーシャル・ペーパーを通じて）資金を借り入れていた投資ファンドの一部に対して資金の引き揚げを要求しはじめていた。少数のケースだったが、資金を調達できない投資ファンドが出てきた。そうなると、さらに多くの人々が返金を要求しだした。

外の世界では、この状況は金融界の怪しげな片隅で非常に危なっかしげなことが起きているように見えていた。だが、ポール・マカリーの目には別のものが映っていた。はるかに憂うべき事態が見えていた。

シャドー・バンキング

マカリーは大手資産運用会社ピムコ（ＰＩＭＣＯ）のエコノミストだった。彼はこのＭＭＦや資産担保コマーシャル・ペーパーの世界を見わたして言った。これはただの難解な投資手段の集合ではなく、誰も銀行制度だとまったく気づいていない銀行制度そのものだ、と。

銀行は預金者からマネーを借り入れ、預金者はいつでも預金の引き出しを要求することができる。一方、銀行は長期の貸し出しを行う。銀行の基本業務は短期の借り入れと長期の貸し出しだ。MMFと資産担保コマーシャル・ペーパー市場は同じことをしていた。つまり、いつでも投資家が返金を要求できるマネーを集めて、それを貸し出すのだ。規制下にある銀行制度の陰で、まったく新しい疑似銀行制度が誕生していた。そして、今やそれが問題化したのだ。

「現実に起こっているのは単純なことです」と、二〇〇七年夏、中央銀行の幹部たちでいっぱいの部屋でマカリーは言った。「シャドー・バンキング・システムで取り付け騒ぎが起きているのです」。この新たな世界でシャドー・バンキングということばが使われたのは、このときが初めてだった。

誰もが大恐慌での銀行の取り付け騒ぎは解決済みだと思っていた。人々が銀行に預金したマネーを政府が保証するようになったおかげで、不穏な気配がしたとたんに銀行へ駆けつける必要はもはやなくなった。連邦準備制度理事会（FRB）は、一時的に資金難に陥った健全な銀行にはいつでも融資する態勢だった。あらゆる人の銀行口座を政府が支えていた。ぼくらのマネーは安全だった。

ところが、誰もほんとうの意味で気づかないうちに、同じような銀行構造が生まれていた。それは巨大でグローバルな存在だった。ヘッジファンドや投資銀行がどんどんマネーを借り入れて、ますます大きな賭《か》けに出ることを可能にするような存在だった。それが、米国で家を買おうとする人々に大量のマネーを提供した。それは、伝統的な銀行の持つ危険をすべて備えていた。経済全体を危機に陥らせかねない取り付け騒ぎを起こす危険を孕《はら》んでいたのに、セーフティネットはまったくなかった。

「シャドー・バンクが発行する短期の借用書は……現金同等物と呼ばれている」と、トレーダーから法学部の教授に転身したモーガン・リックスはのちに書いている。「企業の財務担当者などのビジネス・ピープルは単に現金《キャッシュ》と呼んでいる」。言い換えれば、シャドー・バンクは現実のお金――リアル・マネー――を生み出しているのだ。

二〇〇七年には、シャドー・バンクは伝統的な銀行よりも大きくなっていた。そして、シャドー・バンクの預金者――何兆ドルもの現金を持つ企業の財務担当者やMMFや年金基金――は資金の返還を要求しはじめていた。これが歴史上最大の銀行取り付け騒ぎの始まりだった。

まずベアー・スターンズ社が取り付け騒ぎに見舞われた。ベアー・スターンズ社はリスクを好む投資銀行で、MMFから大量の資金を借り入れて住宅ローン担保債券の購入に充てていた。二〇〇八年三月、MMF側はベアー・スターンズ社への融資リスクはもはや割に合わないと判断した。米国最大手のMMF運用会社フィデリティは、一〇〇億ドル近くをベアー・スターンズ社に貸し込んでいた。だが、たった一週間で全額返還を要求したのだ。

これが銀行なら、取り付け騒ぎが始まる瞬間だ。預金の引き出しを求めて、ありとあらゆる預金者が押し寄せて、銀行の外に列をなす、そういう瞬間だ。英国海軍の会計担当者が、もうマネーではない預り証を受け取ってしまったのではないかと不安になった瞬間と同じだ。だが、そこにいたのは、一人当たり数千ドルを預ける五〇〇〇人の預金者などではなく、それぞれ数億ドルも預けている五〇の機関投資家だった。ベアー・スターンズ社は、借り入れた資金を使って数十億ドルもの住宅ローン担保債券を買っていた。今となっては誰もそんな債券など買いたがらなかった。ベアー・スターンズ社に資金を預けていた側——MMFも含めて——は資金の返還を望んでいたが、ベアー・スターンズ社には返す資金がなかった。

ベアー・スターンズ社は商業銀行ではなかった。ふつうの人々の預金口座もなかったし、FRBから借り入れできる立場でもなかった。それでも、FRBは「異常かつ緊急の状況」という法規定を発動して、ベアー・スターンズ社に約一三〇億ドルの融資を行った。FRBは「商人にも中小銀行にも〈この人にもあの人にも〉貸し出さなければならない」というウォルター・バジョットが一九世紀に送ったアドバイスに従ったのだ。中央銀行は最後の貸し手として、シャドー・バンクの取り付け騒ぎにマネーを注ぎ込んだというわけだ。

この融資のおかげでベアー・スターンズ社は金曜日に営業を再開した。その週末、必要に迫られた妥協の末、JPモルガン・チェース社がベアー・スターンズ社を完全に買収することになった。取引の一環として、FRBはベアー・スターンズ社から三〇〇億ドルの住宅ローン債券を買い取ることに同意した。こうして、ベアー・スターンズ社は消滅した。結局、債券は大丈夫だった。最終的に、ＦＲＢは利息付きで資金を取り戻した。

数か月後、また別の投資銀行が取り付け騒ぎに見舞われた。リーマン・ブラザーズ社だ。リーマン・ブラザーズ社はベアー・スターンズ社と同じく投資銀行だが、さらに大きかった。同社は膨大な量の質の悪い不動産担保証券を保有していた。そして、ほんとうに大量の資金を借り入れていた。二〇〇八年九月、リーマン・ブラザーズ社に資金を預けていたほぼ全員が資金の返還を決断した。だが、リーマン・ブラザーズ社には返還できる資金がなかった。誰もほしがらない住宅ローン担保債券は大量にあったが。九月一五日月曜日になったばかりの深夜、リーマン・ブラザーズ社は破産を申請した。

ブルース・ベント、元本割れに直面する

リーマン・ブラザーズ社が破産を申請する三日前、『ウォール・ストリート・ジャーナル』紙は紙面の奥深いところに、ＭＭＦ業界の不透明な規制問題に関する短い記事を掲載した。その記事には、他のファンドマネジャーは多くのリスクを取りすぎている、とまたもや主張するＭＭＦの生みの親ブルース・ベントのことばが引用されていた。「忘れてはいけないのは、ＭＭＦの目的は投資家を退屈させて、ぐっすりと眠れる夜を過ごしてもらうことに

あるんですよ」と、彼は語っていた。

ベントお気に入りの話題で、しょっちゅう口にしていた。数か月前に出たリザーブ・ファンドの年次報告書で彼はこう書いている。

［サブプライム］危機が我が社のマーケットの基盤を揺るがし、投資家がＭＭＦの安全性に疑問を抱く……ようになってから一年が経ちました。よろしいでしょう！　皆様そして市場全体が、リザーブ・ファンド設立のコンセプトと基盤、つまり皆様の元本保証を重視する揺るぎない規律を受け入れてくださっていることをご報告できることを、われわれは喜ばしく思っています……。

だが、ベントのこの文章をざっと見てから報告書の詳細にじっくり目を通した読者は、驚くべき事実に気づいたことだろう。リザーブ・プライマリー・ファンドは、退屈な銀行口座や政府保証債券への投資に自らを制限する〈地味というより堅実〉なファンドではもはやなくなっていた。今では投資家の資金を預かって、数百億ドルものコマーシャル・ペーパー――かつてベント自身、ＭＭＦが避けるべきだと言っていた類《たぐい》のリスクの大きい投資対象――を購入していたのだ。

二〇〇八年九月一五日の朝、ベントのリザーブ・ファンド〈この時点で正式にはリザーブ・

プライマリー・ファンド）は、リーマン・ブラザーズ社が発行した七億八五〇〇万ドルのコマーシャル・ペーパーを保有していた。つまり、破産申請したばかりのリーマン・ブラザーズ社はリザーブ・ファンドに七億八五〇〇万ドルの負債を抱えていた、ということだ。これはリザーブ・ファンドの総額の一パーセント強に当たる。一パーセントをほんのわずかに上回っているだけだ！　プライマリー・ファンドがリーマン・ブラザーズ社から全額を回収できなかったとしても――ほぼ確実にいくばくかは回収できるはずだ――残りの九九パーセントは無事に残る。リザーブ・ファンドが通常の投資信託だったなら、何の問題もなかっただろう。投資信託なら、いつだって一パーセントの損失や利益はあるものだから。

けれども、リザーブ・ファンドは通常の投資信託ではなかった。ＭＭＦだった。資金の損失はありうるという一般的な警告があったにもかかわらず、人々はＭＭＦに預けた資金を投資とは考えていなかった。ＭＭＦに入れたマネーはただのマネー。一ドル預けたら、いつだって好きなときに一ドル引き出すことができる。ファンドの価値が一パーセント下がるとしたら、投資家は全額を取り戻すことができない。これは、ＭＭＦにとって〈元本割れ〉［訳注：純資産価値が一ドルを下回ること。ＭＭＦでは一株当たりのＮＡＶ（純資産価値）を一ドルに保つことを目指す］として知られる大惨事だ。

先の展開が読める、抜け目ない機関投資家たちがリザーブ・ファンドから資金を引き揚げようと押し寄せた。午前も半ばを過ぎるころ、リーマン・ブラザーズ社が破産申請してほんの数時間後、投資家たちは一〇〇億ドルを取り戻していた。いつもの午前中の一〇倍の額だ。銀行と同じように、リザーブ・ファンドもまた、それほどの金額の現金を手元に保有していなかった。手元にあるのは大量の債券やコマーシャル・ペーパーで、現金を手に入れるためにはこれらを売らなければならなかった。だから、午前一〇時一〇分、リザーブ・ファンドの償還を管理する銀行が、投資家への返金を停止した。

その後、数時間にわたって、預金者たちはさらに八〇億ドルを引き出そうとした。だが、リザーブ・ファンドは資産の売却がすばやく行えず、それに見合う資金を調達できなかった。このシャドー・バンクの取り付け騒ぎは一般の目から隠されていたが、その日、ファンドの幹部たちが取り交わしていた内線通話から実態を聞き取ることができる（その後、通話内容は裁判記録として公開された）。

「赤字はおおよそ八だな」ある幹部が言った（恐ろしいことに単位は一〇億ドルだ）。

そして一分後。

「どのくらい調達できた？」

「調達できたのは約一〇億。これでせいいっぱい……」

「ああ、なんてことだ」

「ああ」

「うーん、かなりまずいな」

これはリーマン・ブラザーズ社が破綻した日の朝のことだ。七〇年で最悪の金融危機だった。ありとあらゆる場所で、ありとあらゆる人が資金の返還を要求していた。突然、すべてのシャドー・バンクがすべての資産を売却しようとしていた。それなのに、誰も買おうとしない！

電話で話をしている間、このふたりの男は眼の前で取り付け騒ぎが進展していくのを見ていた。リザーブ・ファンドに資金を預けていた多くの巨大企業が電話をかけてきて、資金の返還を求めていた。そうした企業のひとつであるADP社は、人事、給与などのサービスを他社に提供していた。

「ああ、くそっ……くそADPめ、二一三も引き出しやがった」ひとりの男が電話で言った。二億一三〇〇万ドルという意味だ。

「無理だ……一銭も出ないよ」もうひとりが言った。

銀行の取り付け騒ぎならさしずめ、カネを下ろそうと必死に叫ぶ預金者たちを前にして、窓口係がガラス戸を引き下ろして奥へ引っ込む場面だろう。

「この顧客たちには今夜は返金はないね」「こいつは死の接吻《せっぷん》になるな」

その日は丸一日、そして火曜の朝まで、ベントたちは資金の借り入れに四苦八苦していた。会社の一部を売却しようともしていた。だが実現には至らなかった。資金は調達できなかった。火曜の午後、リザーブ・ファンドは発表した。「リーマン・ブラザーズ・ホールディングス社が発行し……プライマリー・ファンドが保有する債券の価値が、本日ニューヨーク時間午後四時をもって、ゼロと評価されました。その結果、プライマリー・ファンドのNAV（純資産価値）は午後四時時点で一株あたり〇・九七ドルとなりました」。リザーブ・プライマリー・ファンドは元本割れした。

ニュースが広まるにつれて、投資家たちは他のMMFからも何千億ドルもの資金を引き揚げはじめた。償還金に対応するために、ファンドはコマーシャル・ペーパーを含む資産を売却する必要があった。だが、誰もコマーシャル・ペーパーを買いたがらなかった。相手が健全な借り手だったとしても、誰も貸し出そうとしなかった。

「突然、GEやキャタピラーやボーイングが給与支払いやサプライヤーへの支払いのための資金借り入れに苦労するようになりました……。誰も彼もがあらゆる種類のコマーシャル・ペーパーから逃げ出しています」と、ニューヨーク連邦準備銀行で働いていたある弁護士がぼくに語ってくれた。「上級エコノミストのひとりが言っていました。『ああ、合理的な行動ではないな』と。私はトイレに駆け込んで空吐きしましたよ」

シャドー・マネーはリアル・マネー

リザーブ・ファンドが元本割れして三日後の金曜、ジョージ・W・ブッシュ大統領がホワイトハウスのローズガーデンで演説をした。「財務省は米国の金融システムの重要な要素であるMMFへの信頼を回復させるために行動している」と大統領は言った。さらには、政府がMMFを保護するとも発言した。

一九三〇年代、政府はふつうの人々の銀行口座の周りにフェンスを張りめぐらして、こう言った。ほら、これでフェンスの中にあるものは、もうあなたたち預金者が取り戻せるかどうかわからない、銀行への貸付金ではなくなりましたよ。あなたの銀行口座はあなたのマネーです。政府がフェンスの中のマネーに保険をかけて、あなたたちが確実にマネーを引き出せるようにしますからね。それから、マネーを安全に保管するために銀行を徹底的に規制して保険料を支払わせますよ。

今や、ブッシュ大統領はそのマネーが——政府が安全に保管すると約束したマネーが——事実上フェンスを飛び越えたことを認めたのだ。MMFに人々が投資したドルは、もはや取り戻せるか取り戻せないかわからない投資ではなくなった。今では米国によって保証されたマネーとなった。ちょうど銀行の預金や、銃を手にした兵士が警護する鍵《かぎ》のかかった箱の中の金貨と同じように。「保護されたファンドに投資された一ドルはすべて一ドルとして引き出すことができます」と、大統領は言った。

大統領の次のことばは退屈だが、とりわけ重要だった。「さらに連邦準備制度理事会（FRB）はMMFに追加の流動性を提供する措置を講じており、これは金融市場への圧力を緩和する手助けになるだろう」。これは、かつては銀行だけが利用できた金融手段の残り半分のことで、つまりはFRBが最後の貸し手になるということだった。今や、MMFが保有しているけれども、誰も買おうとしないコマーシャル・ペーパーを担保にFRBが融資を行う用意がある、と大統領が言ったのだ。

二日後、モルガン・スタンレーとゴールドマン・サックス――自立を保っていた最後の大手投資銀行二社――が銀行持株会社になった。これはつまり、従来の銀行が得てきたように、最後の貸し手であるFRBからのありがたい融資をすべて手に入れるということだった。何千億ドルも資産担保コマーシャル・ペーパーにつぎ込むことでシャドー・バンキングにどっぷり深入りしていたシティバンクとバンク・オブ・アメリカは、その後数か月にわたって政府の融資と保証という形で何千億ドルもの救済措置を受けた。

シャドー・バンキングと、それが創造したシャドー・マネーはあらゆるセーフティネットを手に入れた――それ以前に何のコストも支払わなかったにもかかわらず。シャドー・マネーは今や現実のお金――リアル・マネー――と化した。

多くのMMFは生き残ったが、リザーブ・ファンドは生き残れなかった。段階的に縮小され、投資家には一ドルにつき九九セント償還された。

マネーと次の危機

二〇〇九年、G30――ノーベル賞を受賞した経済学者、世界の主要な中央銀行総裁、地球上で最大級の銀行の頭取など三〇人のメンバーで構成される、ばかばかしいほどエリートだらけの組織――は、MMFの未来について提言した。MMFがアヒルのように歩いて、アヒルのように泳いで、アヒルのように鳴くなら、アヒルのように規制しなければならない、という提言だった。

「銀行のようなサービスを提供しつづけたいMMFは……適切な健全性規制……の下で特別目的銀行として再編されなければならない」と、G30の報告書に書かれている。一方、もしもMMFが銀行のように規制されたくないならば、口座から小切手を振り出したり常に一株一ドルと提示したりするのを止めればいい。つまり、客のマネーを保管する銀行のようなふるまいを止めればいいのだ。

MMFを運用する企業は、銀行のように規制されずに銀行のようにふるまいたかった。

「ＭＭＦの本質を根本的に変えることは（そしてその過程で、投資家と米国の金融市場にとってこれほど成功した商品を骨抜きにすることは）やり過ぎで、新たなリスクを生じることになる」と数か月後に、とある業界団体が書いている（「これほど成功した」という表現は、ＭＭＦの取り付け騒ぎから一年も経たない二〇〇九年には相当に厚かましく見えた）。

金融危機のさなかに発効された政府保証は、いったん危機が収まると失効した。ＭＭＦをどうすべきか、人々は何年も議論した。結局、新しい規則がいくつか導入されたが、業界は望んでいたものをかなりの程度手に入れた。

企業や基金などの大口投資家にのみ開かれたファンドは、日々の価格変動について一セント未満まで報告する義務がある。だが、一般の投資家のためのファンドは投資家に対して一定のドル価値を示すために未《いま》だに同じ会計手法を使っている。人々は今も口座から小切手を振り出すことができる。ＭＭＦは銀行のように規制はされないが、たいていの人にとってＭＭＦに入れたマネーは銀行に預けたマネーと同じように感じられている。

新型コロナウィルスのパンデミックが世界じゅうに広がった二〇二〇年春、人々はふたたび必死になってＭＭＦから数十億ドルを引き出しはじめた。そして、米国政府はまたもやあわててＭＭＦを守ろうと駆けつけた。「そもそもこの問題を真の意味で解決できなかったことが、本当に残念だ」と、元規制当局者のシーラ・ベア〔訳注：二〇〇六～一一年に連邦預金保険公社（ＦＤＩＣ）総裁を務める〕は言う。「業界のロビイストたちがやって来て説得し、規制担当者たちに妥協を認めさせた。こうして、われわれはまたもや窮地に逆戻りした」

＊＊＊

二〇〇八年の金融恐慌から学んだ重要な教訓は、マネーの流れを追え、ということだ。マネーの行く先を探すという伝統的な意味ではなく、新たな種類の疑似マネーが創造されている現場を探すというシャドー・マネー的な意味で。融資とは思えないような融資を行う現場を探すのだ。まるで銀行に預けたマネーみたいに思えて、いつでも即座に額面通りの価格で引き出すことができる、そんな融資の現場だ。

一六九〇年に金細工職人が発行した紙切れや、一九三〇年の銀行口座や、二〇〇七年のMMFの残高といったものは何なのか？　こうしたものを所有する人が全員いっせいに現金化しようと決めたとしたら、ものすごいスピードでとても醜悪な世界が生まれるだろう。

第14章　ユーロのおおざっぱな歴史（そして、どうしてドルのほうがうまくいくのか）

ぼくらは、ベルリンの壁の崩壊をノスタルジーに包まれて思い出す。それはソ連の崩壊から、世界貿易センターとペンタゴンへの攻撃までの間にあった、あの甘い幻想の始まりだった。正義が勝って悪が負け、ドイツはふたたびひとつの国に戻り、何もかもがうまくいく、というそんな幻想の始まりだった。

だが当時、ドイツの隣国はみな恐怖に囚《とら》われていた。フランス、英国、ソ連はドイツの統一が、ヨーロッパを破壊してから五〇年も経っていない、あの攻撃的で拡張主義的なドイツの復活につながるのではないかと考えていた。

「ドイツ統一阻止に協力してほしい」と、ベルリンの壁が崩壊したとき、ミハイル・ゴルバチョフは当時のフランス大統領フランソワ・ミッテランに言った。「さもなければ、私に代わって軍事政権が成立する。さもなければ、あなたは戦争の責任を負うことになる」。ミッテランがマーガレット・サッチャーと会談したとき、サッチャーは第二次世界大戦後にドイツからポーランドへ移った東欧の領域を示す地図を取り出して、こう言った。「向こうはこれを全部奪うでしょう。そして、チェコスロヴァキアも奪う」。

けれども、ミッテランはドイツを追い払いたくなかった。むしろヨーロッパ的なやり方でしっかりと抱擁して取り込みたかった。そのためにマネーを利用したかった。ミッテランは、単一国家によって管理されるのではなく、ヨーロッパ諸国の共同体によって共有される新たな種類のマネーを創造したかったのだ。過激なアイデアだったが、ミッテランはドイツによる経済的な支配を回避するためには、これがヨーロッパにとって唯一の希望だと考えていた。「共通通貨がなければ、われわれ全員――あなたがたもわれわれも含めて――すでにドイツの意思に従っている状態だ」と、ミッテランはサッチャーに言った。

たくさんの国がどのようにしてそれぞれ独自の通貨を放棄して単一通貨を共有すると決断するに至ったのかという物語は、単にマネーにまつわる話ではない。国家とは何かという問題だ。突き詰めていくとその中心にあるのは、通貨を管理する権限を失ったら国家は何を失うのか、という問題だ。

人々が大胆な実験と認めたがらなかった実験は大胆な実験だった

ベルリンの壁の崩壊から一か月も経たないうちに、ミッテランは西ドイツの首相ヘルムート・コールに取引を持ちかけた。もしもドイツが共通通貨に同意すれば、フランスは再統一を支持する。もしもドイツが同意しなければ、フランスは再統一に反対する。そして、英国とソ連もフランスに賛同して、ドイツは第一次世界大戦以前と同じように包囲されるだろう。「われわれは一九一三年の世界に戻ることになる」と、ミッテランはコールに告げた。

通貨の放棄はどの国にとっても一大事だ。ドイツにとってはほぼ想像不可能なことだった。第二次世界大戦後の数十年、ドイツ人はほとんどナショナリズムを捨て去り（当然といえば当然だけど！）、その代わりに強い経済を、とりわけ安定した通貨を創り出すことに集中していた。自分たちの通貨ドイツマルクを中心に国を再建してきたのだ。「ドイツマルクはわれわれの国旗だ」と、コールはミッテランに言った。「ドイツマルクはわれわれの国家的な誇りにとって必要不可欠な部分だ。それ以外には、誇りになるものはあまり持ち合わせていない」［訳注：コールの発言は一九八五年のもの］

ヨーロッパの人々はすでに何十年も単一通貨の共有について話し合ってきたけれど、あまり進展していなかった。西ドイツの中央銀行であるドイツ連邦銀行のカール・オットー・ペール総裁はヨーロッパが単一通貨を実現するには一〇〇年はかかると思うと述べていた。共通通貨創設委員会のメンバーに任命されたとき、ペールは不快の念を示すため会議の最中に新聞を読んでみせた。自分勝手な嫌がらせではあったが、それにはちゃんとした理由があった。マネーに対するフランス人とドイツ人の考え方には根深く、一見したところ妥協不可能な違いがあった。突然、同じマネーを共有すると決めることは、突然、同じ言語を話すと決めることよりおかしなことだろう。突然、同じ文化を共有すると決めるというほうが近いだろう。いったい、どうやってそんなことをやろうと言うのか?

フランス人はマネーを、選ばれた官僚が望ましい目的を達成するために使うべき手段だと見なしていた。フランス中央銀行はフランスの政治家の指示に従っていた。しばしば政治家は、たとえ高インフレを招くとしても、さらにマネーを創造して金利を下げることで経済を活性化したがった。

一方、ドイツ人はマネーを政治家に任せるわけにはいかないと考えていた。政府にとって、マネーをどんどん創造し、インフレをどんどん進行させたいという誘惑は、あまりに大きい。そう思えたのだ。一九二〇年代、ドイツ人はマルクの価値が分刻みで下落したハイパーインフレを経験していた。パブへ入ったらすぐにビールを二杯注文したものだった。なぜなら、一杯目を飲み終えるころには、二杯目の値段が上がっていたからだ。

ドイツ人はマネーの価値がどんなに不安定なものか知っていたし、戦後の経済再建はマネーの価値を守ることに主眼を置いていた。インフレの危険を冒すよりは景気後退に耐えることを厭《いと》わなかった。政治家はテクノクラート［訳注：高度な技術的専門知識のある高級官僚］を、中央銀行であるドイツ連邦銀行の運営に任命し、その後は任せっぱなしにした。「すべてのドイツ人が神を信じているわけではないが、すべてのドイツ人がドイツ連邦銀行を信じている」と、あるフランスの政治家は言った。

だからこそ、ドイツ連邦銀行を運営するテクノクラートとして、マネーの価値について知らない気まぐれなヨーロッパ人たちと、単一共通通貨のためのドイツマルクの放棄について議論する会合に送り込まれたペールは新聞を読んだのだ。

そして、一九八九年の秋、フランスの財務大臣が、部屋いっぱいに集まった西ドイツの銀行家たち、そして最前列に座るドイツ連邦銀行総裁に対してスピーチをした。「テクノクラシーにノーを！　民主主義にイエスを！　中央銀行の人間には上位の権限を与えられる権利などない！」

スピーチの三日後、ベルリンの壁が崩壊した。ドイツがヨーロッパにひとつの通貨を許すなら、ヨーロッパはドイツにひとつのドイツを許す、とミッテラン大統領はコール首相に告げた。実際、コールには選択の余地はなかった。敵対的な隣国群への心配がなかったとしても、ドイツ再統一は十分に困難だった。だから、彼は取引に乗った。ベルリンの壁崩壊の一か月後、コールはドイツの中央銀行や多くの国民の願いに反して貴重な自国通貨の放棄に合意した。

ドイツ連邦銀行総裁ペールはドイツマルクの降伏条件の交渉を開始した。新たな通貨の管理が、（経済の活性化ではなく）インフレ対策を主要な業務とし、政治家に対して説明責任のないテクノクラートが運営するヨーロッパの中央銀行の手で行われることを、彼は望んでいた。理想的には、銀行の本部は保護管理のためにドイツに置くことにしたい。基本的に、彼はドイツマルクを保持したかったが、代わりに他国にドイツマルクを使わせることにした。だが、それだけでも十分ではなかった。

一九九〇年、通貨の価値はやがて、共有する各国の行動に左右されることになる、とペールと彼の同僚たちは説明した。システムが上手《うま》く機能するためには、すべての国が財政赤字とインフレ率を低く抑える必要がある。だが、長い目で見ると、それだけでは十分ではないだろう。単一共通通貨が機能するのは、各国が「包括的な政治連合」——つまり、ヨーロッパ合衆国とでもいうような単一国家になること——に合意した場合だけだ、とドイツの中央銀行関係者たちは書いている。

ヨーロッパ人たちはペールの要求の最初の部分には合意した。新たな通貨は、インフレ対策を任された、ドイツに本部を置く独立した中央銀行によって管理される。市民は仕事のために国境を自由に越えることができる。だが、ユーロ圏全体で税を徴収してマネーを再分配する単一の包括的な政府は生まれない。ヨーロッパ人は実際のところ、ヨーロッパ合衆国を創設する準備ができていなかった。

だから、権力者が誰も大胆な実験だと認めなかった大胆な実験について、何億人もの人々が実験対象となったのだ。経済状況が大きく異なる一二か国が単一共通通貨を使うことになったとき、何が起きるのか？

ユーロは奇跡だ！

二〇〇一年一二月三一日の深夜直前、一万人の人々が、フランクフルトの新たな欧州中央銀行本部の外にあるユーロマークのオブジェの周りに集まった。深夜、ユーロの紙幣とコインが法定通貨になった。花火が打ち上げられ、演説が行われた。数十億ユーロ分の紙幣の印刷や数万台のATMの切り替えを伴う流通開始は、ロジスティックスにおける勝利だった。二月末には、人々はリラやフランやマルクやペセタやドラクマの使用を止めていた。ローマ帝国の崩壊以降初めて、西ヨーロッパ全体が同じ種類のマネーを使うようになっていた。

夢は実現しようとしていた。架空の橋の絵が描かれた紙幣の持つ象徴的な意味だけでなく、経済的な意味でもそうだった。長い間、西ヨーロッパの中核国（ドイツ、フランス、オランダ）の国民と政府は周辺国（ポルトガル、スペイン、イタリア、ギリシャ）よりも安く借り入れが可能だった。周辺国には高インフレと大幅な財政赤字の歴史があり、貸し手はリスクの補償として高金利を要求した。低い財政赤字と低インフレ率はユーロ参加の条件だったので、多くの周辺国の政府は一九九〇年代に財政赤字の削減とインフレ率の引き下げのために努力

〈 10年国債の金利 〉

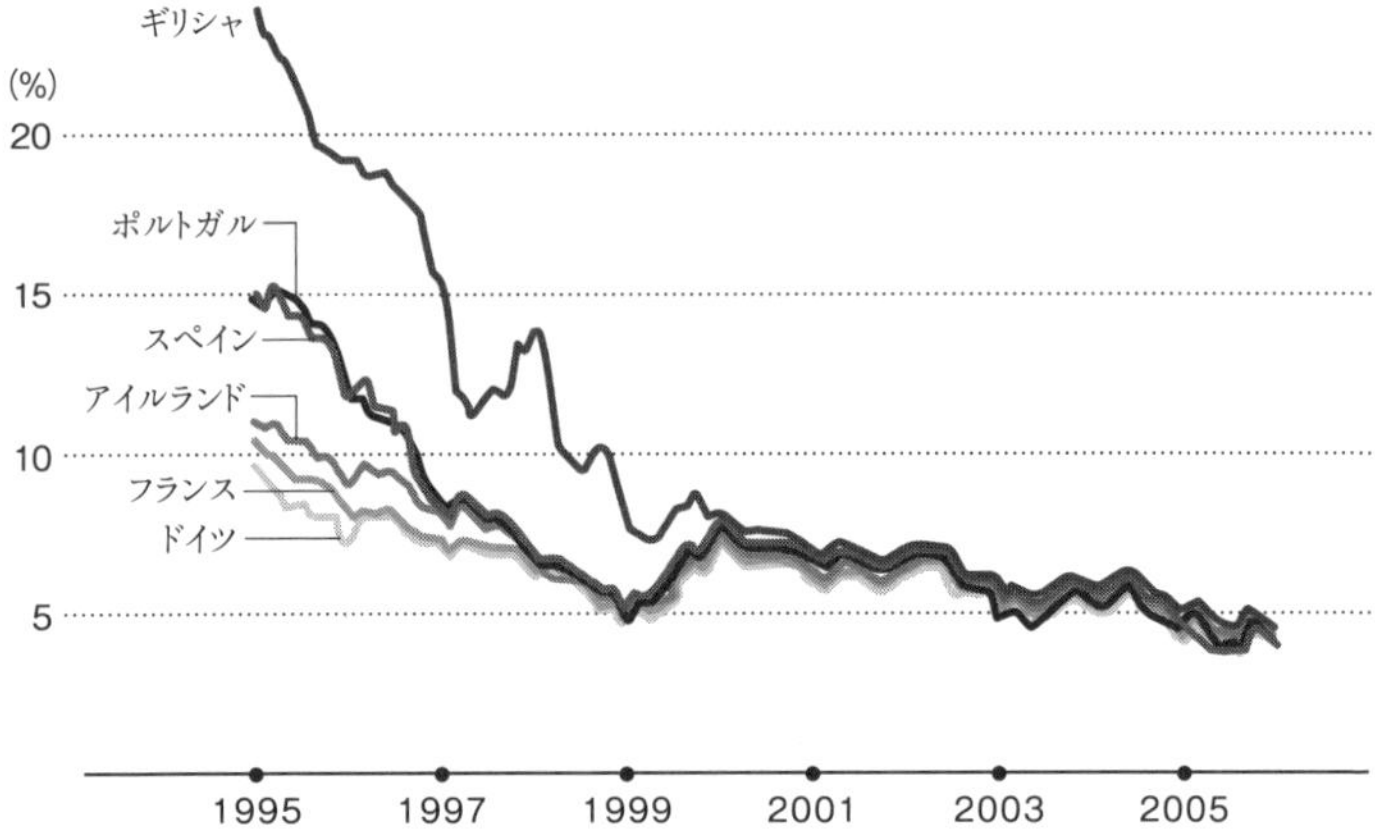

出典：OECD DataおよびEUROPEAN CANTRAL BANK / EUROSYSTEM / ECB Data Portalを参照

した。そのおかげで、周辺国の政府は徐々に安く借り入れができるようになった。いったんユーロに参加すると、ヨーロッパの銀行規制当局はユーロ圏内のすべての政府の債券を同等に扱うようになった。当局者によると、ギリシャ国債はドイツ国債とまったく同等に安全だということになった。

誰もがユーロを使い始めた二〇〇〇年代初め、金利は一点へ集中していった。グラフに表すと、ユーロの登場は奇跡のように見える。

借入コストが一点へ集中したというだけではない。ヨーロッパの周辺国のうち数か国が経済的に中核国に追いつこうとしていた。ギリシャ、スペイン、アイルランドはどこも、新世紀開始から数年にわたって平均を上回る経済成長を遂げていた。ユーロ圏はまだ単一の統合経済ではなかったが、正しい方向へ向かっていた。少なくとも当時はそう感じられた。

ユーロは罠だ！

二〇〇九年一〇月、ギリシャの新首相が議会で、ギリシャ政府が政府の債務と支出について大きな嘘をついていたと発言した。財政赤字は前政権が主張していた六パーセントではなく、一二パーセントだったのだ。

「ゲーム終了だ」と、数日後、ユーロ圏諸国のグループのトップが言った。これはただギリシャが経済データを粉飾していたことを言っていただけではなくて、今になって見れば、さらに大きなゲームが終わろうとしていることにも触れていた。あの奇跡の金利グラフをさらに数年先まで延ばせばわかるだろう。

突然、ギリシャへの融資はドイツへの融資と同じだとは誰も考えなくなった。すぐに、アイルランドやポルトガルについて、さらにはスペイン、イタリアについても不安が広がった。

金利上昇は潜在的な死の罠《わな》だった。高金利の支払いをするために、各国は増税や支出削減を行わなくてはならなかった。これによって、すでに高い失業率がさらに上昇することにな

〈10年国債の金利〉

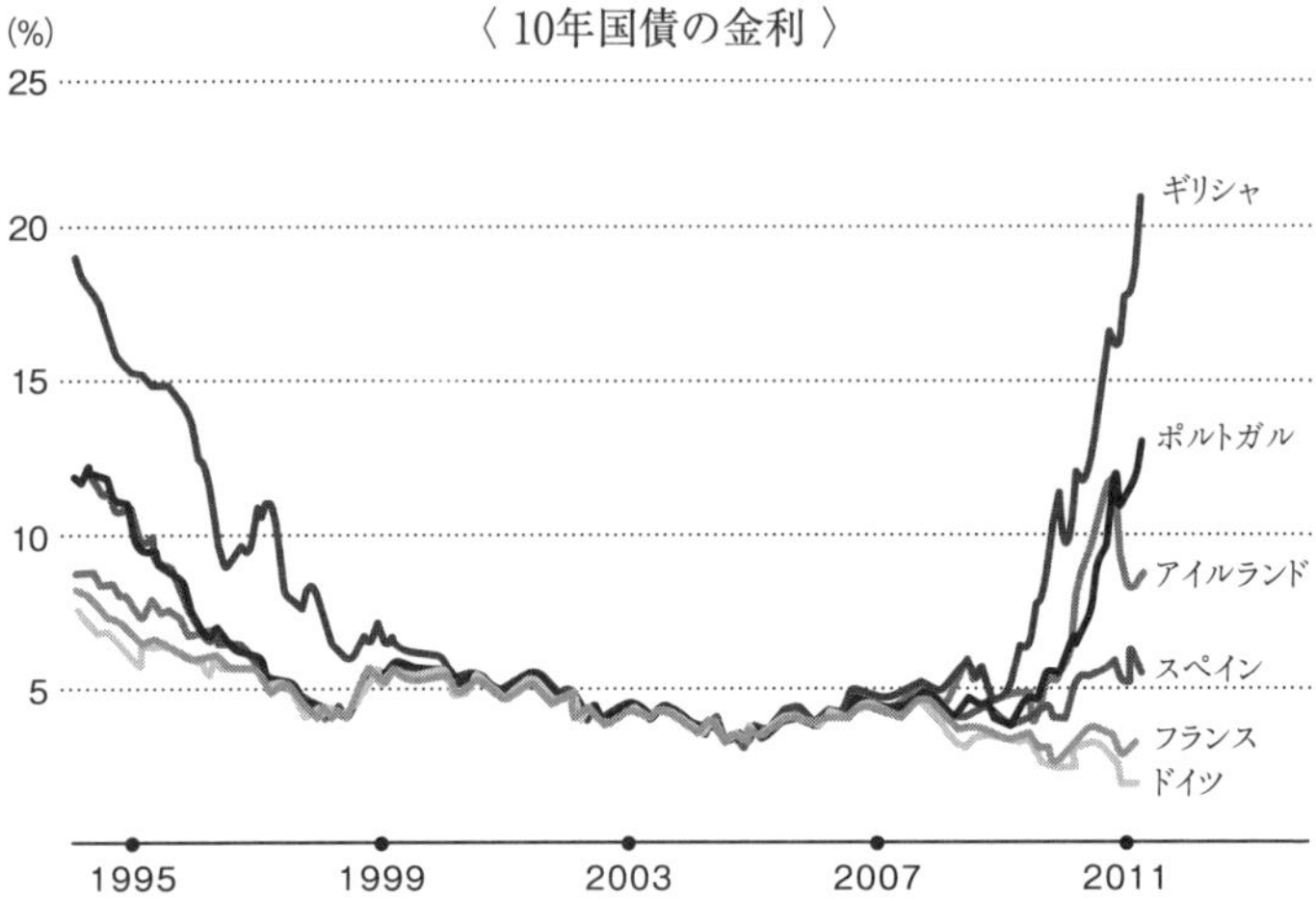

出典：OECD DataおよびEUROPEAN CANTRAL BANK / EUROSYSTEM / ECB Data Portalを参照

る。やがて、それは税収の減少を招き、ひいては債務の削減をさらに困難にする。

この罠から脱出する伝統的な方法があった。中央銀行がマネーを創造し、公開市場で国債を購入するという方法だ。これにより金利が下がり、企業による借り入れや投資や労働者の雇用が促進され、さらには税収の増大へとつながり、政府の債務返済が容易になる。また、別のメリットもあった。低金利は通貨価値を下落させる傾向があり、それによりその国の輸出品が、他国の買い手にとって安くなるのだ。この方針のやり過ぎはまずい。なぜなら、インフレが制御不能になる可能性があるからだ。でも、度を越さないようにやれば、消費や雇用や輸出のさらなる拡大につながる。これは財政危機への完璧《かんぺき》な解決策だった。

けれども、ギリシャ（そしてスペイン、ポルトガル、アイルランド）はドラクマを（そしてペセタ、エスクード、アイルランド・ポンドを）すでに放棄していた。これらの国には金利を下げる中央銀行もなければ、切り下げる通貨もなかった。行き詰まりだ。

だから、ギリシャは欧州連合に救済を求めた。これに対してドイツで最も人気のある新聞である『ビルト』紙は、数年前に「共通市場とユーロがわれわれを強くする」と言った政治家たちの発言を引用しなかった。代わりに、あるドイツの議員の新たな提案を言い換えて、こう書いた。「自分の島を売れ、破産したギリシャ人よ。それからアクロポリスもな！」

広く定着したこの語り口《ナラティブ》はいかにもありがちなものだった。国に救済が必要になるのは道徳的に弱さがあるからだ。特に、一番問題を抱えたギリシャはそうだ。周辺国は中核国の規律を学ぶ必要がある。とまあ、こんな感じだった。

確かにギリシャには深刻な問題があった。公務員は数が多すぎて給料が高すぎたし、仕事は少なすぎた。二〇一〇年の段階でひとつ小さな例を挙げてみると、アテネ北西部の湖の排水管理のために、所長の専属運転手を含む三〇人の常勤スタッフがいた。十分に合理的な数だろう。ただし、その湖は一九五七年に枯渇していた［訳注：干拓され、農地化された］という事実を除けばの話だが。

また、税金を支払っている人がほとんどいなかった。ひとつ例を挙げよう。ギリシャではプールにぜいたく税が課されていた。アテネ北部の高級住宅街では、三二四人の市民が自宅のプールに税金を支払っていた。ある時、税務署員がその地域の衛星写真を見た。すると、そこに写っていたのは一万六九七四のプールだった。

こうした詳細には屈折したおもしろさがある。ドイツの扇情的なマスコミにとっては、堕落したギリシャ人というイメージは、インフレを抑えるためなら進んで苦労を引き受ける勤勉なドイツ人というイメージと完璧に対照をなしていた。

だが、このナラティブには問題があった。ひとつには、政府が過度の借金をしたのに嘘をついていたギリシャと、政府は黒字を出していたのに銀行や不動産への投機のせいで問題が生じたスペインとアイルランドを一緒くたにまとめてしまったことがある。

さらに重要なことは、このナラティブでは、突然、困難に陥ったギリシャや他のユーロ圏の国々の借り入れと支出をドイツが可能にしてきた状況、そして実際のところ、そこから利益を得てきた状況が完全に省かれていることだ。ドイツ経済は輸出によって、それも主にユーロ圏の他国への輸出によって追い風を受けてきた。けれども、ドイツは他のヨーロッパ諸国からそれほど多くを買い入れてはこなかった。もしも各国が異なる通貨を使っていたら、この不均衡によってドイツマルクの価値は上昇していただろう。となると、ドイツの輸出品はもっと高価になり、ヨーロッパの人々はあまりドイツ製品を買わなかっただろう。ユーロがあったからこそ、こうした事態は起こらなかった。誰もが同じ通貨を使っていたからドイツ製品は安い状態でいられたのだ。

自国の製品を他のヨーロッパ諸国へ売って得たマネーがドイツに積み重なっていった。そのマネーをドイツはどうしたか？　南欧諸国に貸し付けて、彼らがさらに多くのドイツ製品を買えるようにしたのだ！　ドイツからの貸し付けによって、存在しない湖の管理を行うギリシャ政府職員や、人の住まないラ・マンチャの住宅開発地域で働く建設労働者の給料が支払われたのだ。そして、こうした労働者はフォルクスワーゲン車を買うためにさらにドイツのマネーを借り入れた。メルセデス・ベンツを買うためなら、もっと借り入れただろう。

一〇〇年前の金本位制の場合と同じように、単純な道徳物語として語りたいという欲求をもつ人々がいた。今回の場合は、ヨーロッパの北側の堅実な貯蓄者に対して南側の散財好きな借り手という物語だ。だが、金本位制の場合と同じように、実際に何が起きたのか詳しく調べてみると、物語は矛盾をあらわにする。堅実な貯蓄者と散財好きな借り手は同じコインの裏表だった。「結局、借り入れは貸し出しがなければ不可能だっただろう。浪費に対して融資しておいて、自分自身の選択の結果に文句を言うのは愚かなことだ」と、『フィナンシャル・タイムズ』紙のコラムニストであるマーティン・ウルフは書いている。

これはおれのマネーだ。もっとほしけりゃ自分で刷るさ

このころヨーロッパで起きたことは、金融危機の後に米国で起きたこととととてもよく似ていた。しかも、米国の不況よりもヨーロッパの不況はさらにひどいものだった。ヨーロッパ経済はさらに長期間にわたっていっそう大きな苦境に見舞われ、失業率はさらに高く、低下するまでもっと長い年月が必要だった。生じた結果の違いを見れば、マネーの仕組みや、ひとつの国が独自のマネーを管理できることがいかに力を与えるかがわかるだろう。

ある意味、米国は南欧諸国と似ている。どちらも外国の輸出国から購入と借り入れを行っている。南欧諸国は車や機械と交換でドイツにユーロを支払っている。米国はテレビやランニングシューズと交換で中国にドルを支払っている。中国は米国にこれらの大量のドルを（主に国債の形で）貸し付け、それによってアメリカ人はさらに多くのものを中国から購入することができる。

だが、米国と南欧諸国の間には決定的な違いがあった。米国は、中国には管理できない通貨であるドルで借り入れを行っていた。その結果、米国は中国に一兆ドル（一兆ドルだ！）もの負債を抱えているにもかかわらず、主導権を握っていた。

金融危機の後、連邦準備制度理事会（ＦＲＢ）は一連の異例の介入に乗り出し、何もない

ところから新たに何兆ドルも創造し、一部の批評家の見解では（のちに誤りであったと判明するが）インフレに拍車をかけ、ドルの価値を毀損《きそん》する危険があると見なされた。これはまた、中国が保有するドルの価値も毀損することになっただろう。けれど、中国には米国の金融政策に口出しする権利はなかった。これは自国通貨で借り入れるメリットだ。自分のマネーだから、好きなだけ刷ることができる、ということだ。これこそが、ギリシャやポルトガルやアイルランドやスペインがユーロに加盟したときに放棄したことだった。

米国とヨーロッパは、どちらも経済の点で互いに異なる国／州《ステーツ》から構成されている。スペインやアイルランドと同じように、フロリダ州やネヴァダ州も銀行貸し出しや住宅建設が急増して不動産価格が急騰し、その後、金融危機や不動産バブルの崩壊や失業率の急上昇が起きた。

でも、二〇一〇年にネヴァダ州の失業率が一四パーセントに近づくと、失業保険やフードスタンプの形で、連邦政府からネヴァダ州へ数億ドルが自動的に流れ込んだ。このマネーの出所は、突然の好景気からも不景気からもおおよそ逃れたテキサス州やメイン州のような州を含む全国の納税者だ。それでも、テキサス州やメイン州の人々は浪費をしたネヴァダ州の人に文句は言わなかった。新聞各紙もネヴァダ州やアリゾナ州の浪費的な文化を攻撃する社説など書かなかった。

米国人は経済を米国人全体として考えて、ニューヨーカーだのオレゴン人だのとして考えてこなかったが、それは当然のことだった。米国人は州政府よりも連邦政府に対してはるかに多額の税金を支払ってきたし、多くは仕事を見つけるために州をまたがった移住をしょっちゅう行ってきた。主に連邦政府の出資によるセーフティネットを頼り、銀行に預けた預金は連邦政府によって保護されているのであって、州政府によるものではなかった。

こうした点はいずれもヨーロッパでは真実ではなかった。ユーロ圏内では仕事のために自由に移住できるという事実にもかかわらず、実際にはヨーロッパ人が国境を越える頻度は米国人が州境を越える頻度よりかなり低かった。労働者が政府の年金を請求できる年齢や、こうした年金の手厚さは国によって異なっていた（問題の多いギリシャの労働者の例を挙げれば、ドイツの労働者より若い年齢で退職して、さらに手厚い年金を受け取ることができた）。どの国も独自の銀行規制や独自の財務省を備えていた。

ヨーロッパ人――少なくとも〈より緊密な統合〉を信じるヨーロッパ人――は、同じルールを全員に適用する形での経済統合の創設に常に着手しようとしていた。ユーロを機能させるには、ヨーロッパはひとつの国のようになる必要があることを、彼らは知っていた。「くり返し強調すべきことだが、政治統合は経済通貨統合にとって不可欠なものだ」と、コール首相は何年も前からすでに述べていた。「ドイツだけでなく最近の歴史から教えられることだが、政治統合なしに経済通貨統合を長期にわたって維持するという考えは間違っている」

ヨーロッパ人は何年も、この間違った考えに基づく現実を放置してきた。だがこのとき、彼らは現実に直面していた。

二〇一〇年、失業率が一〇パーセントまで上昇し、欧州中央銀行（ＥＣＢ）は、フランクフルトにあって、ユーロ圏で物価を安定させるというドイツ連邦銀行的な使命を担っていたが、企業や事業者に借り入れや雇用を促すために、さらにマネーを創造することも金利を下げることもしなかった。そして二〇一一年、欧州中央銀行はとうとう行動に出た。だが、まさにやってはいけないことをしてしまった。ちょうど一九三一年のＦＲＢのように。金利を引き上げたのだ！　これで事態はさらに悪化した！

欧州中央銀行はギリシャ、ポルトガル、アイルランドに対する一連の救済を開始したとき、欧州委員会と国際通貨基金と協力した。けれども、こうした資金は、政府に支出削減や増税を強制するルールを伴って提供され、やがて失業率を押し上げて経済に打撃を与えた。

ギリシャ、ポルトガル、アイルランドは、いずれも欧州連合全体から見ればかなり小さい国だ。多かれ少なかれ、恒常的に資金不足の救済措置に何度も頼って、他の欧州諸国を引きずり込まずになんとかやり繰りしていくのは明らかだった。だが二〇一一年、欧州中央銀行が金利を引き上げた後、より大きな国であるスペインとイタリアに対して投資家の不安がかなり高まりはじめた。投資家は、スペイン政府とイタリア政府への融資にさらに高い金利を要求しはじめ、高金利はこれらの政府をさらに困難な経済状況へと押しやった。もしも金利上昇が続いたら、スペインとイタリアもまた救済を必要とするかもしれない。さもなければ、ユーロ離脱へと追いやられて旧通貨に戻ることになり、そうなったら経済の大混乱が引き起こされるだろう。

ギリシャとポルトガルの問題は常に政治的な意思の問題だった。ヨーロッパと国際通貨基金はこれらの国の救済に十分な資金を持っていた。けれども、スペインとイタリアは別格だった。両国の政府債務の合計は二兆ユーロを超えており、欧州連合と国際通貨基金が確実に保証できる範囲をはるかに超えていた。あまりに大きな問題だったため、両国の政府債務を保証するためには、文字通り何もないところから紙幣を発行する力が必要だった。

ヨーロッパにとって幸運なことに、それが可能な組織があった。欧州中央銀行だ。解決策は一九世紀にウォルター・バジョットが主張したやり方に立ち返ること。恐慌のときには中央銀行が思い切って貸し出せ、というやり方だ。金利の上昇は、経済崩壊へつながる可能性がある自己実現的予言だった。ヨーロッパは、問題まみれの政府の国債を買い上げることで恐慌を防ぐために、最後の貸し手として行動する意志のある中央銀行を必要としていた。

やれることは何でもやる

二〇一一年、マリオ・ドラギという名のイタリアの経済学者が欧州中央銀行総裁に就任した。一五歳で父親を、一九歳で母親を亡くし、年下のきょうだいたちの世話をして、ベン・バーナンキ［訳注：二〇〇六〜一四年　FRBの議長］とともにマサチューセッツ工科大学（MIT）で学んで博士号を取得し、一〇年で一一の異なる政権の下で財務大臣を務めた人物だ。ドラギには、個人的にも知的にも政治的にも、この職務にふさわしい才能があった。

ドラギは総裁就任後三日目に金利引き下げを敢行し、一か月後に再び引き下げた。利下げは功を奏したが、十分ではなかった。二〇一二年六月、スペインの借入コストがユーロ加入以来最高レベルまで急騰した。イタリアの借入コストもまた上昇しつつあった。

「欧州連合の未来は今後数日で、もしかしたらこの数時間で決まるだろう」と、スペインの外相が言った。彼はドイツ人に怖がってほしかったので、こう付け加えた。「タイタニック号が沈没するとき、あらゆる人を巻き添えにする。それには、ファーストクラスの客すら含まれる」

翌月、ドラギはロンドンでパネル・ディスカッションに登壇する予定だった。別にすごいイベントでも何でもなかった。そのパネル・ディスカッションの翌日に、ドラギはオリンピックの開会式を見るためにロンドンにやって来ていたのだった。「これほど重大な意味を持つイベントにしようとは誰も計画していなかった」と、パネル・ディスカッションに登壇した別の中央銀行幹部がのちに語っている。始まる直前にドラギは他のパネリストたちに言った。「好きなだけ時間を取るのはどうでしょうか？　私はあまり話したくないので」

結局、ドラギはあまり多くは話さなかった。けれども、口を開いていた数分間、ユーロ危機の流れを変える重要な三語を口にした。ドラギの名が人々の記憶に残る限り、彼はこの三つのことばとともに思い出されるだろう。「やれることは何でもやる（whatever it takes）」「われわれの権限の範囲内で――」ドラギは言った。「欧州中央銀行はユーロを守るためにやれることは何でもやる用意がある」。ここでしばし沈黙。「私を信じてほしい。これで十分だろう」

これだけだ！　ほぼ即座にスペインとイタリアの借入コストが下落しはじめた。そして、そのまま低下しつづけた。その後まもなくドラギは約束を拡大した。欧州中央銀行は、ユーロ圏の政府の国債が大量に売却された場合、その国債の購入を開始できる新たなプログラムを発表したのだ。実際には、欧州中央銀行はそのプログラムを通じて国債を買う必要はなかった。ただそう約束するだけで、パニックを終わらせるには十分だった。借入コストは下がりつづけた。危機は終わった。

中央銀行総裁が行う最も重要なことのひとつは、人々が信じられる約束をすること。二一世紀の今、この事実がものすごく明らかになってきた。ドラギの「やれることは何でもやる」という約束に意味があったのは、その後に大胆な行動が続いたからではない。発言そのものが大胆な行動だったからだ。スペインとイタリアの国債を投げ売りすることでユーロ下落に賭《か》けていた人々は、突然、国債を買い占めるために無制限にユーロを発行する力を持つ男を相手に逆張りしていることに気づいた。その男が今、やれることは何でもやると言っている。ユーロを救うと約束することによって。ドラギはユーロを救った。これこそがドラギ・マジックだった！　マネーとは信頼だ。現代の世界では、中央銀行がマネーに対して無限の力を及ぼせるところでは、マネーとは中央銀行総裁への信頼なのだ。

ユーロを救うためにさっそうと登場したマリオ・ドラギは、まさにハッピー・エンドそのものだ。一方、アンハッピー・エンドの部分はこちらだ。（欧州統合への）希望と（統一ドイツ）への恐怖の組み合わせから生まれた新しい種類のマネーは、何億人もの人々が暮らす民主主義国家の主権を奪い去った。彼らのマネーは――ということは彼らの運命は――今や外国の中央銀行総裁たちの手に委《ゆだ》ねられている。

第15章　デジタル・キャッシュのラディカルな夢

現金《キャッシュ》はすばらしいテクノロジーだ。現金のおかげで、見知らぬ人に近づいて数枚の紙きれを手渡した後、たくさんのモノを受け取って立ち去ることができる。見知らぬ人は、ぼくについて何も知らなくてかまわない。ぼくのほうも、相手について何も知らなくていい。ぼくらの取引について、他の誰も知る必要はない。しかも、ぼくらは取引の記録を残す必要もない。現金そのものが記録だ。

いま、たいていのマネーはこんな仕組みで動いていない。ぼくの当座預金口座に預けたマネーは、この銀行のデジタル台帳上でぼくの名前の横にある数字にすぎない。ぼくが自分のデビットカードで何かを買ったり、スマートフォンで請求書の支払いをしたりすれば、新たな入力データが台帳に追加される。実際、ぼくの台帳に追加された新たな入力データが（支払先の企業の台帳に対応する入力データとともに）支払いとなる。銀行が何と言おうとも、これは基本的にプライベートな取引ではない。もしかしたら誰も目にすることはないかもしれない。でも、もしかしたら、何らかの理由でぼくが裁判に出廷して、政府側の検察官か不満を抱くパートナーから、ぼくの切った小切手とぼくが行ったオンライン支払いの情報を開示するよう強制されるかもしれない。ほぼ確実なのは、アマゾン、Visa、チェースなど複数の企業は、ぼくの台帳の部分的な情報同士をつなぎ合わせて、ぼくについて知るべきあらゆることを細部に至るまで解明していることだ。

一九八〇年代初め、デイヴィッド・チョームという名のコンピューター・サイエンティストが、安価で高性能なネットワーク・コンピューターの登場によって、匿名性のある追跡不可能な現金から追跡可能な台帳マネーへの大きな方向転換が起きようとしていることに気づいた。恐怖を感じたチョームは、誰もが同じように恐れるべきだと考えた。「ふつうの消費者取引で集めたデータから個人のライフスタイル、習慣、居場所、交友関係を推論するためにコンピューターを利用する調査記録社会《ドシエ》の基礎が築かれようとしている」と、チョームは米国計算機学会（Association for Computing Machinery）の発行する学会誌に信じられないほど未来を予見した論文を書いた。「現在のアプローチでのコンピューター化によって、われわれの基本的な自由の一部が脅かされる可能性がある」

チョームは、テクノロジーについて愚痴っている、ただのヒッピーっぽい予言者ではなかった。つまり、確かにポニーテールにしているし、フォルクスワーゲンのバスを持っているし、バークレー界隈《かいわい》をうろついている、そういうタイプの人間ではあった。その一方で、カリフォルニア大学バークレー校でコンピューター・サイエンスの博士号を取得し、暗号学（暗号を研究する学問だ！）とセキュリティの世界的な専門家でもあった。そして、数年間、技術的な仕事に携わった後、人々がプライバシーを放棄することなくデジタルな世界で暮らすことができる新たなシステムを発明したと信じるようになった。彼は銀行の台帳という絶対的な権力を逃れる方法を発見したのだ。

「ビッグ・ブラザーを過去のものにする取引システム」という副題をつけた技術論文で、チョームは電子的な世界で生きるまったく新しい方法を説明している。それは、コミュニケーションを行ったり身元を確認したりする新たな方法――とりわけ重要な点としてモノを買う新たな方法――だった。チョームはデジタル・キャッシュを発明したのだ。

その数十年後、マイクロソフトやシティバンクといった世界最大級の企業がチョームのもとへ引き寄せられることになる。同時に、ラディカルなリバタリアン〔訳注：リバタリアニズムの信奉者。リバタリアニズムは、国家の介入を最小限にすべきだと考え、個人や社会、経済の自由を追求する自由至上主義〕のプログラマーの小さなグループもまたチョームのアイデアに興味を持った。国家のないオンラインの楽園を創造するのに役立つと考えたのだ。

これらの巨大企業は、オープンではない専用のデジタル・キャッシュを創り出そうと何百万ドルも費やした。ラディカルなプログラマーたちは、たいていは暇なときに無償で働き、作ったコードを、希望する人なら誰にでも無償で提供した。大企業は最終的に失敗することになる一方、ラディカルなプログラマーたちは成功した。

デジタル・キャッシュが最先端だったとき

一九八九年、一〇年にわたる研究生活ののち、デイヴィッド・チョームはプライバシーを救うことを決断した。つまり、プライバシーを救う努力をしながら金持ちになることに決めた。過去一〇年間に取得してきた数々の特許（「金融取引の運用を支援しつつも、取引の詳細を暗黙の調査から保護するデバイス」）を使って、デジキャッシュと呼ばれる企業を創業したのだ。

iPhoneが発明される一世代前、たいていの人が〈インターネット〉なるものを聞いたこともなかったころ、チョームはクレジットカードほどの大きさの小さなコンピューターを持ち歩く世界を想像していた。銀行口座からカードへ現金を送金するようになる。まるで紙幣を引き出すのと同じように。店にはカードリーダーが設置され、現金を口座から店の口座へ送金するようになる。店のコンピューターは銀行のコンピューターと通信して、電子マネーが有効なものかどうか検証するようになる。だが、ここがすごいところなのだが、チョームは銀行が利用者の身元を知ることなしにデジタル・マネーを検証できるシステムを考案したのだ。買い物をしても、ビッグ・ブラザーの台帳には記載されなくてすむ。それはデジタルで匿名のマネーだった。

その後数年にわたって、誰もが突然、デジタル・キャッシュは次に来る最先端の流行だと確信するようになった。「ｅマネーは実現するだろうか？　必然だ」。『ワイアード』誌は必然的にこう書いた。「硬貨は過去二〇〇〇年ほど便利なものだったが、今ではもう歓迎されなくなってきた」

「現金は死にかけている」と、『ニューヨーク・タイムズ・マガジン』は書いている。「だから、ビットバックス、Ｅ－キャッシュ、ネットチェックス、サイバーキャッシュ、ネットビルズ、デジキャッシュが特許商標庁を経て市場に登場したのだ」

マイクロソフトがデジキャッシュをウィンドウズに統合しようとチョームに数百万ドルのオファーを出したと噂されていた。チョームはオファーを断った。シティバンクがチョームの元を訪れ、数年にわたって独自の電子マネー・システムの研究をした。それはシティバンクが発行する新たなデジタル通貨になるはずだった。連邦政府が数年にわたって秘密裏にテストを行った。それには、政府職員が数万台のデルのコンピューターを購入したり、タバコ会社から税を徴収したりするのにシティバンクのｅマネーを使うパイロット・プログラムも含まれ、約三億五〇〇〇万ドル相当の取引が行われた。

アラン・グリーンスパン連邦準備制度理事会（ＦＲＢ）議長〔訳注：一九八七～二〇〇六年議長在

任〕はあらゆるものに対する過度の規制に警告するのが大好きだったが、デジタル・キャッシュへの過度の規制にも警告を発した。「私は、最新のイノベーションである電子マネーを不当に妨げてしまわないことに格別の関心を持っている」（だいぶ先の話だが、金融危機の後、グリーンスパンは規制に対して過度に警告しすぎたと発言した）。

一九九四年、World Wide Webを発明したティム・バーナーズ＝リー〔訳注：一九五五年〜　英国の計算機科学者〕がチョームを誘ってジュネーヴで「第一回World Wide Web国際会議」を開催した。一九九五年の末には、デジキャッシュは米国、スイス、ドイツ、オーストラリア、日本の銀行と協力するようになっていた。

技術的にはすべてが整っていた。大手金融機関の支援もあった。さらにデジキャッシュに必要だったのは、実際に人々が使用することだけだった。

けれども、プライバシーについて尋ねられた一般の人々の返答（「賛成！」）にもかかわらず、人々の行動が明らかにしたのは、実際にはみんな、たいしてプライバシーを気にかけていないという現実だった。オンラインで買い物をするようになると、人々はプライベートなデジタル・キャッシュをわざわざ使ったりしなかった。代わりに、クレジットカードを使ったのだ。極めて追跡可能で、秘密も守られず、かなり手数料がかかるというのに。ただし、ものすごく便利なのだ。

シティバンクが電子マネー・システムを本格的に展開することはなかった。デジキャッシュは一九九八年に破産した。ビットバックス、ネットチェックス、サイバーキャッシュのその後は二度と耳にすることはなかった。「こうして電子マネーは今のところ何の役に立つのかわからない技術となってしまった」と、一九九八年に『エコノミスト』誌は「お釣りはいりません」という表題の記事に書いている。

だが、企業版デジタル・キャッシュが死にかけている一方で、リバタリアンのプログラマーたちのゆるやかなグループがさらにラディカルな展望の核としてチョームのアイデアを利用していた。彼らが想像していたのは、単に紙幣に置き換わるデジタル・キャッシュではなく、さらに進んだものだった。現金が備えるあらゆる匿名性を提供する一方で、紙幣やコインがもつ、物理的な世界で移動する必要があるという制約をまったく受けることのない新たな種類のデジタル・マネーを想像していたのだ。

彼らは、デジタル・キャッシュが国家のないリバタリアン的楽園を創造できると気づいたのだ。

万国のテクノ・リバタリアンたちよ、団結せよ！

ティモシー・メイは一九八六年に三四歳でインテルを退職した物理学者兼エンジニアで、

サンタ・クルス郊外に家を買い、浜辺を散歩したり仕事のように読書をしたりして毎日を過ごしていた。読むものといえば、ＳＦ小説や哲学書や大量の技術専門誌だったが、ある日、彼はデイヴィッド・チョームの「ビッグ・ブラザーを過去のものにする取引システム」を読み、人生が変わった。そして、おそらくマネーの歴史も変わった。それも永遠に。「これだ」と、彼は考えた。「これこそが未来だ」

そもそもメイは、デジタル・キャッシュに対するチョームの約束に衝撃を受ける心の準備ができていた。エンジニアとして、リバタリアンとして、そしてＳＦファンとして、彼は技術的な詳細や個人的な利害関係、そして徹底的な社会変革の可能性を理解していた。実際、メイの展望はチョームのはるか先まで見通していた。だからメイは、世界を変えるものを発見し、たまたま働いていなくて、ニーチェという名の猫とふたり暮らしの人間がやるはずのことを実行する。そう、宣言を書いたのだ。

「妖怪《ようかい》が現代世界をさまよっている」と、轟《とどろ》く銃声をほのめかしながら彼は書きはじめた。「暗号無政府状態《クリプト・アナーキー》という妖怪が」［訳注：マルクス・エンゲルスの「共産党宣言」のパロディ］

メイの見方はラディカルだった。税金が高すぎるとは考えていなかった。税金という概念そのものに反対していた。民主主義に反対で、社会の「無知な九五パーセント」に怒りを感じていた。米国政府の弱体化はよいことだと感じていた。「暗号無政府主義者《クリプト・アナキスト》宣言」は頭でっかちで大げさで少々皮肉っぽさもあるが、これは志を同じくするラディカルたちへの呼びかけだった。

ふたりの人間が真の名前や法的な身元などを知らないままメッセージを交換し、ビジネスを行い、電子的な契約交渉を行うことができる。ネットワークを通じたやり取りは追跡不可能になる……。こうした発展は、政府規制の性質［そして］経済的やり取りへの課税や制御の能力を完全に変える……

もちろん国家は、国の安全保障上の懸念や、麻薬密売人や脱税者によるこのテクノロジーの利用や、社会の崩壊への恐れを引き合いに出して、このテクノロジーの普及を遅らせたり停止させたりするだろう。こうした懸念の多くは妥当なものだろう。暗号無政府状態は国家機密を自由にやり取りすることを可能にし、不法な物品や盗難物の取引を可能にするだろう……。だが、これによって暗号無政府状態の拡大が止まることはない……。

奇妙なことに、この宣言はうまくいった。

もっとも、すぐにではないが。一九八八年にチョームがサンタ・バーバラで主催した暗号イベントでメイがコピーを配布したときには、興味を抱く人はいないように思われた。けれども、その後の数年間で、メイとその宣言を中心に、リバタリアンのプログラマーのコミュニティが広がりはじめた。

一九九二年、一同はオークランドの、とある民家に集まった。オランダでチョームの下で働いて帰国したばかりのエリック・ヒューズという名の数学者が買ったばかりの家だった。まだ家具を買っていなかったから、集会では誰もが床に直接座っていた。メイは宣言を読み上げてパーティを開始した。集まった人々は宣言を大いに気に入った。みんなで暗号ゲームに興じたり、夕食にタイ料理を食べたりした。そして、床の上で眠り込んだ。

パーティの参加者のひとりにジュード・ミルホンというジャーナリストがいた。彼女は、このグループに〈暗号無政府主義者（クリプト・アナキスト）〉よりかっこよくて、おどろおどろしくない名前が必要だと考えた。そこで〈サイファーパンク〉という名前をつけた。サイバーパンクに似た感じだが、もっとコードっぽい〈暗号《サイファー》〉ということばを組み込んである。

サイファーパンクは暗号無政府主義者より大きなテントを提供した。しかも、本書にとっても重要なことだが、彼らは単に哲学だけに関心を抱いていたのではなかった。みな、世界を変革するマネーを創造するコードを書きたかったのだ。

「開かれた社会におけるプライバシーには匿名の取引システムが必要だ。今まで現金がそうしたシステムの主要なものだった」と、一九九三年に（なんと）もうひとつの宣言でエリック・ヒューズが書いている。「サイファーパンク宣言」はメイの宣言より大げさでもなく、もっと焦点が定まっていた。歴史に残る宣言というよりは、むしろ仕事を始めようという呼びかけみたいなものだった。

われわれサイファーパンクは、匿名のシステムを構築することに全力を尽くしている。われわれは暗号によって、匿名メール転送システムによって、デジタル署名によって、電子マネーによって、プライバシーを守っている……。

サイファーパンクはコードを書く……。われわれのコードは世界中のあらゆる人が無償かつ無制限に使用できる。われわれの書いたソフトウェアが認められなくても、われわれは気にしない。ソフトウェアを破壊することが不可能であり、広く分散されたシステムをシャットダウンすることが不可能であることをわれわれは知っている……。

サイファーパンクは、プライバシーにとってネットワークをより安全にするために積極的に活動している。ともに、すみやかなる前進を目指そう。

さあ、進め。

デジタルで匿名のキャッシュを発明するのはほんとうに難しい

デジタル革命の仮想バリケードの向こう側でサイファーパンクが必要としていたのは、デジキャッシュや、それ以上にマイクロソフトやシティバンク（とんでもない！）みたいな大企業への信頼を強制されない、追跡不可能な一種の電子キャッシュだった。彼らが必要としていたのは、誰かを信頼することを要求されない一種のデジタル・マネーだった。つまり、マネーそのものが信頼できなければならなかった。ちょうど金《きん》のように。

だが、これはほんとうに創るのが難しかった。ただの紙幣の場合でも、簡単ではなかった。あの一〇〇〇年前の中国の紙幣では、券面の半分は、偽造すれば死刑に処すという警告に充てられていた。しかも、それ自体が偽造紙幣の可能性が高かったのだ！　サイファーパンクのデジタル・キャッシュでは、偽造者を追い払うために国家的暴力で脅迫するわけにはいかなかった。しかも、ふつうのデジタル・ファイルの多くは Ctrl+C や Ctrl+V で誰にでも偽造できてしまう。

極めて困難な技術的な問題だった。それでも、宣言（「サイファーパンクはコードを書く」）に従って、サイファーパンクたちはコードを書きはじめた。

最初のブレークスルーをもたらしたのは、あの最初のサイファーパンク会議から五年後のことで、アダム・バックという名の英国人の教授だ。彼は、九〇年代半ばに誰もが頭を悩ませていた問題を解決しようとしていた。スパム（迷惑）メールだ。

サイファーパンクたちは、電子メールを匿名で送れるソフトウェアを使っていた。けれども、同じソフトウェアがスパム発信者にとっても魅力的なもので、スパム発信者たちはそのソフトウェアを使って、ブロック不可能な何百万通ものジャンク・メールを送りつけていた。一九九七年、バックはサイファーパンク・リストにメールを送信し、「一夜にしてスパム発信者を廃業させる」自作のプログラムを共有した。

それより数年前、シンシア・ドワークとモニ・ナオールというふたりのコンピューター・サイエンティストが「処理によるプライシング、あるいはジャンク・メール対策」という論文を発表した。基本的な考え方は、電子メールを送信する前にコンピューターにごく小さな計算作業を行わせるようにすることだった。その作業には、ほんの数秒だけかかるようにする。ふつうの人にとっては問題にならないほど短い時間だが、一分当たり何千通も送信するスパム発信者のビジネス・モデルを破滅させるにはじゅうぶんな長さの時間だった。

バックはこのアイデアを実地に応用したシステムを作り、電子メールを送信するコンピューターに〈ハッシュ〉と呼ばれるある種の計算を実行させることにした。バックのシステムでは、正しいハッシュを手に入れるのには手間がかかり、電子メールの送信者のコンピューターはかなりの作業を行わなければならない。だが、先に答えが発見されていれば、受信側のコンピューターがそれを正しいと検証するのは簡単だった。だから、バックは電子メールの送信者のコンピューターに面倒な計算作業をやらせ、送信する電子メールに解を付与することにした。その後、受信者のコンピューターがこのハッシュは正しいと検証する。バックはこのプログラムを〈ハッシュキャッシュ〉と呼んだ。ハッシュキャッシュのさまざまなバージョンが数多くのスパム対策ソフトウェア・プログラムに採用された。そのひとつはマイクロソフトからリリースされている。

ハッシュキャッシュは、デジタル・マネーの創造にとって最初の問題を解決した。コンピューターに無限の量のマネーを創造させるのをどうやって防ぐか、という問題だ。デイヴィッド・チョームは、まず銀行などの中央機関を頼ることによる問題解決を試した。だが、サイファーパンクの夢は、買い手と売り手がいかなる中央機関も信頼しなくてもいいように、デジタル・マネー自体の中に希少性を埋め込むことだった。バックの提案はエレガントな解決策だった。ハッシュキャッシュがほしい人は誰でも、手に入れるためにちょっとした計算作業を行わなければならなかった。その計算を実行するための電力コストは、一見したところ非常にわずかだが、希少性を生み出した。

チョームのデジタル・マネーは、中央銀行によって管理される法定通貨と似ていた。バックのデジタル・マネーは、少なくともある一点ではむしろ金《きん》に似ていた。リソースと意思を持つ誰もが金を採掘できるように、リソースと意思を持つ誰もがハッシュキャッシュを創造できるという点だ。

だが、ハッシュキャッシュには金とは似ていない本質的な部分もあった。それは、コーダーがサイファーパンクの夢を実現するために必要とするデジタル・マネーとしては、ハッシユキャッシュが役立たないという部分だ。それぞれハッシュキャッシュの〈スタンプ〉は特定の電子メール受信者のためにカスタマイズされ、使えるのは一回だけ。だから、これはマネーとして機能しない。

＊＊＊

サイファーパンクたちはパラドックスらしきものに直面していた。デジタル・マネーを創造するためには、誰かが同じマネーを二回、三回、あるいは一〇〇回使えないようにしなくてはならなかった。これを実現する古典的な方法は、台帳上の個々人の残高の経過を逐一記録することだった。ユーザーのプライバシーを守るために台帳を匿名にすることができた。それがかつてチョームのやったことだ。けれども、台帳を管理し、あらゆる情報を記録するためには、信頼できる仲介者がやはり必要になる。

一九九八年、ウェイ・ダイという名のコーダーが逆の解決方法を提案した。もしかしたら、台帳を管理するために単一の中央仲介者は必要ないのかもしれない。もしかしたら、みんなで台帳を管理するようにすればいいのかもしれない。匿名のデジタル・マネーを創造する方法は、いつも全員がすべてを――すべての残高、すべての支払いをすべての瞬間に――知っているようにすることだ。

「すべての参加者が個々の偽名に属する金額の（個別の）データベースを管理する」とウェイ・ダイは書いている。「これらの口座は集合的にマネーの所有権を定義する」。ウェイ・ダイはこれを〈bマネー〉と呼んだ。

ハッシュキャッシュと同じように、コンピューターはパズルを解くことでbマネーを生成する。あるユーザー――仮にアリスと呼ぶことにする――に属するコンピューターがパズルを解いたら、そのコンピューターはその解をネットワーク上の全員に送信する。全員が解を検証し、新たに創造されたbマネーを台帳上のアリスの口座に記載する。

そして、もしもアリスが誰か――たとえばボブ――に五bマネードル支払いたいと考えていたら、アリスはbマネーを使う全員のコンピューターにメッセージを送る。「私、アリスはボブに五ドルを送ります」。全員のコンピューターがまずアリスの口座に五ドル以上あるか確認する。五ドル以上なければ、メッセージは無視される。五ドル以上あれば、全員のコンピューターがアリスの口座から五ドル差し引いてボブの口座に五ドル追加する。これで支払いは完了だ（匿名性確保のために、人々の口座は実名ではなく、文字と数字のコードでリスト化される）。

みごとなやり方だったが欠陥もあり、ウェイ・ダイにとって、それは最初から明らかだった。このシステムは「非実用的だった。なぜなら同期的で妨害不可能な匿名ブロードキャスト・チャンネルを多用するからだ」。言い換えれば、全員が常にオンライン上にいて、お互いに間断なく即座に通信できなければならないということだ。さもなければ、誰かがネットワーク全体に送信されたトランザクション（取引）を見落とすと、台帳に不整合が生じ、誰がどれくらいのマネーを保有しているのか確認できなくなるからだ。

サイファーパンクたちはウェイ・ダイのアイデアについてあれこれ議論した。中にはそれに基づいて何かを構築する者もいた。〈ビット・ゴールド〉と呼ばれるシステムの説明をする者もいれば、ハッシュキャッシュを基に構築した〈リユーザブル・プルーフ・オブ・ワーク〉と呼ばれるもののコードを書く者もいた。

そして二〇〇八年八月、ウェイ・ダイは見知らぬ人からメールを受け取った。「あなたのbマネーのページを非常に興味深く読みました」と、メールは書きはじめられていた。「あなたのアイデアを完全に稼働するシステムへ拡張した論文を発表する準備をしているところです。アダム・バック（hashcash.org）が類似点に気づいて、私にあなたのサイトを教えてくれました」

論文の仮タイトルは「信頼できる第三者なしの電子キャッシュ」。二か月後、その見知らぬ人は改題した論文をオンラインで発表した。それが「ビットコイン：ピア・ツー・ピア電子通貨システム」だった。

ビットコイン!

ビットコインを発明した謎の人物は、ほぼ確実にサトシ・ナカモトという名前ではないが、ビットコイン論文の著者名としてこの名前が書かれていたし、ウェイ・ダイ宛のメールの送信者名も、ビットコインを宣伝するために暗号メールリストで使われたビットコインの創始者（たち）の名前もサトシ・ナカモトだった。サトシ・ナカモトとは誰なのか、誰だったのか、ひとりなのか複数の人間なのか、当時、誰も知らなかったし、今ぼくがこの本を書いている時点でも誰も知らない。

サトシ・ナカモトはニュージーランドの地下シェルターに住むサイファーパンクかもしれないし、ロンドンの銀行の重役かもしれない。聖職者かもしれなければ、犯罪者かもしれないし、あるいは世界征服を企む陰謀団かもしれない。でも、ビットコインの天才性の根本にあるのは、サトシ・ナカモトが誰であろうと何の問題もないということだ。

銀行のCEOが妄想にふけりがちだとか、FRBの議長が詐欺を働くクセがあるとしたら、悲劇的だろう。こうした組織は、責任ある人々の行う選択に依存しているからだ。ビットコインの核心はまさにその点で、責任者は誰もいないということだ（全員が責任者だと言い換えることもできるが、結局は同じことだ）。古典的なサイファーパンクのスタイルで、サトシはビットコインの特許を取得していない。完全なコードベースはオンライン上に公開されており、誰でも見たり使ったり好きなように微調整したりすることができる。

マネーは常にどこにあろうとも信頼に基づいている。現代の通貨はそれを発行する政府への信頼に基づいている。ビットコインも信頼に基づいている。けれども、ビットコインの夢は政府や銀行や、はたまたサトシ・ナカモトすら信用しなくてもよくなることだ。ただコードを信用するだけでいい。

しかも、ビットコインのコードは非常にうまくできている！　サトシはバックのハッシュキャッシュやウェイ・ダイのbマネーのアイデアを取り入れた上で、いくつかのすばらしい微調整を加えることで、ビットコインをサイファーパンクたちが何年も夢見てきたものに変《へん》貌《ぼう》させたように思われた。つまり、買い手と売り手がインターネット上で銀行やテック企業のような仲介者なしでやり取りできる、匿名（っぽくて）、マネー（っぽい）ものだ。サトシは二〇〇八年のハロウィーンの日に発表した九ページの論文で、そのすべてを説明した。

ビットコインは誰もが管理する台帳上で運営される。アリスがボブに五ビットコインを与えたいと思ったら、bマネーと同じように、匿名の秘密鍵《かぎ》を使って「親愛なる皆さん、私はボブに五ビットコインを与えます」というメッセージを全員に送信する。そして、ネットワーク上の全員がユニバーサルな台帳を更新して所定のビットコインをボブの口座に移動する。

これこそが、ウェイ・ダイが思いついたけれども、非実用的だとして放棄したシステムだった。彼が放棄したのは、常に全員がコンピューターを稼働して互いに接続し、この巨大な台帳を処理しつづけなければならないからだった。どうして誰もがそんなことをしたいと思うだろうか？　この疑問へのサトシの答えは、ビットコインで最も重要なイノベーションなのかもしれない。稼働して互いに接続しつづけ、ビットコインの台帳を記録しつづけるコンピューター自体が、その作業に対して、新たに創造されたビットコインで報酬を支払われるようにしたのだ。

その仕組みはこうだ。

・すべての新たなトランザクションがネットワーク上にブロードキャストされる。
・ネットワーク上のすべてのコンピューターがこれらのトランザクションを記録し、同時に計算パズルを解こうとする（パズルを解くというアイデアはアダム・バックのハッシュキャッシュにさかのぼる）。
・最初にパズルを解いたコンピューターが、台帳上の最新のトランザクションの記録とともに、ネットワーク上のすべてのコンピューターに解を送信する。このトランザクションの記録がブロックとして知られるものである。
・ネットワーク上のすべてのコンピューターは、パズルの解が正しいかどうか確認する。正しいことがわかったら、ふたたび始めて、新たなトランザクションを新たなブロックに記録して次の計算パズルを解きはじめる。
・トランザクションのブロックはそれぞれ、それ以前のブロックにリンクされている。このようにして、ビットコインの歴史上すべてのトランザクションが永遠に互いにリンクされる。ホワイトペーパーにおいて、サトシはこれを〈ブロックのチェーン（chain of blocks)〉と呼んだ。やがて少々短くなって、かなりすっきりした名前〈ブロックチェーン（blockchain)〉に変わった。

二〇〇九年初め、サトシはビットコインのソースコードを発表した。望む者は世界中のどこの誰でも、ソースコードを自分のコンピューターにダウンロードして、計算パズルを解き、トランザクションのブロックをパッケージ化し、ビットコインを獲得しはじめることができた。

それぞれのブロックの勝者は五〇ビットコインを獲得する。それは同時に、何の価値もないものだった。それでも少なくとも最初は、獲得するのは簡単だった。「最初、私はプルーフ・オブ・ワーク（PoW）の難易度をばかばかしいほど簡単なものにしたので、開始してほんのしばらくの間は、典型的なPCならほんの数時間でコインを生成することができるだろう」と、サトシは暗号グループへの初期のメールで書いている。もしもさらに多くの人々がネットワークに加わったら、どれだけ多くのコンピューターがパズルを解こうとビットコイン・ネットワーク上に存在するとしても、新たなトランザクションのブロックが一〇分ごとに生成されるように難度が上がる。

金と同じように、世界に存在するビットコインの量は有限で、全部で二一〇〇万となる。ビットコインは、コードに書かれた厳密なスケジュールに従って付与される。最初の四年間は、各ブロックの勝者は五〇ビットコインを獲得した。その後の四年間は、報酬は一ブロックにつき二五ビットコインまで下がった。報酬は四年ごとに半減し、やがて一ビットコイン以下に分割され、最終的には二一四〇年に最後の分数として二一〇〇万分の一ビットコインが生成される。「ビットコインが枯渇したら、システムは必要なら取引手数料をサポートすることができる」と、サトシは書いている。彼はすでに非常に長期的な展望を持っていた。

ビットコインのコードが発表される直前、サトシはビットコインの最初のブロックを生成した。絶対的に必要であるより少々ドラマチックに、それは〈ジェネシス・ブロック〉と呼ばれるようになったが、少しだけ余分なテキストが含まれている。二〇〇九年一月三日の『タイムズ』紙の一面見出しだ。これは、ジェネシス・ブロックがその日あるいはそれ以降に生成されたことを証明するためのものだと示唆されている。ちょうど誘拐の被害者がその日の新聞を手にした写真が生存の証拠とされるのと同じようなものだ。でも、この新聞と見出しを選んだことは日付以上の何かを伝えている。

00000070 00 00 00 00 00 FF FF FF FF 4D 04 FF FF 00 1D .....ÿÿÿÿM.ÿÿ..
00000080 01 04 45 54 68 65 20 54 69 6D 65 73 20 30 33 2F ..E**The Times 03/**
00000090 4A 61 6E 2F 32 30 30 39 20 43 68 61 6E 63 65 6C **Jan/2009 Chancel**
000000A0 6C 6F 72 20 6F 6E 20 62 72 69 6E 6B 20 6F 66 20 **lor on brink of**
000000B0 73 65 63 6F 6E 64 20 62 61 69 6C 6F 75 74 20 66 **second bailout f**
000000C0 6F 72 20 62 61 6E 6B 73 FF FF FF FF 01 00 F2 05 **or banks**ÿÿÿÿ..ò.
000000D0 2A 01 00 00 00 43 41 04 67 8A FD B0 FE 55 48 27 *....CA.gŠý°þUH'

〔訳注：右記コード内の太字（The Times 03/Jan/2009 Chancellor on brink of second bailout for banks）の訳は、「二〇〇九年一月三日『タイムズ』紙　財務大臣、まもなく二回目の銀行救済へ」〕

ビットコインは真の技術的進歩だった。二〇年にわたってほんとうに賢い人々を悩ませてきた一連の問題を解決し、信頼できる仲介者なしでデジタル・キャッシュを可能にした。けれども、ビットコインもまた金融危機のさなかに登場したことで恩恵を受けた。それは、それまでマネーの意味にたいした注意を払ったことのなかった何億人もの人々が突然、これまで信頼していた仲介者をあまり信頼できなくなった瞬間だった。

「従来の通貨の根本問題は、通貨が機能するのに必要な信頼そのものにある」と、二〇〇九年二月にサトシは掲示板に書き込んだ。「中央銀行には通貨の価値を下げたりしないという信頼が必要なのに、法定通貨の歴史はそうした信頼への裏切りに満ちている。銀行はわれわれのマネーを保管して電子的に送金してくれると信頼されなければならないというのに、銀行はごくわずかな準備金を残すだけで信用バブルの波の中でマネーを貸し出してしまう。われわれは信頼した上で自分のプライバシーを銀行に預け、個人情報泥棒に口座の中身を奪われるようなまねをしないと銀行を信用しなければならない」

信頼が最低の状態にあったこのとき、ビットコインはマネーを機能させるために他の人々を信頼するという問題を解決したように思えた。必要なのはコードを信用することだけ。だが結局ビットコインもまた、他のあらゆる種類のマネーと同じように人間のだらしなさに依存することが発覚する。

ビットコインの価値は?

新しい種類のマネーが手元にあったとして、それがドルや金などと固定レートで交換できないとしたら、その新しい種類のマネーの価値はいくらなのか?　答えは明らかに以下のふたつだろう。

1. 払ってくれる相手がいるなら、いくらでもありうる
2. ゼロ

細かいことを言いたいなら、二番目は一番目に含まれる部分集合だとツッコミを入れられるだろうけれど、いずれにせよ二番目はもう長い間ビットコインについて主流の答えだった。二〇一〇年、最初のビットコインが生成されてから一年以上経ったころ、コーダーで初期のビットコインのサポーターだったギャヴィン・アンドレセンが〈ビットコイン・フォーセット〉というサイトを立ち上げた。このサイトでは、ここにアクセスして自分のビットコイン・アドレスを設定するだけで、人々に無料で五ビットコインを提供した。「何の裏もありません。ビットコインに成功してほしいから、まずは皆さんに少しだけコインを差し上げようと、ささやかなサービスを立ち上げました」と、ギャヴィンはサイト上に書いた。

ちょうど同じころ、フロリダ州ジャクソンヴィルに住むラズロ・ハニエツという男が、そろそろ地球上のどこかに住む誰かのために、マネーでできることをビットコインでやってみてもいい頃合いだと決心した。そう、何か買い物をするのだ。だから、当然といえば当然のことをした。夜中の一二時三五分、彼はメジャーなビットコイン・フォーラムに「ビットコインでピザ?」という題名で書き込んだのだ。

ピザ二枚に一万ビットコインを支払うよ。……ラージ・サイズのやつを二枚。そうすれば残りを翌日に食べられるから。ピザを残しておいて後で食べるのが好きなんだ。自分で作ったピザをぼくの家まで配達してくれてもいいし、ぼくの代わりにピザの配達店に注文してくれるのでもかまわない……。興味があったら連絡して。細かいことは一緒に決めよう。

よろしく

ラズロ

数日後、カリフォルニアに住む一九歳の若者がインターネットのチャットを介してラズロに連絡した。ラズロは彼に一万ビットコインを送り、若者はジャクソンヴィルの宅配ピザ屋パパ・ジョンズに電話をかけ、トッピングを全部のせたピザを二枚、ラズロの家まで配達するよう注文した（支払いはクレジットカード）。この時点でビットコインはいくらの価値があったのか？　三〇ドルの価値のピザが一万ビットコイン。ということは、一ビットコインは〇・三セントの価値だったことになる。端数を切り捨てればゼロだ。

これは明らかに人目を引くための行為だったし、このピザを〈ビットコインで買った最初のモノ〉扱いするのは少々疑わしく思えるけれど、ぼくはラズロにその栄誉を与えたい。だいたいイベントとしておもしろいし、ビットコインをめぐる当時の雰囲気をよく伝えるエピソードだし、あの軽いノリや希望に満ちた気分やバカっぽい空気感や内輪っぽい盛り上がりが表れている。放送部の中高生が音響システムのセッティングをしている。がらんとした部屋の中でマイクを軽く叩《たた》いてアホっぽい歌を歌い合っている。「電源、入ってる?」あんな感じだ。

もうすぐショーの本番が始まる。人々がビットコインでモノを買おうとしている。界隈にダークな雰囲気が漂いだしている。これは、サイファーパンクたちがもう二〇年も夢見てきたものだ。それがとうとう、新たな世代からやって来た、ひとりの熱狂的な信奉者によって命を吹き込まれた。

ビットコイン、ダークになる

「何年もの間、苛立《いらだ》っていて、今の世界と自分の望む世界の間にある越えがたい障壁と思えるものに打ちのめされていた」と、ドレッド・パイレート・ロバーツと自称する男が二〇一二年に書いている。世の中に自分の居場所を見つけようと苦しんでいる内省的な二〇代にありがちな心情だ。ドレッド・パイレート・ロバーツはかつてそういう人物だった——目的を見つけるまでは。

「だが、やがて心の底から賛成できるものを見つけた。筋が通っていてシンプルでエレガント、そしてあらゆるケースに一貫性があるもの」。彼が発見したのは無政府資本主義《アナルコ・キャピタリズム》と呼ばれるラディカルなリバタリアニズムについてのスレッドだった。これは、市場は自由で、政府は独裁権力だと考える思想だった。ブラック・マーケットでビジネスをやることで独裁権力と戦うのは高貴なことだ、と彼は確信した。

自分の人生の目的は、人々がドラッグを買えるウェブサイトを立ち上げることだ、とドレッド・パイレート・ロバーツは気づいた。そして、すぐに匿名のデジタル・キャッシュであるビットコインがその目的に役立つと判断した。

彼はそのサイトを〈シルクロード〉と名付けた。それは、体内に取り込むあらゆる違法な薬物の買い手と売り手（別名ディーラー）をマッチングするマーケットプレイスだった。つまり、マリファナ、エクスタシー、オピオイド、幻覚剤などを扱うのだ。掲載内容にはクレイグリスト［訳注：個人間の「売ります・買います」の案内広告サイト。中古車、家、仕事、出会い系、イベントなどあらゆるものを扱う］の雰囲気があるが、もっとラリった気配が漂っている。

「五グラム　未カット　クリスタル・コカイン‼」

「高品質　グレード四　ヘロイン　固形」

少なくともひとつの意味では、マネーは他のものと同じだ。需要が供給より高まれば、価格は上昇する。今や人々にはビットコインがほしくなる理由ができたので、ビットコインの対ドル価格が上昇しはじめた。二〇一一年初めには一ドルを一ビットコインに交換できた。六月にウェブサイトのゴーカー（Gawker）〔訳注：インサイダー情報を扱うゴシップメディア。著名人ゴシップ訴訟で敗れ、二〇一六年に破産し消滅〕によって初めてシルクロードが主流メディアの記事で扱われると、対ドルレートは一ビットコイン三〇ドル以上に急騰した。

二〇一三年、FBIはロス・ウルブリヒトという名の男を逮捕した。FBIは彼をシルクロードの創設者、ドレッド・パイレート・ロバーツだとした。ウルブリヒトは裁判にかけられ、麻薬密売とマネー・ロンダリング共謀の罪で有罪となった。「［シルクロードの］表明する目的は法を超越することだった」と、ウルブリヒトの判決で判事は述べている。「あなたが時間をかけて創り出した世界には、民主主義が存在しなかった」。判事は仮釈放なしの終身刑を言い渡した。

無政府資本主義だが、無政府状態ではない

二〇一三年、ウルブリヒトが逮捕されてからわずか一か月後、上院国土安全保障委員会でビットコインに関する公聴会が開かれた。誰もが、ビットコインで行われたあらゆる悪事を律儀に取り上げた。そしてその後、少々衝撃的なことだったが、部屋の雰囲気が一変した。司法省の弁護士が、ビットコインには「多くの合法的な利用法」があると証言したのだ。「こうした仮想通貨は、それ自体として違法なものではありません」と、彼女は述べた。金融犯罪を扱う財務省職員は、むしろベンチャー・キャピタリストにふさわしい口調でこう言った。「イノベーションは経済にとって非常に重要な部分です」。『ワシントン・ポスト』紙はその様子を「愛あふれる褒め合い大会」と呼んだ。

何が起きていたのだろう？

シリコンバレーではビットコインを、次に来る大ブームと見て飛びつこうとしていたのだ。民主主義の暴政を終わらせるといったビットコイン的話題は減って、オンラインでの購入にかかる取引手数料を減らすといった話題が増えていた。「取引手数料ゼロの魅力は実に強烈で、決済業界という巨大産業にとって極めて破壊的だ」と、二〇一三年五月にとあるベンチャー・キャピタリストが『ウォール・ストリート・ジャーナル』紙に語っている（「極めて破壊的」とか「巨大産業」といった表現はベンチャー・キャピタリスト用語で、「ここでは大金が稼げる」という意味だ）。

この見解には暗号無政府主義者の宣言が持つ世界史的なパンチはないが、さらなる富を追求する富裕層にとっては非常にエキサイティングなものだった。また、取引手数料の引き下げは、現在、高い取引手数料を徴収している決済会社を除けば、誰にとってもいいことだろう。何百万ドルものベンチャー・キャピタルが、ビットコイン・ウォレットやビットコイン取引所や、オンラインショップのための〈ビットコイン支払い〉ボタンを開発するスタートアップ企業へと流れ込みはじめた。

これは無政府資本主義だったが、無政府状態《アナーキー》ではなかった。奇妙なことに、ビットコインはなんとなくふつうのものになっていた。ビットコインが合法であり、早々に閉鎖されたり消滅したりしないことが明らかになるにつれて、ますます多くの人がドルをビットコインに交換しはじめた。上院の公聴会が開かれたころ、ビットコインの対ドルレートは一ビットコイン五〇〇ドル以上まで急騰した。

人々はビットコインの採掘（マイニング）に最適化された特別なコンピューターを組み立てはじめた。新たなビットコインを付与するのにビットコインのソフトウェアが使うパズルを解くためだ。そして、巨大な倉庫にこうした採掘用コンピューターのラックを何段も積み上げはじめた。こうしたコンピューターは電力を大量に消費するので、採掘者（マイナー）たちは、採掘コストを抑えるために世界中で安い電力が得られる場所を探しはじめた。アイスランド、モンゴル、そしてとりわけ中国で大規模な採掘事業が次々に始まった。

こうした成長は、新たな問題を引き起こした。実際のところ、古くからある問題なのだが、今や新たに差し迫った問題となっている。ビットコイン・ネットワークは一秒間に約五件のトランザクションしか処理できない。これに対して、Ｖｉｓａネットワークでは一秒間に二万四〇〇〇件の処理が可能だ［訳注：これはＶｉｓａの公称の数字で実際にははるかに少ないとも言われ、一七〇〇件という数字を挙げる資料もある］。このままでは、ビットコインは新たな世界通貨になるべきテクノロジーではなかった。

特に問題なのは、ビットコインがひとつのソフトウェア、つまりプログラミング言語Ｃ＋＋で書かれたコード行の集まりであり、世界中の誰でもダウンロードして好きなように使うことができる点だった。あらゆるソフトウェアと同じように、時が経つにつれてビットコインには微調整が必要になってくる。そして、かなり簡単な微調整によって、トランザクションの上限問題は解決できたはずだった。各ブロックにさらに多くのトランザクションを含むようにすることで可能だったはずだ。

けれども、多くの微調整と同じように、そこにはトレードオフがある。ブロックサイズを大きくすればするほど、ふつうの人がビットコインのソフトウェアをダウンロードして実行するのが難しくなり、ビットコインの分散化された平等主義的理想から遠くなり、企業による統合化された未来へと近づいていく。やるだけの価値があるトレードオフなのだろうか？

もしもビットコインが企業によって運営されるならば、ＣＥＯは何度も会議を開き、顧客と話し、コストとベネフィットを比較・検討してから微調整をするかどうか決断する。けれども、ビットコインは会社が運営しているのではない。どこにもCEOはいない。要するに、誰も責任を負っていないのだ。ならば、誰がどういう変更をすると決断するのか？　全員だ！

ビットコインは民主的だ。公式のブロックチェーンはビットコインを採掘するコンピューター・プロセッサーのほとんどがそう認めれば、それは公式のブロックチェーンだ。それに加えて、誰でも望むならば、ビットコインのコードを手に入れ、それに微調整を加えて新たな改良版の独自ビットコインを創り出すこともできる。こうなると混沌《こんとん》とした状況のように聞こえるが実際そうだし、そもそも最初から、ある意味それがビットコインの核心でもある。

トランザクションの上限をめぐる争い――上げればビットコイン・ネットワークを高速化できるが民主度が下がる――は〈ビットコイン内戦〉として知られるようになった。これは一部には、ビットコインがほんとうにマネーとして機能するか、そして機能するならそれはいつなのか、という問題をめぐる争いでもあった。一方の陣営にいるのは、ビットコインにとっていちばん重要なのは、簡単に買い物ができることだと考える人々だった。これは、マネーにとって喜ばしい機能だ！　この立場の人々は、ブロックサイズの拡大を望んでいた。

もう一方の陣営にいる人々は、望むなら誰でもビットコインのソフトウェアをダウンロードして実行できるようにしたいと考えていた。こうした人々はビットコインを金《きん》のようなものとして話した。つまり、希少価値のあるもの、あまりいじくり回すべきでないものとして語っていた。そして彼らは、たとえブロックサイズが小さくても、トランザクション問題の技術的な解決策はいずれ見つかると話していた（これは、ビットコインのコア・レイヤー上に存在するようなソフトウェアを構築して、コア・システムを経由する必要があるトランザクション数を減らすというアイデアだった）。

何回もサミットや会議が開催され、合意が取り決められては修正を加えられたのち、最終的に誰もが合意をあきらめたような状況になった。〔訳注：ブロックサイズ拡大を目指す〕ビッグブロック派はライバルとなる通貨を立ち上げた。これはビットコイン・キャッシュと名付けられ、ビットコインより一秒間のトランザクション数ははるかに多くなった。一方、〔訳注：ブロックサイズの現状維持を目指す〕スモールブロック派はビットコインにこだわり続けた。互いに反対陣営に怒っていて、解決に至ることはなかった。

同じころ、人々は何百ものオルタナティブな暗号通貨を立ち上げていた。どれもブロックチェーン上で稼働していたが、それぞれ独自の微調整が施されていた。これらの通貨は匿名性の向上や、ドルに対して安定した価値を約束していた。そして、ブロックチェーン上に構築されたまったく新しい種類のビジネスを約束していた。中には膨大な支持者を得て数十億ドルの評価額に達したものもあった。そのほとんどは失敗し、クソ《シット》コインとして知られるようになった。

やがて、中国政府が独自のデジタル通貨の開発を開始した。言い換えれば、本来「ビッグ・ブラザーを過去のものにする」ために構想されたテクノロジーが、今や市民への監視に基づいて運営される国家によって推進されるようになったのだ。

ビットコインは依然として中核的な存在で、他の暗号通貨よりもはるかに価値を維持していた。けれども、その世界は拡大を続け、毎週のように新たな競争が起きているような状況だった。

「以前はビットコインについて『数学を信じろ、コードを信じろ』とだけ考えていました」と、コーダーで初期のビットコイン・エヴァンジェリストだったギャヴィン・アンドレセンがぼくに言った。「その点で私の気持ちは変わりました。コミュニティが存在するから。同意というものがある。人々がいる」

アンドレセンはサトシ・ナカモトが最初にビットコインのコードを渡した人物だ。彼はビットコインのプロセスを強く信じていたことから、数千ものビットコインを無料で人々に提供した。やがて、ビットコイン内戦に辟易《へきえき》して、完全にビットコインの世界から撤退した（ちなみに、ビットコイン内戦でアンドレセンはビッグブロック派だった）。

ビットコインの価格

ナードたちがビットコインの未来をめぐって争っているころ、ビットコインの対ドル交換レートは上昇し、その後さらに上昇し、やがて完全にとんでもないレベルに跳ね上がった。少し経って下落したが、以前よりはるかに高いレートを維持した。暴落後ですら、一ビットコインを数千ドルに交換できた。

こうした状況は一般的によいものだ、とビットコインに熱狂する人々は見ていた。すでにドルをビットコインに交換していたこともあるし、また――避けがたいドルの破綻《はたん》を信じていたにもかかわらず――所有するビットコインをものすごい金額のドルに交換できる見通しにも興奮していたからだ。簡単に言えば、初期にビットコインを買った人々は金持ちになったから、ビットコインに満足していた。

だがしかし！　ビットコインをマネーにしたかった人々にとって、ビットコインの価値の急騰は災難だった。なぜなら、プライバシーを心配するふつうの人々が買い物に使えて、売り手がクレジットカードなどを介するより安く販売できる、といったことを望んでいたからだ。

たとえば二〇二一年、ビットコインの対ドル交換レートは、一ビットコイン約三万ドルからピーク時には六万ドル以上へと二倍以上に上昇した。もしもほんとうにビットコインがマネーである世界にぼくらが生きているとしたら――ビットコインで給料を受け取り、ビットコインで住宅ローンを支払い、ビットコインで食料品を買う、そんな世界に生きていたら

──ビットコインの価値のこれほどの急上昇は、世界大恐慌時代のデフレよりはるかに激しいデフレを引き起こしただろう。突然、学生ローンや住宅ローンを支払うために以前より二倍働かなければならなくなっただろう。これでは経済は破綻する。

その後、二〇二一年一一月になると、ビットコインの価値はほぼ半分に暴落した。人々がビットコインをマネーとして使う世界では、数か月で物価が二倍になっただろう。独立戦争以来、米国が経験したことのない最悪のインフレ率だ。

実際、人々はふだんビットコインとドルの〈交換レート〉とはあまり言わない。むしろ〈ビットコインの価格〉の話をする。ビットコインの価格を、現存するビットコインの数と掛け合わせた結果をビットコインの〈時価総額〉と呼ぶこともよくある。マネーについてこんなふうに話す人はいない。

価格上昇はビットコインが〈価値の保存手段〉になった証拠だ、とビットコインの支持者は言う。このことばは、マネーの伝統的な機能のひとつを表している。けれども、価値の保存手段ということは、多かれ少なかれ、時の経過を通じて安定した価値を保つもの、という意味だ。もしも今日、家族の一週間分の食料品が一〇〇ドルで買えるなら、一年後もだいたい同じ価値の食料品を一〇〇ドルで買える可能性は非常に高いだろう。ドルは価値の保存手段として優秀だ（毎年およそ二パーセントの価値を失う傾向がある）。

今日、およそ一週間分の価値の食料品を買えるビットコインの量で、一年後にはたった一日分の食料品しか買えないかもしれない。あるいは、食料品店を一軒まるまる買えるかもしれない。どう考えても、ビットコインは優れた価値の保存手段ではない。

ビットコインが価値の保存手段だと言う人々が言いたいのは――少なくとももっともらしく言おうとしていることは――ビットコインは投機的な投資になったということだ。人々がビットコインを買うのは、将来高く売れると考えるからだ。もっとも、売るときにさらに安くなる可能性は認識しているだろう。一般的に言って、これはマネーにとって有用な特質ではない。

マネーの歴史は、だいたいのところ、人々が実際には気づかないうちにマネーに変貌するモノの歴史だといえる。紙幣、そして銀行口座は最初、負債の記録として始まり、いつの間にか本格的なマネーへと少しずつ変化していった。シャドー・バンキングは数十年かけて成長し、人々からシャドー・バンキングと呼ばれるようになった。危機の瞬間――それが突然、マネーではないモノに変貌しようとする瞬間――になって初めて、誰もがあたりを見回してこう言うのだ。ええっと、紙幣や銀行口座やＭＭＦは今ではマネーだと思っていたんだけど。

電子マネーの歴史はまさにその正反対だ。誰か――デイヴィッド・チョームやサトシ・ナカモト――が非常に巧みなテクノロジー的突破口を開く。そして、彼らは山頂まで登って世界に向かって宣言する。「これが新しい種類のマネーですよ！」。その後、それはほんとうの意味ではマネーになっていない。少なくとも今のところは。

第16章　SBF

暗号通貨（仮想通貨）の物語については完璧《かんぺき》な後日譚《ごじつたん》がある。その中心人物の名はサム・バンクマン＝フリード。

SBF――みんなが彼をSBFと呼んでいた――は暗号通貨のパワーを心から信じていたわけではなかった。サイファーパンクのユートピアを夢見てはいなかった。夢見ていたのは、とてつもない金持ちになること。二〇二二年、彼はぼくに、自分は手に入れた富を人類の向上のために寄付することを夢見ていると語った。今、生きている人すべてを救うだけでなく、まだ生まれていない何兆人もの人々も救いたい、と。暗号通貨の世界を考えれば、ばかばかしく大げさな話に聞こえると同時に、奇妙なことにほんとうかもしれないとも思えた。

バンクマン＝フリードは二〇一四年にマサチューセッツ工科大学（ＭＩＴ）を卒業し、その後ウォールストリートで得た職を辞め、効果的利他主義センター（Centre for Effective Altruism）という非営利組織へ転職した。そして二〇一七年にＳＢＦはアラメダ・リサーチという暗号通貨取引会社を起業した。米国より日本のほうがビットコインの価格が高かった一時期に、彼は米国でビットコインを購入して日本で売却し、利益を米国に送金するチームを立ち上げた。短い間だったが、彼は毎日何百万ドルもの利益を上げていた。

彼は日本での裁定取引［訳注：同一価値の商品の一時的な価格差や金利差を利用して利益を得る取引。サヤ取り］でより大きな教訓を得た。暗号通貨取引はいまだに原始的で非効率的で、暗号通貨の世界は、本物の成熟した完全に合法的な取引所を必要としている。そういう教訓だ。そこでＳＢＦは暗号通貨取引所を立ち上げた。それはＦＴＸ社と呼ばれ、バハマ諸島に本拠を置き、暗号通貨の百万長者たちだけでなく、世界最大級の資産運用会社のブラックロック社や、シリコンバレーで最も権威あるベンチャー・キャピタル企業のひとつセコイア・キャピタル社などメインストリームの投資家からも投資を受けた。

ＦＴＸは急成長中のスタートアップ企業だった。広告に映画スターやスポーツ界のスターを起用した。マイアミのスポーツ・アリーナの命名権を獲得した。三〇歳足らずにしてＳＢＦは有名人となり、一〇〇億ドル以上の資産を所有していた。看板広告やテレビのインタビューにモジャモジャ頭にＴシャツ姿で登場した。議会で証言するときはスーツ姿で現れ、テクノ・ユートピアの変人野郎としてではなく、合法的な暗号通貨取引所を運営する人物として、理性の声そのものの話しぶりを聞かせた。

安いトヨタ車に乗って同僚たちと共同でアパートメントに住む一方で、何百万ドルもの寄付を行っていた。二〇二二年五月にぼくがインタビューしたときには、二〇二四年の選挙で候補者たちに一〇億ドル寄付するかもしれないと語り、このコメントは全国的なニュースになった。

翌月、暗号通貨の価格が急落し、暗号通貨関連企業が破綻《はたん》しはじめると、ＳＢＦは業界の救世主として登場し、ＦＴＸ社の莫大《ばくだい》な資産を使って他の暗号通貨企業に投資して支えた。彼は一九〇七年の恐慌で市場を救ったＪ・Ｐ・モルガンにたとえられた。

だが、二〇二二年秋の数日間に何もかもが崩壊した。その始まりは、暗号通貨ニュースサイトのコインデスクの記者が、ＳＢＦが数年前に設立した取引会社アラメダ社の貸借対照表《バランスシート》のコピーを入手したときだった。貸借対照表には、ＦＴＸ社が創造した暗号トークンであるＦＴＴ数十億ドル相当をアラメダ社が保有している事実が記載されていた。

これは一種の自己取引［訳注：立場を利用した利益相反取引］の印象を与えた。もしかしたらアラメダ・リサーチ社とＦＴＸ社は同一人物が設立した別個の企業ではなくて、目に見えない形で支え合う密接に絡み合った企業なのかもしれない。ＦＴＸ社を使って暗号通貨取引を行っていた投資家たちが同社から資金を引き揚げはじめた。

破滅的状況が――ＳＢＦの物語の核心に存在する大きな嘘が――発覚した瞬間だった。ＦＴＸ社は投資家の資金を保有していなかったのだ。あるはずの数十億ドルが消え失《う》せていた。ＦＴＸ社はまるで銀行の取り付け騒ぎのようだったが、そこには決定的な違いがあった。ＦＴＸ社は銀行ではなかった。同社は投資家の資金を貸し出す立場になかった。投資家の資金の保管者であるはずだった。まっとうに機能している取引所で取り付け騒ぎが起きることはありえない。けれども、ＦＴＸ社はまっとうに運営される取引所ではなかった。

　ＦＴＸ社は明らかにＦＴＸ投資家の資金、数十億ドルをアラメダ・リサーチ社に貸し出していた。そして、アラメダ・リサーチ社はその資金を失っていた。消え失せていたのだ。二〇二二年一一月一一日、ＦＴＸ社は破産申請した。一か月後、ＳＢＦは連邦当局に詐欺罪で起訴された。彼は無罪を主張し、二〇二三年後半に裁判を受ける予定だ［訳注：二〇二四年三月二八日、ＳＢＦに禁錮《きんこ》二五年と資産没収一一〇億ドルの判決が下された］。

　たとえ有罪判決を受けたとしても、ぼくにとってこの物語の核心には疑問が残るだろう。ＳＢＦの話は何もかも嘘だったのか？　多くの話が嘘だったことは明らかだったろう。ＦＴＸ社はきちんと運営された取引所ではなかった。起訴状によると、詐欺は何年にもわたって継続していた。もしもＳＢＦのすべてが嘘だったとしたら――もしかしたらそうなのかも！――詐欺師がインチキを並べ立てて、とんでもない額の大金を稼ぎ出し、その後すべてを失ったという暗号通貨の詐欺話がさらにひとつ加わっただけなのかもしれない。

　もしかしたら愚かで甘い考えかもしれないけれど、ぼくは信じてみたい。ＳＢＦについて、暗号通貨全般について、すべてが嘘だったわけではなかった、と。ＳＢＦが金持ちになってそのカネで世界を救いたいと本気で考えていたと信じてみたい。高貴な目標を追求するために、ばかげたことをしでかしたのだと信じてみたい。そう考えてみれば、少なくとももっと興味深い物語になるのではないだろうか。

おわりに――マネーの未来

マネーとはひとつの選択、あるいはひと続きの選択だ。でも、実際にはそんなふうな感じには思えない。なんというか、ただそこにあるもの、という感じがする。そんなとき、誰かがひらめく。こんなふうに。「これまでのマネーのやり方が完全に間違っていたんだ。ほら、もっといいやり方があるよ」

誰もがこう返す。「いったい何の話だ？　今、実際にあるのが本物のマネーじゃないか。あんたの話は、あんたが頭でこしらえたイカれたアイデアでしかないよ」

ふつうは、これで終わりだ。でも、ごくたまに何かが起きる。金融危機か、政治的な大転換か、新しいテクノロジーの出現か、あるいはこれら全部を引っくるめたことが起きる。すると突然、誰も彼もが、マネーについて奇妙な考えを持つイカれた人々の言うことに耳を傾けはじめる。そして、新しいものが生まれる。金《きん》に裏付けられた紙幣、何物にも裏付けられていない紙幣、あるいはコンピューター上の数字。

今のマネーのやり方がばかげていると考える賢い人々はたくさんいて、そういう人はもっといいアイデアを自分は知っていると確信している。彼らのアイデアは役に立つ。アイデア自体が有益だというだけでなく、今のマネーの仕組みが自然であるとか必然的であるわけではないと思い出させてくれるという点でも有益だ。将来、マネーが今とはとても違うものになっていると、ぼくらはわかっている。ただわからないのは、それがどんなふうに違うのか、ということだ。ここに三つの可能性がある。

現金のない世界

マネーの変化のあらゆる可能性のうち特に想像しやすいのは、紙幣が消滅する可能性だ。デビットカードでガムが買えるなら、紙幣の意味とはいったい何なのだろう?

こういう状況になったのはかなり前のことだ。テキスト・メッセージによるモバイル・マネーの送信は二〇〇七年にケニヤで始まった。二〇二〇年までに、中国のモバイル決済アプリ、アリペイ（Alipay）はおよそ一〇億人に利用されるようになった。

だが世界の多くの地域では、決済アプリの利用が広まっているのに、奇妙なことが起きている。年々、流通する紙幣の量が経済全体より速いペースで増加しているのだ。

二〇二〇年、米国では男性、女性、子どもを含めて一人当たり五〇〇〇ドル以上の紙幣が流通していた（これには銀行の金庫にある現金は含まれていない。市中に流通している分だけだ）。ユーロ圏や日本でも同様の数字が出ている。

これらの紙幣はいったいどこにあるのか？　人々は紙幣で何をしているのか？　誰も知らないのだ！　世界中に紙幣がたくさん存在していることしかわからないのだ！　一〇〇ドル札をちゃんと合法的でとてもクールな目的で使っている人たちがいることは疑いようもない。発展途上国では、信頼できない現地通貨や不安定な銀行から身を守るためにドル紙幣やユーロ紙幣で老後の蓄えを貯めている人々もいる。また、脱税や麻薬取引や人身売買や盗品売買のために、かなり多くの人がかなりの大金を使っている。

このことが推測できるひとつの理由は、ほぼすべての現金が高額紙幣だということだ。一ドル紙幣より一〇〇ドル紙幣のほうが数が多いのだ！　米国の男性、女性、子ども一人当たり四〇枚以上の一〇〇ドル紙幣が世界中に流通している。一兆ドル以上が一〇〇ドル紙幣で存在している。明らかな事実は、一〇〇ドル紙幣（やその他の高額紙幣）は日常生活では特に便利ではないが、犯罪を行ったり脱税したり（これ自体も犯罪だが）するのに極めて便利だということだ。

現金は（まっとうな）日常生活ではますます必要性が低下している。現金は犯罪を容易にするし、自《おの》ずと消滅することはないのだから、政府が犯罪と戦うためには現金をなくすべきだろうか？

現金に反対する主張としては、国際通貨基金（ＩＭＦ）の元チーフ・エコノミストで現在はハーヴァード大学教授を務めるケネス・ロゴフのものがいちばん説得力があるだろう。彼は現金をすべて廃止すべきではなく、高額紙幣を廃止し、おそらく最終的には小額紙幣は硬貨に置き換えるべきだろうと主張している。この考えによれば、少額の現金取引は継続させるが、高額の現金取引を非常に不便にすることで、犯罪に現金を使うコストを実質的に引き上げるということになる。

ロゴフはまた、直感的に少々わかりにくい、紙幣廃止のメリットを挙げている。それは、紙幣廃止によって中央銀行がマイナス金利を設定しやすくなり、各国の経済危機からの回復が早まる可能性がある、というものだ。

あなたが銀行にマネーを預金するとき、銀行はあなたに利息を支払い、あなたの口座の金額は毎月少しずつ増える。もしも金利がマイナスになったら、あなたの口座の金額は毎月少しずつ減る。マネーを預けておくために銀行へマネーを支払うようになるのだ。もしもこれが始まったら、あなたを始め多くの人々が銀行へ行って預金全額を高額紙幣で支払うことを要求し、それを金庫に放り込む可能性がある。ヨーロッパの中央銀行の中には、ゼロよりほんのわずかに低く金利を設定しているところもあるが、金利をこれ以上下げたら誰もが預金を引き出してしまうのではないかと、彼らは恐れている。事実上、金利の下限はゼロから、金庫への現金の保管コストを差し引いた額になる。

マイナス金利なんて嫌な感じがする。でも、危機の際にはほとんど誰にとってもいい方向に働く可能性がある。二〇〇九年、米国の企業が必死に支出を削減し、毎月何十万人もの労働者を解雇していたとき、連邦準備制度理事会（ＦＲＢ）がゼロよりかなり低く金利を下げることができていたら、有益だったかもしれない。マイナス金利は、パニックに陥った企業に解雇や貯蓄ではなく雇用と投資を行うインセンティブになっただろう。けれども、二〇〇九年、ＦＲＢは主要政策金利をゼロまでしか引き下げることができなかった。そして、じゅうぶんな低金利ではなかったので、失業率は高止まりし、消費は低水準にとどまり、経済は停滞した。

先進国ですでに現金が消えつつある国がひとつだけある。スウェーデンだ。初めてこの話を耳にしたとき、スウェーデンは完璧《かんぺき》な国で誰も犯罪を行わないから、現金が必要ないのだ、とぼくは考えた。けれども現実は逆だった。二〇〇〇年代半ばに凶悪な強盗事件が連続で起こった。そのうちのひとつなのだが、窃盗団がヘリコプターを盗んで現金保管庫の屋根に着陸し、大型のハンマーで天窓をぶち壊して金庫室に侵入し、三九〇〇万クローナ（五〇〇万ドル以上）を奪って逃走した事件があった。窃盗団が警察のヘリコプター基地に仕掛けた偽の爆弾や、道路上に設置した金属製のスパイクのせいで、警察の初動が遅れた。窃盗団のうち数人が逮捕されて有罪判決を受けたが、盗まれた現金のほとんどは戻ってこなかった。

その後、現金の利用が急速に減少しはじめた。二〇一〇年には、三九パーセントのスウェーデン人が直近の買い物で現金を使ったと答えたが、二〇一八年には一三パーセントまで減少した。国内の銀行支店のおよそ半数が、現金の引き出しや預け入れを停止した。銀行はもはや現金をほしがっていなかった。その代わりに、預金者にカードやSwishと呼ばれる決済アプリの利用を推奨した。これには、一部から穏やかな反発が起きた。「私たちはデジタル化の動きに反対するわけではありませんが、少々急ぎすぎだと思います」と、スウェーデン年金受給者協会の会長は述べた。

二〇一九年、スウェーデンでは、多くの銀行支店に現金の取り扱いを義務付ける法律が可決された（今や銀行に現金の取り扱いを強制する法律が必要なのだ！）。そして、リクスバンク——四〇〇年前にヨーロッパで最初に国が認可した紙幣を発行した中央銀行——は、eクローナを発行する方法を考案しようとしていた。eクローナとは、人々が中央銀行の口座から利用したり、チャージ可能な決済用カードを通じて利用できるデジタル通貨だ。

もしかしたら、現金の消滅についていちばん驚くのは、ぼくらがそれをたいして気にしていないことかもしれない。すでに個人小切手で起きていることと少し似ているのかも。もしも現金が消滅すれば、ちょっとした脱税は難しくなり、監視経済が今まで以上にぼくらに介入することが増えるだろう。政府は、銀行口座を持っていない人々のために補助金つきのデビットカードを提供する必要が出てくるだろう。それでも、すでに今日たいていのマネーはもはや紙幣でも硬貨でもない。ほとんどは銀行口座にあるマネーだ。今やマネーの核心は紙幣にはない。銀行預金だ。銀行のコンピューター上に保存された数字だ。それが今のマネーだし、すでに過去数十年にわたってそれが現実だった。

現金は消滅する可能性があるけれど、マネーを創造して管理する基本的なやり方——中央銀行や商業銀行やシャドー・バンクとともに——は今のまま変わらないだろう。さらに大きな変化は、今ぼくらが知っている形の銀行がなくなることで生まれるだろう。これは、驚くほど多くのほんとうに賢い人々から長い間、支持されてきた考えだ。

銀行のない世界

世界にあるマネーのほとんどは民間銀行に保管されているだけではない。民間銀行によって創造されるマネーもある。銀行が貸し出しを行うと、そこで生み出されたマネーは最終的に誰かの銀行口座に新たなマネーとして入金される。

一〇〇年近くにわたって、各世代の最高に賢い経済学者たちの中には、これはマネーを扱うにはひどすぎる方法だと言う者もいた。最初にこれを論じたのは、一九三〇年代、米国で最も有名な経済学者たちのグループ（ぼくらのアーヴィング・フィッシャーもそのひとりだ）

で、マネーを創造し、破壊する銀行の能力が「現在の米国の貨幣と銀行システムにおいて最もおかしい部分だ」と書いている。彼らは、今ぼくらが知っている形の銀行を政府は廃止すべきだ、という解決策を提示した。

政府が銀行を禁止するなんて、左派の夢みたいな感じがする。でも、自由市場を愛して政府の介入を警戒する多くの経済学者が、民間銀行をマネー創造業務から強制的に撤退させるべきだと主張してきた。ミルトン・フリードマンは、自由市場を推進してロナルド・レーガンやマーガレット・サッチャーにインスピレーションを与えた人物だが、彼は今ある形の銀行を廃止することを提案していた。（保守系の）フーヴァー研究所と（リバタリアン系の）ケイトー研究所に所属する［訳注：フーヴァー研究所シニア・フェロー、ケイトー研究所客員研究員］、現在活躍中の経済学者ジョン・コクランは、銀行を「巨大な縁故資本主義的な悪夢」と呼んでいる。

銀行は、公共の資源であるマネーを創造するとともに破壊する民間企業だ。マネーはまさに必要不可欠なものであるために、政府は銀行に対して大規模だが、ちょこまかしたセーフティネットを提供する。中央銀行は最後の貸し手だ。政府の保険制度が預金を保護している。複数の機関からなる規制当局は銀行の安全を守ろうとしているが、時には失敗することもある。

二〇〇八年の金融危機の後、銀行は救済されたが、人々は〈大きすぎてつぶせない〉銀行に激怒した。その怒りはもっともだが、問題は銀行が大きすぎるとか強欲すぎるという問題ではない。問題は銀行の性質そのものにある。銀行は本質的に危機に陥りやすい。それに、大きな金融危機が起きた場合は常に、政府は銀行（大小にかかわらず）を救済するか、破綻《はたん》しつつある銀行を経済もろともに破綻させるか、そのどちらかを選ばなければならない。

コクランとフリードマンとフィッシャーは一歩下がってシステムを俯瞰《ふかん》して、こう言う。ちょっと待て。そもそも、なぜこんなふうでなければならないんだ？ 問題の根本は、基本的な銀行がこのふたつの非常に異なる業務を行っていることにある。

1. 銀行はぼくらのマネーを預かって、ぼくらにとって簡単に支払いを受け取ったり支払いを行ったりできるようにしている。
2. 銀行は貸し出し（融資）を行っている。

これらの偉大な経済学者すべてによる、とんでもなくシンプルな議論は、要するにこういうことになる。ふたつを別々の業務に分割すること。このアイデアのバリエーションは通常〈現在の部分準備銀行制度に対比させて〉〈一〇〇パーセント準備銀行制度〉とか〈完全準備銀行制度〉、あるいは〈ナロー・バンク制度〉と呼ばれている。詳細はそれぞれ異なるが、簡単な概略を以下に示してみよう。

この新たな世界では、ひとつの種類の業務——仮にマネー倉庫としよう——がぼくらのマネーを保管してくれる。ぼくらの給料はそこに振り込まれる。ぼくらはそこの口座から支払いを行うことができる。ぼくらはマネー倉庫のＡＴＭで現金を引き出すことができる。マネー倉庫はぼくらのマネーを連邦準備銀行の口座に保管する。マネーをマネー倉庫に預かってもらうのに少額の手数料を支払う必要があるかもしれない。まあ、いいだろう。便利なサービスだからね！

別の種類の業務――仮に金貸し屋としよう――は貸し出しを行う。貸し出すマネーの元は投資家のマネーだが、投資家は貸出金が返済されなければマネーを失う覚悟ができている。すでに、これと同じような仕組みの投資信託（ミューチュアル・ファンド）がある。投資信託は投資家のマネーを集めて社債を買うが、これは企業にマネーを融資するひとつの方法だ。もしも企業が借りたマネーを返さなかったら、投資家は損失を被る。銀行のない世界では、投資信託のようなものが、かつては銀行が行っていたような貸し出しを行うのかもしれない。

この世界では、銀行の取り付け騒ぎのようなものはない。もしもマネー倉庫にマネーを預けている人が全員、自分のマネーを返してくれと要求したとしても、マネー倉庫側は「わかりました。マネーをお返しします」と言うだけだ。そしてみんなが自分のマネーを取り戻す。

これがどれほど大きな変化になるのか、どんなに強調してもしすぎることはない。もはや預金保険は必要なくなる。最後の貸し手も不要になる。銀行を安全に保つことになっている数千ページもの規則ももういらない。マネー倉庫と金貸し屋は、マネーを創造することで好景気を引き起こすことはできなくなるだろう。さらに重要なことは、倒産によってマネーを破壊することで経済を崩壊させることができなくなる。すばらしい。

よくよく考えてみると、問題がふたつ浮かび上がる。まず、いつだってどこかにマネーを預けて利息を支払ってもらいたい人、借り入れをしたい人、そしてその両者をつなげる利益目的の仲介人がいるだろう。新たなシャドー・バンキングを編み出す人々も絶えることがないだろう。二〇〇〇年代初めのようにシャドー・バンキングが巨大化したら大問題になるけれど、一連の適切なルールがあれば解決できる可能性はある。まあ、可能性はね。

第二の問題はもっと奇妙でさらに興味深い。銀行がマネーを預かって貸し出すことを禁止するだけで、大量のマネーが消滅するだろう。銀行にマネーの創造を止めさせたら、そのマネーはどこから出てくるのか？　簡単に答えるなら、中央銀行がこれまでよりずっと大量のマネーを創造しなければならないだろう。マネーの権力は民間銀行から中央銀行へシフトする。

一九三三年の狂乱のさなか、完全準備銀行の世界への移行が実現できたはずの瞬間があった。けれども代わりに、今ぼくらが生きている体制に落ち着いてしまった。預金保険、現代の連邦準備制度、預金と貸し出しの両方を行う銀行という体制だ。二〇〇八年の危機の後、イングランド銀行の総裁が言った。「銀行を組織する、ありとあらゆる方法の中で、最悪なのは今日われわれが採用している方法だ」

けれども、英国議会の反応は、米国議会の反応と同じように、現状のシステムのダイヤルを回すことであって、システムを根本的に変革することではなかった。現状維持を支持する利害関係者の数が膨大であることを、議員たちは発見した。完全準備銀行制度を——さらに言えば、何であれマネーの扱い方を徹底的に変えることを——真の政治的な可能性にするには、ふたたび大きな金融危機が起きることが必要だろう。

政府がマネーを発行して、仕事がほしい人なら誰にでもマネーを与える世界

二〇一九年初め、選出されたばかりの新人下院議員アレクサンドリア・オカシオ＝コルテスは、新たな大規模政府プロジェクトの提案を始めた。それには、希望する市民なら誰にでも政府の職を与える約束も含まれていた。どうやって政府がその費用を賄うのか、と人々はオカシオ＝コルテス議員に尋ねた。富裕層への課税もありうる、と彼女は答えた。あるいは、ただその費用を使って、どう賄うかは心配しないということもありうる、と彼女は示唆した。オカシオ＝コルテス議員は思いつきを口にしたのではない。数十年にわたって静かに勢いを増し、突如あらゆる場所に（少なくともマネー・オタクが集まるような、あらゆる場所に）登場するようになった、マネーに関する奇妙で新しい考え方に基づいて発言したのだ。

それは現代貨幣理論（Modern Monetary Theory：MMT）と呼ばれるもので、その知的ルーツは一世紀ほどさかのぼるが、ここでは一九九〇年代初め、ウォーレン・モズラーという名のヘッジファンド・マネジャーが、イタリアの財務大臣と会うためにローマへ飛んだところから物語を始めることにしよう。そのころ、モズラーはイタリアの銀行からマネー（イタリア・リラ）を借り入れて、それをより高金利でイタリア政府に貸し出せることに気づいた。それはただで保証された利益だった――イタリア政府が債務不履行に陥らない限りの話だが。だから、モズラーはそうしたことが起きない保証を得るために財務大臣と会談することにしたのだ。

当時モズラーは、たいていの人がマネーの仕組みについて根本的に誤解していると信じるようになっていた。金本位制が消滅して何十年も経っていたのに、人々はいまだに金本位制の考え方にこだわっていた。金本位制の世界とは違って、自国の法定通貨を発行し、その通貨で借金をする国は、債務不履行を行う必要がないことをモズラーは指摘した。そうした国は、借金を返済するためにいつでもさらにマネーを発行できるからだ。

マネーの増刷が時にはインフレにつながることを、モズラーは知っていた。けれども、常にインフレになるわけではない。経済を理解するために必要不可欠なことは、政府がどれだけマネーを発行しているかではなく、現実の世界で何が起きているかだ、と考えた。仕事がほしい人がみな仕事に就いているのか？　すべての工場やオフィスがフル稼働しているか？

こうしたことが真実であり、かつ政府がさらに多くのマネーを経済に投入しつづけていて、さらに多くのモノやサービスを買いつづけている場合にのみ、物価上昇やインフレを引き起こすだろう。

でも、経済がフル稼働していなかったとしたら？ 仕事がほしいのに仕事にあぶれている人がたくさんいて、稼働していないオフィスや工場があるとしたら？ その場合、政府がさらにマネーを経済に投入してモノを買いはじめれば、企業はさらに労働者を雇用するようになるだろう。けれども、経済が完全雇用に至るまで物価上昇は始まらない、とモズラーは主張した。

多くの外国の投資家とは異なり、モズラーは財務大臣に支出削減するよう説得しなかった。イタリアはただマネーを発行することができる、と財務大臣を説得したかったのだ。財務大臣は同意した。モズラーはイタリアの銀行からリラを借りると、そのままそれをイタリア政府に貸し付けた。イタリア政府は利子をつけて借金を返した。モズラーは彼のヘッジファンドで数百万ドル儲《もう》けた。

当時の米国では、議会と大統領が財政赤字と闘うために増税しようとしていた。多くの富裕層の人々と同様に、モズラーも増税が気に入らなかった。だが、もともと持ち合わせていた嫌悪に加えて、増税が不必要な理由について今やより大きな理論を考えていた。インフレ率は低く、米国には失業者がいた。増税するより、政府は単にもっと支出すればいい。

支出のために政府が市民に課税する必要があるという考えは時代遅れだ、とモズラーは主張した。政府が税金として徴収しているマネーは、どこから来るのか？　ドルの出所《でどころ》はどこなのか？　ドルが世界に登場するのは、米国政府が何かを買って、米国財務省が売り手の銀行口座にドルを入金したときだ、とモズラーは言う。これこそドルが最初に世界に姿を現すやり方だ。政府が税金を徴収するとき、もともとモノを買うために政府が創造したドルを取り戻しているだけなのだ。

彼は、世界に対する自らの新たな考え方が正しく、その他は間違っているということを、権力を持つ人々に納得させなければならないと確信した。昔の上司を通じて、複数の大統領の下で働いたことのあるドナルド・ラムズフェルド［訳注：フォード政権下で大統領首席補佐官（一九七四～七五年）、国防長官（一九七五～七七年）、ブッシュ（子）政権下で国防長官（二〇〇一～〇六年）を務める］と会う機会を手にした。モズラーはシカゴに飛び、奇妙なことにラムズフェルドとサウナで会った。ラムズフェルドはモズラーをアーサー・ラッファーの元へ送った。ラッファーは減税の必要性を主張することで非常に有名な経済学者だ。結局、モズラーはラッファーの同僚に二万五〇〇〇ドル支払って共著者として「ソフト・カレンシー・エコノミクス（Soft Currency Economics）」と題する論文の執筆に協力してもらうことになった。

「大いなる豊かさのまっただ中で、われわれのリーダーたちは窮乏を推進している」という一文で論文は始まっている。「これ以上教師を雇う余裕がないと言われるが、多くの教師が失業している。そして、学校給食を無料で提供する余裕はないと言われるが、余剰の食品は廃棄される」。核心にあるメッセージは、年がら年中赤字の心配をするのはやめろ、ということだ。経済の中で仕事を探す人々がいて、使われていないリソースがあるかぎり、政府はいくらでもマネーを発行して支出することができる。

この論文を読んだ人はほとんどいなかった。モズラーは数十年間、野に放たれていた（ここで〈野〉というのはカリブ諸島のことだ。モズラーは納税回避のためにカリブ諸島にも住んでいた）。彼は、類似した考えで研究していた少数の異端の経済学者に資金提供していたが、彼らはこのような世界の見方に対して、ある名前を思いついた。現代貨幣理論（Modern Monetary Theory）、略してＭＭＴだ。

九〇年代半ば、ステファニー・ケルトンという名の若い経済学者が、モズラーの資金提供によるプログラムのひとつで研究していた。彼女は興味はあったが懐疑的だった。政府の支出の実際の仕組みを理解したいと考えた。理論ではなく、実態が知りたいと考えたのだ。数か月かけて難解な詳細を調べた。連邦準備制度のマニュアルを読み、財務省で政府の口座からマネーを出し入れする業務に携わる人々に話を聞いたりした。マネーはどこから来るのか？　そして、どこへ出ていくのか？　結論はこうだ。政府はモノを買うことによってドルを創造する——新たなマネーを流通させる。課税や借り入れによってマネーを流通から引き上げる。これが結論だった。

ケルトンと同僚たちにとって、その意味は非常に大きなものだった。彼女たちは、赤字について心配する必要は現状よりずっと小さく、その頻度はもっと低いと大々的に公表した。これだけの豊かさがあれば、政府はもっと多くのことができる、と主張した。おそらく最も重要なことは、政府には仕事を望むすべての米国人に仕事を提供することが可能であり、またそうすべきだということ。そう彼女らは主張した。もしもインフレ率が上昇しはじめたら、政府は増税することでシステムからマネーを引き揚げ、事態を落ち着かせることができるだろう。

二〇一五年、ステファニー・ケルトンの研究がバーニー・サンダースの大統領選挙キャンペーン陣営の目に留まった。サンダース自身はMMTの詳細にそれほど関心があるようではなかった。けれども、政府が雇用保障などに多額のマネーを使えるというアイデアは気に入った。ケルトンはサンダースの経済顧問となり、記者たちにMMTについて語りはじめた。二年後、民主党が下院で多数派となり、新人の女性議員がMMTを引き合いに出して、政府が財源の心配なしにもっと多くのことを始められるかもしれないと示唆したとき、この理論はふたたび勢いを得た。

だが、ほんとうの意味でMMTを全面的に支持する政治家は皆無であるようだ。つまり、MMTを支持するということは、政府がもっとマネーを支出すべきだと言うだけでなく、支出が多すぎてインフレを引き起こしてしまったら、システムからマネーを引き揚げて事態を落ち着かせるために議会が増税すべきだと言うことだからだ。

伝統的な経済学者たちはＭＭＴの議論の多くに疑問を呈してきた。多くの人が基本的な考え方に異議を唱えてきた。だが、今挙げたこの論点は――ぼくらが議会を信頼してインフレと闘わせるという考えは――もしかしたら最も受け入れがたいものかもしれない。理論的な理由からではない。むしろ〈え、本気？〉という感じだからだ。インフレ率が上昇しはじめたら、議会を信頼して増税させるだって？　冗談じゃない。

今、ぼくらがマネーを扱うやり方は非民主的だ。政治家が中央銀行総裁たちを任命して国の（あるいは大陸の）マネーを管理させる。そして、政治家はおおよそのところ中央銀行に介入しない。危機の最中《さなか》に中央銀行が何兆ドルも創造してシャドー・バンクを救済したいと考えたら、中央銀行にはそれができる。中央銀行がインフレと闘うために金利を上げたいと考えたなら、中央銀行にはそれができる。たとえ、高金利が多くの労働者の失業を意味するとしても。ぼくらはこの世界を創造することを選んだ。ぼくらは自らの民主主義的な手を縛り、中央銀行に彼らが最善と考えることをやるよう任せることを選んだのだ。

ステファニー・ケルトンらＭＭＴ派の人々は、そんなことをする必要はないと言っている。マネーはもっと民主的なものになりうる、と言っている。ぼくらはインフレと闘うために人々を失業させる必要はない、と。でも、そのためには、ぼくらは自分自身を信頼して――ぼくらが選んだ代表たちを信頼して――マネーそのものの管理を任せる決断をしなくてはならない。

＊＊＊

二〇二〇年春、パンデミックが世界中の経済に大打撃を与えたとき、多くの中央銀行がウォルター・バジョットのアドバイスに従ってパニックに対して大量に貸し出しを行った。二一世紀には、それは何兆ドル、何兆ユーロ、何兆円も創造してそのマネーを銀行、シャドー・バンク、一般企業に貸し出すことを意味した。そうしたラディカルな介入が本格的な金融危機を防ぐのに役立った。

けれども、いつか――来週かもしれないし一〇年後かもしれない――また金融危機が起きるだろう。そして、その後も起きるはずだ。テクノロジーは変わるし、政府も変わる。個人と社会、銀行と政府、プライバシーと利便性、安定と成長の間のバランスについて、人々の信念も変わるだろう。つまり、マネーも変わるということだ。今、ぼくらがマネーを扱うやり方はずっと先の世代の目には奇妙に映るだろう。銀行がサンタクロースの絵が描かれた紙幣を印刷する世界がぼくらの目に奇妙に映るのと同じように。

謝辞

ＩＣＭ社のぼくのエージェントであるスローン・ハリスとヘザー・カーパスは、ぼくに本を書くことを提案し、その後、よい本に仕上げる後押しをしてくれた。アシェット社のポール・ウィットラッチはわざわざ本書の版権を買いに来てくれた。モリー・ワイゼンフェルドは原稿を進めるのを導いてくれ、ローレン・マリーノは最後に力強いひと押しを与えてくれて、本書をよりよいものにしてくれた。

『プラネット・マネー』はぼくがマネーと経済について学んだ場所であるだけでなく、ストーリーを語ることを学んだ場所でもある。ＮＰＲでともに働いてきたすべての人々に、ぼくは大きな感謝の念を抱いているけれど、特にひとりの名前を挙げなければならない。デイヴィッド・ケステンバウムだ。彼はぼくのメンターであり、長年にわたるストーリーを経て仕事上の夫であり、友人でもある。

ブライアン・アースダットは本書の題名［訳注：原題『Money: The True Story of a Made-Up Thing（マ

ネー：ある作り物にまつわるほんとうの話）』」を思いつく手助けをしてくれた。キース・ローマーはぐちゃぐちゃの原稿によいコメントを与えてくれた。アレックス・ゴールドマークは、ぼくが『プラネット・マネー』を休んで本書を執筆する時間を得られるよう尽力してくれた。ブルックリン公共図書館、ニューヨーク公共図書館、コロンビア大学図書館は欠かせない存在だった。

両親はぼくに考え方を教え、本を愛することの意味を教えてくれた。娘たちはその教えをふたたびぼくに教えてくれている。妻のアレクサンドラ・オルターは本書の初期の原稿を読んで、本書とその他あらゆることについてぼくに指導と知恵を授けてくれた。

出典・情報源

マネーの歴史について本書をまとめ上げるにあたって、思考の視野を広げるのに役立った本がいくつかある。グリン・デイヴィス（Glyn Davies）の著書*A History of Money*、ニーアル・ファーガソン（Niall Ferguson）の著書*The Ascent of Money*（ニーアル・ファーガソン『マネーの進化史』早川書房、2015年、仙名紀訳）、ジョン・ケネス・ガルブレイス（John Kenneth Galbraith）の著書*Money*（ジョン・ケネス・ガルブレイス『マネー：その歴史と展開』TBSブリタニカ、1976年、都留重人監訳）、ウィリアム・ゲッツマン（William Goetzmann）の著書*Money Changes Everything*などだ。本書の一部は、著者がもともと『*Planet Money*』のレポーターとして出会って知ったものだ。本書執筆の過程で過去の取材はすべて再確認し、さらに内容を広げた。

第1章

マドモワゼル・ゼリーの手紙はM・L・ウォロスキー（M. L. Woloski）編の*Traictié de la Première Invention des Monnoies de Nicole Orseme*の脚注として印刷されていた。なお、この手紙の英訳は、本書のためにブノワ・オシュデ（Benoit Hochedez）により翻訳されたものだ。この手紙が（少なくともマネー・オタク界隈《かいわい》で）有名になったのはジェヴォンズのおかげだ。ポトラッチの詳細についてはデイヴィスを参照。

物々交換についてのキャロライン・ハンフリー（Caroline Humphrey）の説明は、雑誌*Man*に掲載された彼女の論文 “Barter and Economic Disintegration” から引用。デヴィッド・グレーバー（David Graeber）は物々交換の神話を*Debt: The First 5,000 Years*（デヴィッド・グレーバー『負債論――貨幣と暴力の5000年』以文社、2016年、酒井隆史監訳、高祖岩三郎、佐々木夏子訳）で大きく取り上げている。伝統的な文化における贈与と互酬性の規範はこれまで広く議論されてきたが、おそらく最も有名なのはマルセル・モース（Marcel Mauss）の*The Gift*（マルセル・モース『贈与論　他二篇』岩波文庫、2014年、森山工訳）だろう。さまざまな文化における原始貨幣についての詳細は、ポール・アインツィグ（Paul Einzig）の著書*Primitive Money*を参照。

粘土ボールに型押しした粘土のトークンから文字が発展したという考えは、考古学者デニス・シュマント＝ベッセラ（Denise Schmandt-Besserat）によって大きく展開され、彼女の著書*How Writing Came About*（デニス・シュマント＝ベッセラ『文字はこうして生まれた』岩波書店、2008年、小口好昭、中田一郎訳）で一

般向けに解説されている。著者は、メソポタミアの会計や粘土板について理解を深めるためにカリフォルニア大学ロサンジェルス校の名誉教授ロバート・イングランド（Robert Englund）と話した。〈アバサガ〉粘土板については、*Cuneiform Texts in the Metropolitan Museum of Art*で説明されている。

ロビン・ウォーターフィールド（Robin Waterfield）の著書*Creators, Conquerors, and Citizens*は、古代ギリシャ史やポリスの隆盛について有益な詳細を提供する。古代リディアの首都の発掘調査を指揮した考古学者ニコラス・ケイヒル（Nicholas Cahill）は、リディア人によるコインの発明について著者に語った。デイヴィッド・シャップス（David Schaps）の著書 *The Invention of Coinage and the Monetization of Ancient Greece*はすばらしい本で、ギリシャでどのようにコインが変貌《へんぼう》していったかを明らかにしている。彼の本に関するいくつかの点について理解を深めるために、著者はシャップス本人と話をしたが、これもまたアリストテレスからの引用の出典となっている。

第2章

四川におけるコインと紙幣の発展については、歴史学者リチャード・フォン・グラン（Richard von Glahn）へのインタビューで彼本人から著者は説明を受けた。彼の著書*The Economic History of China*（リチャード・フォン・グラン『中国経済史—古代から19世紀まで』みすず書房、2019年、山岡由美訳）もまた出典だ。

蔡倫の紙の発明についての詳細は、マーク・カーランスキー（Mark Kurlansky）の著書 *Paper*（マーク・カーランスキー『紙の世界史：PAPER　歴史に突き動かされた技術』徳間書店、2016年、川副智子訳）を参照。現代の研究者たちは、たいていの発明と同様に、おそらくは紙の発明も単独で発案されたものではなく、多くの人々の創意工夫の積み重ねに蔡倫が改良を加えたのだろう、と指摘している。

偽造紙幣の警告については、雑誌*Journal of Song-Yuan Studies*に掲載されたフォン・グランの論文 “Re-examining the Authenticity of Song Paper Money Specimens” を参照。

中国の経済革命の詳細については、マーク・エルヴィン（Mark Elvin）の著書*The Pattern of the Chinese Past*を参照。レストランについての一節は、雑誌*Cornell Hotel and Restaurant Administration Quarterly*に掲載されたニコラス・キーファー（Nicholas Kiefer）の論文 “Economics and the Origin of the Restaurant” から引用。

中国におけるモンゴル人の物語は、モリス・ロッサビ（Morris Rossabi）の著書*Khubilai Khan: His Life and Times*、ジャック・ウェザーフォード（Jack

Weatherford）の著書*Genghis Khan and the Making of the Modern World*（ジャック・ウェザーフォード『チンギス・ハンとモンゴル帝国の歩み—ユーラシア大陸の革新』パンローリング、2019年、星川淳監訳、横堀冨佐子訳）、そしてフォン・グランとロッサビ本人との会話を参考にしている。

ケネス・ポメランツ（Kenneth Pomeranz）の著書*The Great Divergence*（K・ポメランツ『大分岐—中国、ヨーロッパ、そして近代世界経済の形成』名古屋大学出版会、2015年、川北稔監訳）からは、なぜ近代にヨーロッパが中国より豊かになったのか考えるにあたって大いに影響を受けた。ウィリアム・グアンリン・リュー（William Guanglin Liu）は、著書*The Chinese Market Economy, 1000–1500*において、中国の経済発展と最終的な衰退への詳細な分析を提供し、中国経済の興隆と衰退の両方をもたらした、マネーと市場に対する支配者たちの考え方の変化を詳述している。

第3章

17世紀イングランドのコインの低品質は、トーマス・マコーリー（Thomas Macaulay）の著書*History of England*（マコーリー『マコーリー英国史』旺世社、1948年、中村経一訳）などさまざまな文献で論じられているが、「怒鳴り合い（wrangling）」の出典はこのマコーリーの著書だ。経済史研究者スティーヴン・クイン（Stephen Quinn）とジョージ・セルギン（George Selgin）との会話は、金細工職人による部分準備銀行制度の出現を理解するのに役立った。雑誌*Explorations in Economic History*に掲載されたクインの論文“Goldsmith-Banking: Mutual Acceptance and Interbanker Clearing in Restoration London”と、雑誌*Financial History Review*に掲載されたセルギンの論文“Those Dishonest Goldsmiths”もまた役に立った。スウェーデンの銅貨については、ラリー・アレン（Larry Allen）の著書*The Encyclopedia of Money*と、グンナル・ヴェッテルベリ（Gunnar Wetterberg）の著書*Money and Power*で論じられている。

バルセロナの初期の銀行家についての詳細は、ヘスース・ウエルタ・デ・ソト（Jesús Huerta de Soto）の著書*Money, Bank Credit, and Economic Cycles*（ヘスース・ウエルタ・デ・ソト『通貨・銀行信用・経済循環』春秋社、2015年、蔵研也訳）を参照。デイヴィスは、チャールズ国王［訳注：チャールズ二世］が債務の支払いの停止を決めたときにイングランドで起きた取り付け騒ぎに関する情報の多くの出典となっている。海軍の会計担当者が「もうマネーではない預り証」を不安に思ったという一節は、1672年1月のBritish Treasury Minute Book——オンラインで閲覧可能——からの引用だが、これは雑誌*Journal of European Economic History*に掲載されたキース・ホースフィールド（Keith Horsefield）の論文“The Beginnings of

Paper Money in England" にも引用されている。

ジョン・ローの伝記を読みたいなら（みんな読みたいでしょ？）、ジャネット・グリーソン（Janet Gleeson）の著書*Millionaire: The Philanderer, Gambler, and Duelist Who Invented Modern Finance*をお薦めする。おもしろくて読みやすく、また鋭さのあるこの本は、本書の第3章から第7章までの記述で伝記的な詳細のいくつかの出典でもある。アントワン・マーフィー（Antoin Murphy）の著書*John Law: Economic Theorist and Policy-Maker*もまたこれらの章の主な出典であり、特にマネーや経済学に関わるローの文章や思考について非常に詳しい。ローの物語はまた、ファーガソンやガルブレイスやデイヴィスでも詳しく論じられている。

第4章

分配問題の歴史と数学は、キース・デブリン（Keith Devlin）の著書*The Unfinished Game*（キース・デブリン『世界を変えた手紙――パスカル、フェルマーと〈確率〉の誕生』岩波書店、2010年、原啓介訳）で詳細に説明されている。

イアン・ハッキング（Ian Hacking）の著書*The Emergence of Probability*（イアン・ハッキング『確率の出現』慶應義塾大学出版会、2013年、広田すみれ、森元良太訳）は、確率という概念の台頭とともに現れた思考の根本的な変化について考えるにあたって思考の助けとなり、また距骨《きょこつ》の情報もこれが出典だ。ピーター・バーンスタイン（Peter Bernstein）の著書*Against the Gods*（ピーター・バーンスタイン『リスク：神々への反逆』日経BPマーケティング（日本経済新聞出版）、2001年、青山護訳）は、パスカルとハレーの物語について有益な詳細を提供する。

ハレー（Halley）の論文の題名は、"An Estimate of the Degrees of the Mortality of Mankind; drawn from curious Tables of the Births and Funerals at the City of Breslaw; with an Attempt to ascertain the Price of Annuities upon Lives" だ。この論文は、雑誌*Philosophical Transactions of the Royal Society*に掲載された。雑誌*Journal of Legal Economics*に掲載されたジェームズ・チェッカ（James Ciecka）の論文 "Edmond Halley's Life Table and Its Uses" は、有益なガイドだった。

ウォレスとウェブスターの生命保険基金のデータは、雑誌*Transactions of the Faculty of Actuaries*に掲載されたJ・B・ダウ（J. B. Dow）の論文 "Early Actuarial Work in Eighteenth-Century Scotland" による。ウォレスとウェブスターの物語は、ファーガソンによってうまく語られている。

第5章

マット・レヴィーンはブルームバーグに寄稿している。タイム・トラベルとしての金融についての一節は、彼のニュースレター "Money Stuff" ――これはすばらしい――から引用。

本章で最も重要な出典は、ローデヴェイク・ペトラム（Lodewijk Petram）の著書*The World's First Stock Exchange*だ。この本には、VOC、アムステルダム証券取引所、イサック・ル・メールの仕事について明快な物語が含まれている。同様に有益だったのは、雑誌*Journal of Economic History*に掲載されたオスカー・ヘルダーブローム（Oscar Gelderblom）、エイブ・デ・ヨング（Abe de Jong）、ヨースト・ヨンケル（Joost Jonker）の論文 "The Formative Years of the Modern Corporation: The Dutch East India Company VOC, 1602–1623"、そして*Pioneers of Financial Economics, Volume 1*に掲載されたJ・G・ファン・ディレン（J. G. van Dillen）の論文 "Isaac Le Maire and the Share Trading of the Dutch East India Company" ――アシャ・マジティア（Asha Majithia）による翻訳――だ。

Confusion of Confusions［訳注：本書内での訳は『混乱の中の混乱』］の著者ジョセフ・デ・ラ・ベガ（Joseph de la Vega）はスペインに生まれた。出版時の原題はスペイン語で*Confusion de Confusiones*。

第6章

アムステルダムの公立銀行についての詳細は、ウィリアム・ロバーズ（William Roberds）とフランソワ・R・ヴェルド（François R. Velde）によるシカゴ連邦準備銀行のワーキング・ペーパーと、著者によるヴェルドへのインタビューを主に参照。

ローの "Money and Trade Considered, with a Proposal for Supplying the Nation With Money"［訳注：本書内での訳は『貨幣と商業の考察――国民への貨幣供給の提案』］は、マーフィーによるローの伝記で詳細に論じられている。ローのヨーロッパ遍歴とフランスでの出世については、グリーソンとマーフィーで述べられている。サン＝シモン公の回想録第3巻（*The Memoirs of Duc de Saint-Simon, Volume 3*）――ルーシー・ノートン（Lucy Norton）訳――は、オルレアン公の放《ほう》蕩三昧《とうざんまい》の生活スタイルや、パリ社交界でのローの立身出世の詳細についてすばらしい出典となっている。

イングランド銀行設立の詳細については、デイヴィッド・キナストン（David Kynaston）の著書*Till Time's Last Sand: A History of the Bank of England, 1694–2013*を参

照。ジョン・ローの銀行に送られた摂政の預金について報道した雑誌は、グリーソンの引用によれば*Gazette de la Régence*だ。

第7章

この章の主要な出典は、グリーソン、マーフィー、雑誌*American Economic Review*に掲載されたフランソワ・ヴェルドによる論文“John Law's System”、そしてヴェルド本人への著者のインタビューだ。

摂政の母親のタバコについての発言は、グリーソンから引用。ローの屋敷の煙突から落ちてきた嘆願者の描写は、サン=シモン公を参照。デフォーのことばは、デフォーのローに関する著作を集めたアンソロジー*John Law and the Mississippi Scheme*から引用。

英国大使館の書記官による狂騒状態の描写と、ローに対するフランス政府の感謝の辞はマーフィーから引用。

ミシシッピ植民地への犯罪者の移送は、F・トッド・スミス（F. Todd Smith）の著書*Louisiana and the Gulf South Frontier, 1500–1821*に述べられている。インフレの情報は、雑誌*Quarterly Journal of Economics*に掲載されたアール・J・ハミルトン（Earl J. Hamilton）の論文“Prices and Wages at Paris Under John Law's System”を参照。サン=シモン公の意見については彼の*Memoirs*を参照。

グリーソンとマーフィーは、破綻《はたん》後のジョン・ローの人生の詳細について主要な出典だ。

第8章

照明の歴史についてのノードハウスの論文の題名は、“Do Real-Output and Real-Wage Measures Capture Reality? The History of Lighting Suggests Not”だ。*The Economics of New Goods*という論文集に掲載されている。この論文で、ノードハウスは照明の歴史を分析しただけでなく、経済学者が照明技術の進歩を過小評価しており、その結果、時の経過とともに人々がさらに豊かになっていく程度を過小評価してきたと結論づけた。

ノードハウスの行った調査の詳細の多くは、個人的なインタビューにもとづく。本章に示した数値の一部は、著者の要望に応じてノードハウス自身が計算したものだ（同様の数値がノードハウスの論文中に示されているが、より複雑な方法で計算されている）。

人々が照明を作り出す方法についての詳細や、人々が夜間に家の中に閉じこもる

話の詳細は、ジェーン・ブロックス（Jane Brox）の著書*Brilliant*を参照。トーマス・エジソンに関する情報は*Brilliant*と、ラトガース大学がオンラインで運営する*The Edison Papers*を参照。保健局の調査官とエジソンの大煙突についての『ニューヨーク・タイムズ』紙の記事は*Brilliant*で引用されているが、もともとは1911年1月17日に掲載された記事だ。

第９章

ラッダイト運動についての物語の詳細の多くは、E・P・トムスン（E. P. Thompson）の著書*The Making of the English Working Class*（エドワード・P・トムスン『イングランド労働者階級の形成』青弓社、2003年、市橋秀夫、芳賀健一訳）を参照。カークパトリック・セール（Kirkpatrick Sale）の著書*Rebels Against the Future*もまた有益な出典だった。

マーク・アンドリーセンは、『ウォール・ストリート・ジャーナル』紙の論説《オプエド》として“Why Software Is Eating the World”を発表している。

ローパーが自分の発明品を5ポンドで売ったという話は、R・S・フィットン（R. S. Fitton）とアルフレッド・P・ワズワース（Alfred P. Wadsworth）の著書*The Strutts and the Arkwrights, 1758–1830*を参照。

ラッダイトたちの手紙は、ケヴィン・ビンフィールド（Kevin Binfield）の著書*Writings of the Luddites*から引用。また、著者はこの時代の概観を理解するためにビンフィールド本人にもインタビューした。

この時代の労働者の賃金、そうした賃金が機械化へのインセンティブになった経緯、機械化が済んだ後に賃金が伸びなくなった経緯についてのデータは、ロバート・アレン（Robert Allen）の著書*The British Industrial Revolution in Global Perspective*（ロバート・C・アレン『世界史のなかの産業革命―資源・人的資本・グローバル経済―』名古屋大学出版会、2017年、眞嶋史叙、中野忠、安元稔、湯沢威訳）と、雑誌*Explorations in Economic History*に掲載されたアレンの論文“Engels' Pause: Technical Change, Capital Accumulation, and Inequality in the British Industrial Revolution”を参照。

ラッダイトたちの攻撃を「暴動による団体交渉」と呼んだのは、エリック・ホブズボーム（Eric Hobsbawm）［訳注：1917-2012 労働史や経済史、また近現代を大きな視野で捉《とら》えた著作で知られる英国の世界的歴史家］だ。ジョエル・モキイア（Joel Mokyr）［訳注：1946- オランダ生まれの国際的に著名な経済史家］は、インタビューでラッダイトについて有益な詳細を提供してくれた。

第10章

ヒュームの著書*Political Discourses*［訳注：本書内での訳は『政治論集』］（ヒューム『市民の国について（下）』岩波文庫、1982年、小松茂夫訳）は、1752年に出版された。貿易について書かれた章は、「貿易収支について」と題された章だ。デニス・C・ラスムッセン（Dennis C. Rasmussen）の著書*The Infidel and the Professor*は、ヒュームの著作について、特にヒュームがアダム・スミスに与えた影響について理解するのに役立った。

英国による意図しない金本位制の創造については、デイヴィスで論じられている。ガルブレイスは、米国における自由銀運動の発生について詳細に論じている。ウィリアム・ジェニングス・ブライアンについての詳細は、マイケル・ケイジン（Michael Kazin）の著書*A Godly Hero: The Life of William Jennings Bryan*を参照。ロック評論家グリール・マーカス（Greil Marcus）は、著書*Bob Dylan by Greil Marcus*で「不安と成功（anxiety and success）」、「恐怖と解放（terror and deliverance）」という表現を使っている。

マッキンリーの演説は、雑誌*Rhetoric Society Quarterly*に掲載されたウィリアム・ハーパイン（William Harpine）の論文“Playing to the Press in Mckinley's Front Porch Campaign”で説明されている。演説の全文は、『インディアナポリス・ジャーナル』紙に“Money is the Issue”という見出しで掲載された。

アーヴィング・フィッシャーについての主な出典は、アーヴィング・ノートン・フィッシャー（Irving Norton Fisher）の著書*My Father, Irving Fisher*と、ロバート・ローリング・アレン（Robert Loring Allen）の著書*Irving Fisher: A Biography*だ。最近では、シルヴィア・ナサー（Sylvia Nassar）のすばらしい著書*Grand Pursuit: The Story of Economic Genius*（シルヴィア・ナサー『大いなる探求（上）経済学を創造した天才たち』『大いなる探求（下）人類は経済を制御できるか』新潮社、2013年、徳川家広訳）でフィッシャーについて広範に論じられている。著者はまた、フィッシャー自身の著作、特に*The Money Illusion*［訳注：本書内での訳は『貨幣錯覚』］、*Stabilizing the Dollar*、*Stable Money*を参考にした。

国内興行収入のデータは、Box Office Mojoによる。インフレ率の計算は、米国労働統計局のCPI Inflation Calculatorを使って行った。

第11章

トーマス・ゴヴァン（Thomas Govan）の著書*Nicholas Biddle*は、ビドルの標準的な伝記であり、彼の若年期の詳細についての出典だ。ビドルによる第二合衆国銀

行の運営については、ジェーン・ノーデル（Jane Knodell）の著書*The Second Bank of the United States*と、ノーデル本人へのインタビューを大いに参考にした。ビドルのことを「世界初の自覚的な中央銀行総裁」と呼んだのは、ニューヨーク大学［訳注：2015年退官、現在はアメリカ金融博物館の評議員会議長］のリチャード・シラ（Richard Sylla）で、ミネアポリス連邦準備銀行のインタビューでのことだ。

アンドリュー・ジャクソンの生涯についての詳細は、アーサー・シュレジンジャー（Arthur Schlesinger Jr.）の著書*The Age of Jackson*、ジョン・ミーチャム（Jon Meacham）の著書*American Lion*、H・W・ブランズ（H. W. Brands）の著書*Andrew Jackson*を参照。ビドルに対するトーニー［訳注：司法長官ロジャー・トーニー］の愚痴は、トーニー（Taney）の文書 "Bank War Manuscript" を参照。

ブレイ・ハモンド（Bray Hammond）の著書*Banks and Politics in America: From the Revolution to the Civil War*は、自由銀行制時代についての主要な出典だ。「まるで魔法のような素早さで国じゅうを飛び回った」コインについての一節は、ミシガンの銀行監督官の1839年の報告書からの引用だが、ガルブレイスに引用されている。

流通している紙幣の数は、1863年2月13日の『シカゴ・トリビューン』紙に掲載された記事 "Our Abominable Currency System" を参照。インタビューでマシュー・ジャレムスキー（Matthew Jaremski）［訳注：ユタ州立大学教授］は、サンタクロース紙幣を当時の紙幣の中でもとりわけ楽しい例として挙げた。著者は、サンタクロース紙幣の例をトンプソン社（Thompson）の1859年度版の*Bank Note Descriptive List, Supplementary to Thompson's Bank Note & Commercial Reporter*で発見した。

マネーを取引する権利は小麦や綿を取引するのと同じように自由であるべきだ、と裁判所が判決文で述べた裁判は、1840年の「ワーナー対ビアーズ事件（*Warner v. Beers*）」だ。しょっちゅう両替をしなくてはならなかった旅行者のことばは、*Letters of Lowndes*から引用。自由銀行制時代を見直すにあたって重要な初期の論文のひとつが、雑誌*Journal of Money, Credit and Banking*に掲載されたヒュー・ロッコフ（Hugh Rockoff）の論文 "The Free Banking Era: A Reexamination" だ。雑誌*Econ Journal Watch*に掲載されたロッコフとイグナシオ・ブリオネス（Ignacio Briones）の論文 "Do Economists Reach a Conclusion on Free Banking Episodes?" は、この文献についてのよい概要だ。バジョットのことばは、彼の著書*Lombard Street*（バジョット『ロンバード街 ロンドンの金融市場』岩波文庫、2023年、宇野弘蔵訳）からの引用だが、今でもこの本は危機に際した中央銀行の機能について重要な出典となっている。

ロジャー・ローウェンスタイン（Roger Lowenstein）の著書*America's Bank: The Epic Struggle to Create the Federal Reserve*は、連邦準備制度の創設について総合的な解説を提供する文献であり、その起源について多くの詳細の出典となっている。

ウォールストリートの狡猾《こうかつ》なやり口に対する人々の非難のことばは、ポール・ウォーバーグ（Paul Warburg）の著書*The Federal Reserve System: Its Origin and Growth*から引用。もしもウォールストリートの貪欲《どんよく》さが金融危機を引き起こすなら、金融危機は毎週起きるだろう、と書いたのはゲイリー・ゴートン（Gary Gorton）［訳注：イェール大学教授］だ。

列車の車両に密《ひそ》かに集まった話は、ナショナル・シティ・バンクの頭取フランク・A・ヴァンダーリップ（Frank A. Vanderlip）から引用。彼はその経験を『サタデー・イヴニング・ポスト』誌に寄稿した。

銀行家たちがジキル・アイランドから戻った後に連邦準備制度が誕生した経緯の詳細は、ローウェンスタインを参照。

第12章

ライアカット・アハメド（Liaquat Ahamed）の著書*Lords of Finance*（ライアカット・アハメド『世界恐慌: 経済を破綻させた4人の中央銀行総裁』（上・下）筑摩書房、2013年、吉田利子訳）は、中央銀行総裁と大恐慌についての本としては、どんな本よりもすばらしく、洞察力に富み、楽しめる本だ。この本は、この章にとって欠かすことのできない出典となっている。

もうひとつの欠かすことのできない出典は、ミルトン・フリードマンとアンナ・シュウォーツの共著*A Monetary History of the United States, 1867–1960*（『大収縮1929-1933「米国金融史」第7章』日経BP、2009年、久保恵美子訳）［訳注：訳書は原書の大恐慌部分を抜き出したダイジェスト版］で、これはこの時期に連邦準備銀行が実行したあらゆることをきわめて詳細に記述し、経済学者が大恐慌を理解する方法を一変させた著作だ。

〈自己実現的予言〉ということばは、ロバート・K・マートン（Robert K. Merton）が雑誌*The Antioch Review*に発表した同名の論文で生まれた。2012年に行われた金本位制に関する経済学者の見解についての調査は、シカゴ大学ブース・スクール・オブ・ビジネスのIGMフォーラムによって実施された。フーヴァーの「無理やり金本位制から離脱させるということは、混沌《こんとん》を意味する」という一節は、1932年10月4日、アイオワ州デモインで行った選挙演説から引用。

アーサー・シュレジンジャーの言う「見せかけの立派な体裁」という表現は、彼の著書*The Coming of the New Deal, 1933–1935*から引用。ウォーレンが小型飛行機に乗ってルーズヴェルトに会いに出かけた話は、エリック・ローチウェイ（Eric Rauchway）の著書*The Money Makers*で述べられている。マネーが流通から姿を消したときに行われた物々交換の詳細については、アハメドを参照。

ウッディンの発言は、ジェームズ・レッドベター（James Ledbetter）の著書*One Nation Under Gold*から引用。ルーズヴェルトの発言は、1933年3月8日の記者会見の公式記録から引用。

米国を金本位制から離脱させる、とルーズヴェルトが顧問たちに告げた「西欧文明の終わり」の場面を直接目撃した証言については、レイモンド・モーリー（Raymond Moley）の著書*After Seven Years*を参照。この場面は、またローチウェイでも述べられている。アーヴィング・フィッシャーが妻へ送った手紙は、*My Father, Irving Fisher*から引用。

1933年の物価、失業率、所得の回復のデータは、セントルイス連邦準備銀行による。どのように金本位制が世界的な恐慌を引き起こしたのか、そしてなぜ金本位制からの離脱が経済の立て直しに不可欠なのかを論じた重要な研究であるのが、バリー・アイケングリーン（Barry Eichengreen）の著書*Golden Fetters*だ。雑誌*Contemporary European History*に掲載されたアイケングリーンとピーター・テミン（Peter Temin）の論文“The Gold Standard and the Great Depression”は、どのようにして「金本位制の考え方」が通常の景気の停滞を大恐慌へと一変させたのかについて有益な分析を提供している。

ハーヴァード大学教授へルーズヴェルト大統領が送った手紙は、シュレジンジャーに引用されている。

第13章

シャドー・バンクの取り付け騒ぎが2008年の金融危機の核心にあったという考えは、イェール大学の経済学者（危機の最中《さなか》に連邦政府に救済されたAIGにも所属していたことがある）ゲイリー・ゴートン（Gary Gorton）によって主に展開された。ゴートンの著書*Misunderstanding Financial Crises*は、よい概要を提供してくれる。

ブルース・ベントの若い頃やMMFの開発の話は、主にベント本人と息子のブルース・ベント二世に対して著者が行ったインタビューにもとづいている。

リザーブ・ファンドの初期の成長に関わる詳細の一部は、『ウォール・ストリート・ジャーナル』紙に掲載されたスティーヴン・ミラー（Stephen Miller）によるハリー・ブラウンの追悼記事“Co-Inventor of Money-Market Account Helped Serve Small Investors' Interest”を参照。

MMFの成長に関するデータ、コマーシャル・ペーパー購入に果たしたその役割については、雑誌*Wake Forest Journal of Business and Intellectual Property Law*に掲載されたアーサー・ウィルマース（Arthur Wilmarth）の論文“The Road to Repeal of the Glass-Steagall Act”、雑誌*Federal Reserve Bulletin*に掲載されたミッチェル・A・

ポスト（Mitchell A. Post）の論文 “The Evolution of the U.S. Commercial Paper Market Since 1980” を参照。シティバンクによる資産担保コマーシャル・ペーパーの発明については、マサイアス・ティーマン（Matthias Thiemann）の著書*The Growth of Shadow Banking*に述べられている。

2001年のベントのコマーシャル・ペーパーに対する「ゴミ」発言は、2008年のスティーヴ・ステックロー（Steve Stecklow）とディヤ・ガラパリ（Diya Gullapalli）による2008年の『ウォール・ストリート・ジャーナル』紙の記事 “A Money-Fund Manager's Fateful Shift” に引用されている。この記事はベントのコマーシャル・ペーパーへの動きを解明している。ベント二世の「地味というより堅実」という発言は、ブリジット・オブライアン（Bridget O'Brian）による2000年11月6日の『ウォール・ストリート・ジャーナル』紙の記事 “Money-Market Funds Suit Many Investors, But Proud Creator Frets About Extra Risk” から引用。

ゾルタン・ポジャール（Zoltan Pozsar）の著作はどれも、機関投資家による取引所外取引に関するすばらしい出典だ。たとえば、トビアス・エイドリアン（Tobias Adrian）、アダム・アッシュクラフト（Adam Ashcraft）、ヘイリー・ボースキー（Hayley Boesky）との共著の論文 “Shadow Banking” が挙げられる。またポジャールは、インタビューで著者にさまざまなアイデアを語った。

マカリーが〈シャドー・バンキング〉という新しい表現を使ったのは、2007年のジャクソンホール会議［訳注：米国のカンザスシティ連邦準備銀行が毎年夏にワイオミング州ジャクソンホールで開催する金融・経済シンポジウム］でのことだ。その後、2010年4月にマカリーは、“After the Crisis: Planning a New Financial Structure Learning from the Bank of Dad” と題したスピーチで当時のことを語っている。このスピーチの原稿はPIMCOのウェブサイトに掲載されている。

リックスの説明は、彼の著書*The Money Problem: Rethinking Financial Regulation*から引用。またリックスからは、直接インタビューで話を聞いた。

ベアー・スターンズ社の転落の詳細は、Financial Crisis Inquiry Commission（金融危機調査委員会）が発表した*Financial Crisis Inquiry Report*（金融危機調査報告書）を参照。ベアー・スターンズ社とリーマン・ブラザーズ社はどちらもレポ市場で多額の借り入れをしていた。

ベントの「ぐっすりと眠れる夜」発言は、デイジー・マクシー（Daisy Maxey）による『ウォール・ストリート・ジャーナル』紙の記事 “Father of Money Funds Raps His Creation” から引用。年次報告書は、2008年5月31日に発表された。

2008年9月15日の週にプライマリー・ファンドで起きたことの詳細については、2009年の証券取引委員会がブルース・ベント、ブルース・ベント二世、リザーブ・プライマリー・ファンド、その親会社を相手取って起こした訴訟を参照。陪審は、

ブルース・ベント親子を詐欺容疑に関して無罪とした。陪審はベント二世が1件の過失について責任があると認定し、親会社が虚偽の陳述をしたことが判明した。直接の会話内容は、事件の一部として裁判記録に提出された通話内容の記録から引用。危機の最中にニューヨーク連邦準備銀行で働いていた弁護士とは、直接インタビューして話を聞いた。

ブッシュ大統領のことばは、2008年9月19日の演説 "Remarks on the National Economy" の公式記録から引用。

G30の報告書の題名は、"Financial Reform: A Framework for Financial Stability" だ。根本的な変革に反対する業界の報告書の題名は、Investment Company Institute（投資信託協会）による "Report of the Money Market Working Group" だ。

シーラ・ベア（Sheila Bair）の発言は、ポール・キアナン（Paul Kiernan）、アンドリュー・アッカーマン（Andrew Ackerman）、デイヴ・マイケルズ（Dave Michaels）による『ウォール・ストリート・ジャーナル』紙の記事 "Why the Fed Had to Backstop Money-Market Funds, Again" から引用。

第14章

デイヴィッド・マーシュ（David Marsh）の著書*The Euro*（デイヴィッド・マーシュ『ユーロ: 統一通貨誕生への道のり、その歴史的・政治的背景と展望』一灯舎、2011年、田村勝省訳）は、まるまる一冊を費やしてユーロの起源を描き出したすばらしい本だ。ヨーロッパのリーダーたちの初期のやり取りの多くの部分など、この本はこの章の主要な出典となっている。ドイツの雑誌*Der Spiegel*'（『シュピーゲル』誌）の記事 "Was the Deutsche Mark Sacrificed for Reunification?" もまた、重要な出典だ。ペールと同僚たちは、"Monthly Report of the Deutsche Bundesbank, October 1990" で「包括的な政治連合」について論じている。ユーロ導入の際に打ち上げられたフランクフルトの花火は、キャロル・J・ウィリアムズ（Carol J. Williams）による『ロサンジェルス・タイムズ』紙の記事 "It's Happy New Euro for a Continent" で描写されている。

ユーロ圏の周辺国の急速な経済成長は、欧州連合の*Annual Report on the Euro Area 2007*で指摘されている。財政赤字が12パーセントだと暴露したギリシャの首相は、ゲオルギオス・アンドレアス・パパンドレウ（George Papandreou）だ。ギリシャの財政赤字が発覚した後「ゲーム終了だ」と言ったのは、ジャン＝クロード・ユンケル（Jean-Claude Juncker）［訳注: 当時、ユーログループ（ユーロ圏財務相会合）の議長］だ。

ギリシャの政府支出と脱税についての詳細は、イアソン・マノロプロス（Jason Manolopoulos）の著書*Greece's 'Odious' Debt*を参照。「浪費に対して融資しておいて」というマーティン・ウルフのことばは、彼の著書*The Shifts and the Shocks*（マーティン・ウルフ『シフト＆ショック――次なる金融危機をいかに防ぐか』早川書房、2015年、遠藤真美訳）から引用。マルチェロ・ミネナ（Marcello Minenna）による『フィナンシャル・タイムズ』紙のオンライン記事“A look back: what Eurozone 'risk sharing' actually meant”は、ドイツの銀行によるギリシャやスペインなどユーロ圏諸国への融資の実態を示している。ドイツの他のユーロ圏諸国に対する貿易黒字は、シンクタンクのブリューゲル（Bruegel）［訳注：欧州連合本部のあるブリュッセルに本拠を置く］が発表した“The German trade surplus may widen with the euro-area recovery”で説明されている。失業率と経済成長のデータは、セントルイス連邦準備銀行による。連邦政府に払う税金と州政府に払う税金の比較は、*Tax Policy Center Briefing Book*（タックス・ポリシー・センターによる概要書）［訳注：Tax Policy Centerは、米国のシンクタンクのアーバン研究所とブルッキングス研究所の共同事業］による。ドイツとギリシャの退職年齢については、『エコノミスト』誌の記事“What Makes Germans So Very Cross About Greece?”で論じられている。「政治統合」についてのコールの発言は、オトマール・イシング（Otmar Issing）の著書*The Birth of the Euro*から引用。

〈タイタニック〉を引き合いに出したスペインの外相の発言は、『ガーディアン』紙のジャイルズ・トレムレット（Giles Tremlett）による記事“Spain Issues Dramatic Messages of Impending Eurozone Doom”で報道された。マリオ・ドラギの個人的な背景と「やれることは何でもやる（whatever it takes）」スピーチについての詳細は、ジェナ・ランドー（Jana Randow）とアレッサンドロ・スペチャーレ（Alessandro Speciale）によるBloomberg Newsの記事“3 Words and $3 Trillion: The Inside Story of How Mario Draghi Saved the Euro”を参照。

第15章

ナサニエル・ポッパー（Nathaniel Popper）の著書*Digital Gold*（ナサニエル・ポッパー『デジタル・ゴールド――ビットコイン、その知られざる物語』日本経済新聞出版、2016年、土方奈美訳）と、ポール・ヴィニャ（Paul Vigna）とマイケル・J・ケイシー（Michael J. Casey）の著書*The Age of Cryptocurrency*（ポール・ヴィニャ、マイケル・J・ケイシー『仮想通貨の時代』マイナビ出版、2017年、株式会社コスモユノー訳）は、ビットコインと暗号通貨（仮想通貨）の物語の有益な概要を提供する。アンディ・グリーンバーグ（Andy Greenberg）の著書*This Machine Kills*

*Secrets*は、サイファーパンクの物語をうまく語っている。

デイヴィッド・チョームは、雑誌*Communications of the ACM*に論文“Security Without Identification: Transaction Systems to Make Big Brother Obsolete”［訳注：本書内での訳は「ビッグ・ブラザーを過去のものにする取引システム」］を発表した。チョームは、電話インタビューで若い頃の人生を語った。ここで引用した特許は、「暗号化識別、金融取引、認証デバイス」に対するものだ。

『ワイアード』誌からの引用は、スティーヴン・レヴィ（Steven Levy）の記事“E-Money (That's What I Want)”を参照。『ニューヨーク・タイムズ・マガジン』の引用は、ジェイムズ・グリック（James Gleick）の記事“Dead as a Dollar”を参照。シティバンクのeマネーのプログラムとデジキャッシュの国際的な展開については、*The Age of Cryptocurrency*で説明されている。グリーンスパンの発言は、彼の1997年のスピーチ“Privacy in the Information Age”から引用。

ティモシー・メイは、チョームの著作の発見について、そしてサイファーパンクの誕生に果たした自らの役割について、著者とのインタビューで語った。一部のサイファーパンクの詳細は、*This Machine Kills Secrets*と、ジェイミー・バートレット（Jamie Bartlett）の著書*The Dark Net*（ジェイミー・バートレット『闇《ダーク》ネットの住人たち デジタル裏世界の内幕』CCCメディアハウス、2015年、星水裕訳）を参照。

バックの1997年のメールは、hashcash.orgにアーカイブされている。論文“Pricing via Processing, or Combatting Junk Mail”［訳注：本書内での訳は「処理によるプライシング、あるいはジャンク・メール対策」］が掲載されているのは、Crypto '92カンファレンスのプロシーディングスだ。ウェイ・ダイのbマネーの提案はweidai.comにアーカイブされている。サトシ・ナカモトからウェイ・ダイへのメールはnakamotostudies.orgにある。元々のビットコイン論文は“Bitcoin Whitepaper”（「ビットコイン・ホワイトペーパー」）［訳注：本書内での訳は「ビットコイン：ピア・ツー・ピア電子通貨システム（Bitcoin: A Peer-to-Peer Electronic Cash System）」］として知られ、bitcoin.orgをはじめ多くの場所で入手可能だ。2009年のナカモトのメッセージはnakamotoinstitute.orgにある。ピザについてのラズロの投稿はbitcointalk.orgで行われ、今もそこにある。ピザを買った人物については、“The inside story behind the famous 2010 bitcoin pizza purchase today worth $83m”という見出しのマーク・モロイ（Mark Molloy）による『テレグラフ』紙の記事を参照。

ドレッド・パイレート・ロバーツのことばは、『フォーブス』誌の記事“Collected Quotations of the Dread Pirate Roberts, Founder of Underground Drug Site Silk Road and Radical Libertarian”から引用。シルクロードに掲載されたドラッグの広告は、2013年9月27日に「米国対ロス・ウィリアム・ウルブリヒト（別名ドレッド・

パイレート・ロバーツ）」訴訟で提出された訴状を参照。ウルブリヒトに下された判決は、アンディ・グリーンバーグ（Andy Greenberg）による『ワイアード』誌の記事 “Silk Road Creator Ross Ulbricht Sentenced to Life in Prison” から引用。

この上院公聴会の名称は、“Beyond Silk Road: Potential Risks, Threats, and Promises of Virtual Currencies” だ。証言は委員会のウェブサイトに掲載されている。『ワシントン・ポスト』紙の記事は、ティモシー・B・リー（Timothy B. Lee）による “This Senate hearing is a bitcoin lovefest” だ。ベンチャー・キャピタリストの発言を引用した『ウォール・ストリート・ジャーナル』紙の記事は、サラ・E・ニードルマン（Sarah E. Needleman）とスペンサー・E・アンテ（Spencer E. Ante）による “Bitcoin Startups Begin to Attract Real Cash” だ。Visaのトランザクション処理能力については、Visaのウェブサイトによる。ギャヴィン・アンドレセン（Gavin Andresen）の発言は、アンドレセン本人に対して著者が行ったインタビューから引用。ビットコインの交換レートはcoindesk.comによる。

第16章

“The Mysterious Crypto Magnate Who Became One of Biden's Biggest Donors.” By Benjamin Wallace. New York Magazine, Feb. 2, 2021. ［「バイデンの最大の寄付者のひとりだった謎の暗号通貨王」ベンジャミン・ウォレス、『ニューヨーク・マガジン』（2021年2月2日）］

“Sam Bankman-Fried and the spectacular fall of his crypto empire, FTX.” By Mary Childs and Nick Fountain. Planet Money, November 16th, 2022. ［「サム・バンクマン＝フリードと彼の暗号通貨帝国の華々しい崩壊」メアリー・チャイルズとニック・ファウンテン、『プラネット・マネー』（2022年11月16日）］

“Sam Bankman-Fried Wants to Save the World.” By Jacob Goldstein. What's Your Problem, May 24, 2022 ［「サム・バンクマン＝フリードは世界を救いたい」ジェイコブ・ゴールドスタイン『あなたの問題は何？』（2022年5月24日）］

“Divisions in Sam Bankman-Fried's Crypto Empire Blur on His Trading Titan Alameda's Balance Sheet.” By Ian Allison. Coindesk, Nov. 2, 2022. ［「サム・バンクマン＝フリードの暗号通貨帝国の分裂が彼のトレーディング業界の巨人アラメダ社の貸借対照表を不鮮明にする」イアン・アリソン、コインデスク（2022年11月2日）］

Indictment filed by the U.S. Attorney for the Southern District of New York, “United States of America vs Samuel Bankman-Fried, aka SBF.” ［ニューヨーク州南部地区地検の連邦検事による起訴状『アメリカ合衆国対サミュエル・バンクマン＝フリード、別名SBF』］

おわりに

ケニヤの〈テキスト・メッセージによるモバイル・マネーのシステム〉とはエムペサ（M-Pesa）だ。アリペイに関わるデータは、ジュリー・チュー（Julie Zhu）、ケイン・ウー（Kane Wu）、チャン・ヤン（Zhang Yan）によるロイターの記事 “China's Ant aims for $200 bln price tag in private share sales” を参照。市中に流通する現金の量と紙幣の種類に関わるデータは、FRBのサイトによる。高額紙幣の廃止を論じるケネス・ロゴフ（Kenneth Rogoff）の著書は*The Curse of Cash*（ケネス・S・ロゴフ『現金の呪い――紙幣をいつ廃止するか？』日経BP、2017年、村井章子訳）。

スウェーデンの現金強奪事件については、雑誌*Atavist Magazine*に掲載されたエヴァン・ラトリフ（Evan Ratliff）による記事 “Lifted” に詳述されている。スウェーデンにおける現金使用の低下に関わるデータは、リクスバンク（Riksbank）の報告書 “Payments in Sweden 2019” による。スウェーデン年金受給者協会（Swedish National Pensioners' Association）の発言は、リズ・オルダーマン（Liz Alderman）による『ニューヨーク・タイムズ』紙の記事 “Sweden's Push to Get Rid of Cash Has Some Saying, 'Not So Fast' ” から引用。

「最もおかしい部分（chief loose screw）」という一節は、1939年にアーヴィング・フィッシャーと数人の経済学者が書いた報告書 “A Program for Monetary Reform” から引用。ミルトン・フリードマンは、著書*A Program for Monetary Stability*（M・フリードマン『貨幣の安定をめざして』ダイヤモンド社、1963年、三宅武雄訳）で完全準備銀行制度（full-reserve banking）について論じている。ジョン・コクラン（John Cochrane）のことばは、コクラン本人に対する著者のインタビューから引用。「最悪なのは今日われわれが採用している方法だ（worst is the one we have today）」という発言は、マーヴィン・キング（Mervyn King）［訳注：2003-2013イングランド銀行総裁］の2010年のスピーチ “Banking—from Bagehot to Basel, and Back Again” から引用。

エライザ・レルマン（Eliza Relman）による*Business Insider*［訳注：米国のビジネスや技術ニュースの専門ウェブサイト］の記事 “Alexandria Ocasio-Cortez says the theory that deficit spending is good for the economy should 'absolutely' be part of the conversation” で、オカシオ＝コルテス議員はMMTを支持している。ステファニー・ケルトン（Stephanie Kelton）とウォーレン・モズラー（Warren Mosler）は、電話インタビューで自身の物語を語った。また、モズラーの考えは、彼の著書*Seven Deadly Innocent Frauds of Economic Policy*でも述べられている。

［著者］

ジェイコブ・ゴールドスタイン（Jacob Goldstein）
ジャーナリスト・作家。ポッドキャスト「What's Your Problem?」のホストを務めている。NPR（米国公共ラジオ放送）の「Planet Money」の共同ホストを10年以上務めた。『ニューヨーク・タイムズ・マガジン』（『ニューヨーク・タイムズ』紙の日曜版の冊子）に寄稿、ラジオ番組『This American Life』と『Morning Edition』に出演し、『ウォール・ストリート・ジャーナル』紙や『マイアミ・ヘラルド』紙、『ボーズマン・デイリー・クロニクル』紙などに記事を書いていた。スタンフォード大学を卒業し、コロンビア大学ジャーナリズム大学院を修了。妻と２人の子どもとともにブルックリンに在住。

［訳者］

松藤留美子（まつふじ　るみこ）
東京都出身。東京外国語大学卒業。訳書に『もしも動物と話せたら？』（化学同人）、『オペラ大図鑑』（共訳、河出書房新社）、『バレエ大図鑑』（共訳、河出書房新社）、『マネーの正体 地域通貨は冒険する』（集英社）、『エスケープ・ヴェロシティ 世紀末のサイバーカルチャー』（KADOKAWA）など。森野そら名義でフィクションの翻訳も多数。

装丁・本文デザイン　國枝達也
図版　Isshiki

マネーの世界史《せかいし》　我々《われわれ》を翻弄《ほんろう》し続《つづ》ける「お金《かね》」エンタテインメント

2024年12月6日　初版発行

著者／ジェイコブ・ゴールドスタイン
訳者／松藤留美子《まつふじるみこ》
発行者／山下直久
発行／株式会社KADOKAWA
〒102-8177　東京都千代田区富士見2-13-3
電話　0570-002-301（ナビダイヤル）

印刷・製本／大日本印刷株式会社

●お問い合わせ
https://www.kadokawa.co.jp/（「お問い合わせ」へお進みください）
※内容によっては、お答えできない場合があります。
※サポートは日本国内のみとさせていただきます。
※Japanese text only

定価はカバーに表示してあります。

ISBN 978-4-04-115044-3　C0030